冬儿与杰奎琳的父母在瑞士Santis看雪山

谨以此书献给我最亲爱的父亲母亲！

与孩子一起成长

（二）

面包是二次发酵的食物，犹如一个生养的孩子，
生是自然，养是与孩子一起成长。

了解
6-18岁孩子
成长的规律

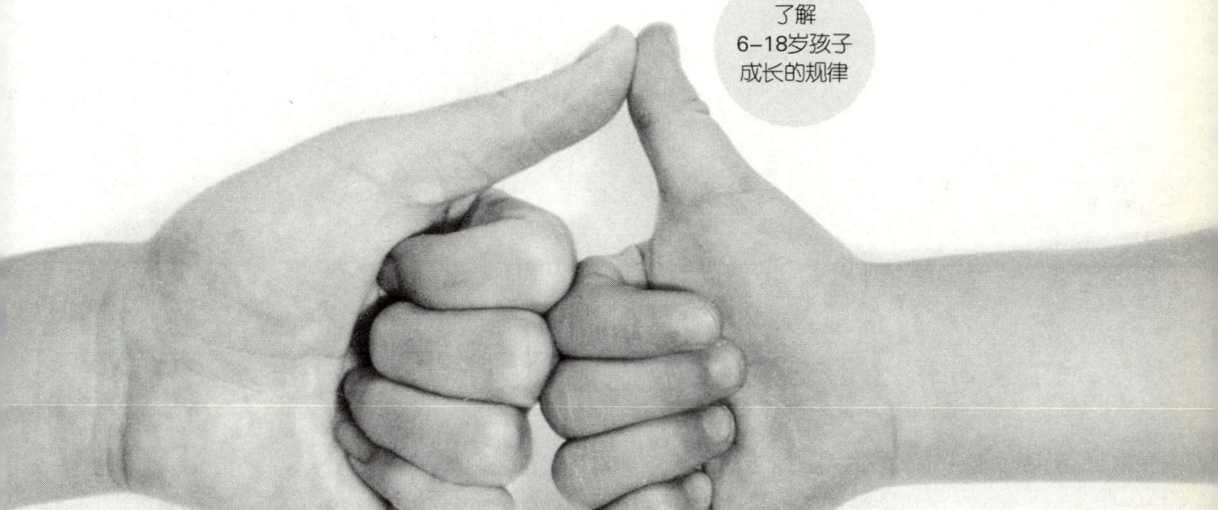

双子　著

WUHAN UNIVERSITY PRESS
武汉大学出版社

图书在版编目(CIP)数据

与孩子一起成长.2/双子著.—武汉：武汉大学出版社,2013.11
ISBN 978-7-307-11400-5

Ⅰ.与… Ⅱ.双… Ⅲ.儿童教育—家庭教育 Ⅳ.G78

中国版本图书馆 CIP 数据核字(2013)第 172697 号

责任编辑:辛　凯　　责任校对:刘　欣　　版式设计:马　佳

出版发行：武汉大学出版社　(430072　武昌　珞珈山)
(电子邮件：cbs22@ whu. edu. cn　网址：www. wdp. com. cn)
印刷：武汉中科兴业印务有限公司
开本：720×1000　1/16　印张:22　字数:353 千字　插页:2
版次：2013 年 11 月第 1 版　2013 年 11 月第 1 次印刷
ISBN 978-7-307-11400-5　定价:45.00 元

代 序
生命更精彩

上帝面前，所有的生命都是平凡的，但不是所有的生命都能创造出不平凡的奇迹。

其实，奇迹对于不平凡的人来说，只不过是一次平凡。

我的工作之一是做家庭教育研究和指导，由于工作的关系，我见识了太多太多父母，对家长痛苦和幸福的缘由也有太多的了解。常有人说成就、财富、权利等都是0，健康是1，没有健康，什么都没有，而我想说，家庭教育就是小数点，越后越有利。双子姐的所做，正如我的所想……

和双子姐的认识是个偶然，结缘是个必然。我们家长研修班上有位叫“雨妈”的学员，动情而郑重地推荐双子：双子姐多年来患有严重的心脏病、可怕的癌症等多种疾病，但她一直努力着、坚持着与病魔抗争，并微笑着面对生活；她的孩子，从小也是疾病缠身，甚至学习一直也很普通，她同样努力着、坚持着帮助孩子。孩子现在不仅身体康健、心理阳光，学业也越来越好，最可贵的是，她有一颗大爱之心，虽然自己有诸多不便，但面对海量的家长来信，信中渴求解答的文字，她依然努力着、坚持着，用博客、qq和电话的方式给大家传递家庭教育的智慧，三年多时间让无数的家长获得了信心和希望。

双子，是一位平凡得不能再平凡的人，但她创造了一个又一个不平凡的奇迹。

了解她的人，都会由衷地敬佩她，都爱叫她一声：双子姐。

这不仅是情意，更是一份敬重。

我毫不犹豫地把素未谋面的双子请到我们的课程现场。因为，这个叫双子的妈妈真的很了不起，我相信，她的经历一定可以让很多家长震惊和自省，她的做法一定可以让很多家长受到启发和帮助。

我不需要通过自己研究并实验出成果的《三道四法》理论，来分析双子的做法为什么那么优秀，只要了解了她的经历，我们每一个人都能深刻地感受到一颗高贵的心和高尚的灵魂是怎样一次次战胜命运的挑衅，是如何一次次无私地帮助无亲无故的人们。而她的文章更如她的人一样，朴实无华，实用性非常强，让太多的家长受益。

双子是坚强的，她面对的问题和困难常人无法想象。家庭、孩子……网上看博客的朋友都有深深的体会。而为了帮助无边网海不知不识的网友，她三年多来，艰难地用一只手写博，后来患手不能打字，用脚趾也一样写出近百万字的育儿博文，更为太多网友解疑答惑。如果她是海面上行驶的小船，那厄运就像巨浪一样一波一波疯狂袭来，后来，命运也化成浪花变成了她的粉丝，对她张开灿烂的微笑！

双子是智慧的，女儿小时候身体不好，学习能力似乎也很差，双子面对这样的现实，看到的不仅是孩子求学产生的问题，更多的是想办法帮助孩子来解决问题。的确，执著的双子用她的智慧，在孩子每次出现问题时，都化解了一切。正如反击侵袭她的病魔，解决孩子教育出现的问题，是她生命的精彩和价值所在。她的努力和坚持开花了！

双子是高贵的，在这个功利横行的年代，金钱和分数是人们疯狂追逐的目标，更是所谓成功和优秀的代名词。然而，没有爱和责任心的人，拥有的只能是”赤贫”的灵魂。清贫的双子却是一个富翁，毫不吝啬地将她的爱和智慧向四周撒去，拖着瘦弱的身躯，一次一次地不厌其烦地为那些有需求的家长做咨询，帮助她人解决苦恼。她所做的一切，她的冬儿都看在眼里，学在身上。她的言传身教成功了。

最好的教育就是做好自己。想对那些在苦恼中煎熬的家长们说，面对双子姐，了解双子书的内容，相信你们一定会，一定能做好你们能做之事，那就是只有改变你自己，才能真正帮到你的孩子。

双子姐的《与孩子一起成长》一书，和双子的命运一样，虽然是多舛坎坷的，但终于面世了。“最后绽开的花总是很美”。这本书不仅是一本实用的家庭教育参考书，相信更能给各位精神和灵魂一次震荡。在这本书里，你可以感受这个妈妈和孩子一起成长的痛苦、快乐和精彩，相信，你和你的孩子也会更加精彩。

山西省社会科学院学习科学与家庭教育研究中心主任

全国双赢教育学习效能提升课题组组长

赵雨林

2013-10-30

前言感想

时间过得真是好快啊！两年半前，双子来到网上，与朋友慢慢熟悉，一起交流孩子们的喜乐、学习和生活。时至今日，不知不觉，双子的第二本育儿书竟然又要与朋友们见面了，想想太感慨了。

许许多多朋友感谢双子的帮助，其实双子心里明白，是双子要感谢大家才对。是你们带来孩子教育产生的问题，打开了双子尘封的回忆……养育冬儿的点点滴滴，才让双子有所思，有所想，更有所写。

双子能在网上坚持到今天，吐露心声，体内的写博动力，就是你们这些素未谋面的朋友的支持，最主要的是无论写得如何，都能给双子鼓励和认可。

双子非常感动和感谢。有时看看朋友的评论、留言、纸条，好像对面坐着一个个认识了多年的朋友，在一起慢慢聊孩子，聊家人，亲切而温馨。

两年半对许多朋友来说，是生命中很短的日子。对双子千疮百孔的身体而言，生命在这却是长长的一段……半夜痛感加剧，常常彻夜难眠……每一天迷迷糊糊醒来能迎接到朝阳，都是上苍馈赠给双子的恩惠……

两年半后，还能和朋友们在网上交流，还能再一次来到外面的世界……对两年半前的双子而言，是太困难的事……

的确，写文章是个很辛苦的事。特别是双子这样的人。但双子一到网上，眼前就会出现许许多多和冬儿有同样问题的孩子们，双子就会有很多话，想告诉这些后来的家长，才有了双子时不时出现的文章。

回想当初所打的每一篇文章，都有无法想象的困难和痛苦，加上自身的原因，写文章的确太不易了，但哪怕帮到家长一点，双子都认为值了。随着时间的推移，双子虽然身体依然不适，但打字越来越熟练，回忆越来越清晰……

托尔斯泰说过：幸福的家庭都一样，不幸的家庭各有各的不幸。对此，双子深有同感。是的，人类和其他物种生命一样，在地球这个大世界里，非常卑微和渺小。不幸会悄然无声地、毫无预兆地降临在每一个鲜活的生命头上。

双子出此言语，是有感而发的。无论贫困或富有；无论学识高低，走到生命的尽头，众生皆是一撮尘土。

其实这是人人皆知，人人皆认为离自己太遥远的事。所以才有更多的家长，不知如何在当下有智慧地带着你爱的孩子慢慢前行。

多年了，除回冬儿的老家，双子是个几乎不出门的人。因为有了网络这个平台，在外面的世界里，在茫茫网海中，才能认识大批与双子一样关心孩子教育的朋友……

中国的教育特殊，人人皆知；中国的独生子女特殊，家长皆虑。所以才会有了许许多多家长、老师无法释怀，孩子们无法逃脱的问题发生。

问题是孩子们的共性，但各家环境不同，方法不一，很多家长虽然努力，但因各种原因，问题依然无法都能得到很好的解决。

但双子相信并看到了，在网上这个无边的大家庭，有无数陌生的朋友，大家一起互帮互助，在共担这一切……因为心是一样的，都是为了孩子。

双子写书的最大心愿就在于此。这也是对两年半来给予双子鼓励的朋友们一个纪念。感谢所有来看双子文章的朋友们，感谢你们的留言，你们的鼓励，没有你们，就没有一路走来，整整两年半，越走越好的双子。

这是从《双子的小木屋》转过来的文。看过这篇文的朋友不少，之所以放在这，就是想和到面包房的网上的所有朋友们说句心里话：人生的路很短，过好自己的每一天。人生是加法，加好每一天，就等于明天。减法做不得。亲爱的病友们，双子开木屋为你们祝福。

如果还想到有双子这样一个人，就来这看看。双子如果还活着，就一定会坚持写下去。因为初高中的孩子更是问题多多。

C o n t e n t s **目 录**

第一章

教育，父母要懂得左右脑发育

教育第一步——了解孩子左右脑的发育状况

我无意在电视上看到：有个妈妈讲述女儿的学习状况，十来岁的孩子，懂事听话，上课认真听讲，看起来聪明伶俐，讲话很有条理。但在学习时，总是前学后忘，特别是对汉字和数字，不是看错，就是记错。无论孩子多努力，一个字总要学许多遍，才可能记下来。这孩子给人的感觉是：在家做作业太慢，不专注、不认真。她妈妈每天要陪做作业到 11 点。而当老师说考试时，她做题比平时差错还多……她妈妈不知道，这个表面看起来认真懂事的孩子，为什么学习上会这样？

这个妈妈为此带女儿到专门的机构去检测，在那里发现了许多这样的孩子，只是有的表现为多动，有的表现为不专注，但这类孩子都有一个共同的特点：写或读很困难，行为慢或好动。

越看越惊讶，这不是很像幼年的冬儿吗？双子 35 岁早产生下了冬儿，加上冬儿幼年的确比同龄孩子反应慢，所以我一直认为，她可能是脑子发育不太好。

为此冬儿上小学前，我没让冬儿学过汉字和算术，只是陪她玩游戏、讲故事时，穿插着给她讲一些天文、地理、历史、诗歌、绘画、艺术等方面的知识……并一直让她坚持做手工，希望这六年的养育，能刺激并开发冬儿的大脑……

冬儿上小学后，双子才知道自己摊上了一个反应多慢的孩子，冬儿一个汉字要教几十遍是常事。10以内的加减法怎么教都不会。无人能想象表面聪明伶俐的冬儿，学习上会是这个样子。我当年也百思不得其解。她同学到家里来玩，与冬儿一起报听写，她和同学的差距大到让冬儿根本就抗拒写字。

双子记得自己小时候记汉字也有点困难，记不下许多复杂的汉字，所以想当然地认为冬儿是遗传不好，对方块汉字不敏感。

上面这个妈妈的讲述，引起了双子太多的回忆和感慨……并恍然大悟：原来冬儿不仅生理上有医院能发现的许多疾病（冬儿出生后，伴有先天性心脏病、严重过敏、胃下垂、眼睛弱视和近视等病症。这些症状，在双子近17年的陪伴中，通过各类体育锻炼和调养，都慢慢恢复了正常。），还有成人可能忽略的，左右脑生理发育滞后的问题……当年太多太多的“无法理解”，现在一下子全明白了。

一、左脑发育慢，学习不认真、作业慢、粗心

电视上这个可爱的孩子，因为记不住生字，还要被罚抄而发火了；虽然妈妈不停地安慰孩子，但孩子还是“火”大到随手画出一个非常可爱的小人的头，上面冒着火，妈妈看到这幅发“火”的画，开玩笑地说：“是不是屁股也着火了？”孩子竟然飞快地另画了一个屁股，上面也着“火”了……双子看得眼睛都直了……

这孩子总是记不下每天要写数十遍的一个汉字或数字，为什么能记下这种比文字或数字更复杂的三维图画呢？还能一笔画出翘着屁股，只看到两条腿和一个屁股上面有一大团“火”的人，这得要多么强的三维空间思维能力啊？而且是用画，这种非常复杂的空间想象力，来清晰地表达她此时此刻的想法，也太神奇了……

难道她的脑子一会儿记忆好？一会儿记忆不好？难道她每天画画的时间比写字、算术还要多？多到记忆可以信手拈来，想画什么就画什么？双子吃惊地飞快思索着这一现象……

绘画这件事，许多人都会想当然地认为，需要有一定的透视技巧，通俗地来说，就是要有空间三维感，孩子大一点还要学素描，才可能画到所谓的很

“像”。

电视中这个孩子娴熟的做画和想象丰富的发“火”，让双子想起了在住医院时，幼年的冬儿坐在一旁，画出一个个可爱生动形象的场景……

当年一直以为，这是冬儿幼儿园老师教过画画的结果。电视上这个孩子的行为与当年的冬儿如出一辙……为什么？

这让双子想起，曾经看过美国加利福尼亚大学艺术教授贝蒂·艾德华所著的《五天学会绘画》一书。该书是讲如何将人的视觉三维空间，变为二维平面来绘画的方法。书上说：这个绘画方法改变了太多人的思维模式。此书成为世界上许多大公司“创造力培训课程”的首选。

当年，在看此书时，翻看的都是自认为有用的绘画技巧内容，从头到尾粗看后得出一个结论：原来绘画只要把三维（立体）变成眼中的二维（平面），真就能五天学会绘画，也就学会了三维空间绘画的原理。我看后有一种茅塞顿开的感觉，绘画的确能开发右脑。

双子从小虽然没有学过绘画，但画什么像什么，一直为此自鸣得意。当时，在看了此书后，与冬儿爸讨论时，也发表过自己的想法：本人从小右脑发达，为什么发达没想过。

从电视上这个孩子的绘画，再想到这本书，更想到冬儿当年画的那些活灵活现、形象立体的动物。这种前大后小、三维的绘画方法，幼儿园老师虽然教过，但是右脑发育滞后的孩子，如何画得出？

冬儿都读高二了，双子才在这个孩子发“火”的画面中闪现出：无论是谁，右脑发育很好，才可能画出三维图，这个最简单的道理。

这个发现让双子惊讶的程度，不亚于赶上地震了：原来这些所谓有阅读、记忆、书写障碍的孩子，其实只是当时的左脑一时发育还不完善，也就是脑子半边的生理发育滞后……可能右脑发育好过左脑啊！

我赶快找出那本《五天学会绘画》的书，在写前面一系列博文中的休息时，拿个放大镜，认真地一点一点地看（双子的一只眼睛，因病有些看不清了），看了一个多星期才看完，真是感慨万千啊！

我原本只当这本书是教画画的，所以书中最经典的：《序》、《1. 绘画与骑单的艺术》、《3. 重新找回右脑》等内容都在上次看书时被忽略了，只注意到了绘画技巧，真是本末倒置啊！

我真要谢谢这个孩子的行为，她用画来表达的发“火”的画面，让双子的脑海中无意中浮现出“重新找回右脑”这几个字。这才会认认真真地重新看了这本非常重要的书。我脑中才会闪现：许许多多孩子在学校“学习”上产生的问题，除了年幼、注意力只有十几分钟这些客观事实外，还有一个原因：这类孩子的左脑发育没有右脑发育好。而可能不是孩子主观上学习不认真、不努力、作业慢等原因。

中国家长大多与我一样，都知道应试教育的短板理论，缺什么补什么，可谁又知道并想到孩子在上学时，到底左脑或右脑发育不好？应试教育中左脑和右脑的差异会给孩子的学习带来什么影响？如果知道了又如何补啊？这个发现让我太感慨。

二、左脑发育快，学习更胜一筹

冬儿小学有个同学王一凡，与我们住在一个大院，家长很忙，一年级起没管过他，冬儿看他总一人在家，就常常叫来家里吃饭，我也喜欢他来。因为他学习一直很好，性格内向，非常温和，画画也很好。不多言多语，更没无事生非。当年百思不解的就是他没有上过课外补习班，家长从没有辅导过他，更没有管过他学习之事。他的成绩一直很好，而且后来自己考上难度很大的黄冈中学。

在冬儿初三时，与他妈交流过一次，他妈说孩子现在学习很好，初中同样没管过……现在想来，这个孩子虽然语言天赋发育不好，反而左脑的记忆、逻辑思维都发育很好，右脑形象、想象思维同样还行，但左脑发育肯定好过右脑。所以在学校主要用左脑学习的地方，他才有很多幼年口齿伶俐、调皮捣蛋，貌似很有天赋的男孩所望尘莫及的学习能力……

事实上，科学家早就揭示了：左脑是控制语言、符号等具有词汇性、分析性（逻辑性）的功能模式。而右脑是控制行为、形象、想象等音乐、绘画这种具有非词汇性、总括性（立体）的功能模式。

双子注意到，这本书上引用了脑神经科学家对一个人做的试验。一个屏幕上快速闪过左右两幅画：左边画的是汤勺，右边画的是小刀。试验者双眼只能看着中间（就如斗鸡眼一样），眼睛的余光才能看图像。但这个人的右脑得到的是左边汤勺的图像，词汇性的左脑得到的是小刀的图像。

当试验者被问到，闪过的图像是什么？试验者脱口（左脑）理所当然地回答："小刀"，左手（右脑）从他面前给出的一堆东西中，顺手拿出的却是汤勺。试验者自己都不知道，为什么会出现这样的结果？

这是一个非常经典的科学实验，实验向人们展示出：人的左右脑是两个相对独立的个体，而且这两个半脑都有感知和认知这个世界真实事物的方式。可以这样定义：每个人都有两种智慧、两个意识，并通过神经来不断融合，只是功能不同而已。

我不停地思考：人类在进化的过程中，左脑在生长发育上，相对右脑可能要强一些。由于习惯用右手的人多于左手，所以左脑一直占主导地位。这大概可以顺应上千年的左脑学习模式，这是进化的表现，右脑偏弱就是一种常态。

但在学校，这个孩子用左脑多于右脑的地方，可能还有另一更深层的意思：左右脑只要有很大偏差，特别是左脑发育慢的孩子，左右脑有可能相互排斥。

就如两兄弟，哥哥是用左脑，弟弟是用右脑。哥"强"过弟，哥写字、算术比弟弟好，弟弟大多会接受，谁叫它是我哥呢！天经地义。的确在校的大多数孩子，左右脑发育基本上是左强右弱，学习书本知识（左脑为主）多能理解并差异不大。

但如果弟弟"强"过哥，还常常做哥哥无法做到的事，如年幼时绘画涂鸦（右脑为主）"强"过写字、记数（左脑为主）的哥哥，那么哥哥反倒不如弟弟，哥哥就会懊恼沮丧。就出现了，如在书面考试中要死记书本知识时，左脑相对弱的孩子分数总是莫名其妙一直不高，懊恼沮丧还有可能自责的现象。

双子思考了许久，当初在冬儿的教育上不知左右脑，知其然而不知其所以然的事虽然有，但我使用的许多歪打正着的方法，其实是很科学的，虽然没有理论来证明，但成长中的冬儿，一步好过一步就是个实证……

的确，学校的教育原本就是从小学到高中，培养每个孩子的词汇性、条理性、守时性、逻辑性……如语文、英语（词汇性、文字、符号、语言发展）、数学（符号、条理性、逻辑性）等，初高中会再多加几门交叉学科。

而拥有直觉性、主观性、相关性、整体性和卓越的洞察性的右脑，几乎被学校给遗忘了。小学高年级和初高中的平面三角形和立体几何，地理中的山川河流的图形、美术等学习，才会用上一点儿右脑。

冬儿有个周姓同学，上小学前会2000多个汉字，她妈妈是个语文老师。这个孩子的左脑可能在学龄前就发育得很好了，她妈妈才能开发出“慢”孩子的家长，想都不敢想的能力。

四川的炳妈也是一个语文老师，我在与她交流的过程中，听得出她所付出的，比冬儿同学的妈妈多太多，但她的孩子三年级了，现在会多少字？这种现象的原因只有一个——她的孩子可能是左脑发育滞后，书写、阅读、理解等能力，都差同龄孩子半拍。

记得在双子年轻时，看过电视、报刊介绍过云南的一个学龄前绘画女神童（右脑发育的好），她画的许多猴子，表情各式各样，神态活灵活现，后来她的画作还送到了国外参展。当然，她爸原本就是个画家，耳濡目染也是原因之一。

当时看了这个报道，大家都说这个孩子了不起，天赋太高了。其实现在想来，她所谓的天赋就是右脑发达，且在幼年时被她爸给开发出来了。这孩子后来上学，文化知识的学习不知道如何（虽然右脑开发也会促进左脑发展）？但相信现在这个孩子一定不是个神人，不然早有报道了。

我们普通家长如何会，又有谁能知道自己孩子左脑或右脑发达或有天赋？谁又会来开发你的孩子？所以就算真有一个性格迥异，天赋极高的孩子，也可能因为行为习惯很奇怪，在老师的批评和家长的打骂中给埋没了。

所以在学校里，孩子左右脑的功能和发育不平衡，在刚开始的学习中，最大的特点就是：左脑发育滞后的孩子，学习会跟不上。这对孩子来说太不公平，更是对家长能力的挑战。

双子总是说慢慢来，的确家长可能不知道孩子到底左右脑，哪个发育得更好？但只要有心，慢慢来，再多借鉴一点有用的、适合孩子的方法，坚信你的孩子在一天天长大的过程中，无论左右脑，都会发育得更完善，一年比一年好，并且一定能闯过应试教育的大关。

父母千万不要因为孩子生理发育的原因（左脑发育不好），而导致孩子表现出记忆力不好，注意力不集中等现象，就失落、烦恼，发火，甚至想要放弃孩子。

上面所写，是双子对冬儿17年养育的重新认识和深深的反思。

左脑发育不完善——如何逐步赶超学业差距

一、左脑发育滞后的后果

孩子出生后，家长抱在怀里，见人就说：我孩子可聪明了，会说什么什么了。的确现在孩子营养好，条件好，有孩子没出生家长还胎教：听歌，讲故事。所以孩子发育的表现，在家长的“调教”下都表现聪明。更因为没有上学，看不出孩子有什么不对。走在路上，那调皮捣蛋的孩子，家长越看越爱，聪明啊……

而上学了，每个低年级老师可能都有这样的经历：一个班总有 1 ~ 2 个特别的孩子，无论是男是女，但大多是男孩。这种孩子，老师头痛，家长心痛。什么行为都有，好动、不听话，或跟不上学习进度，到处捣乱……

这样的孩子分散在各个班里的确没几个……但他们太具有代表性，其实就是左脑发育滞后的行为异常。

左脑发育不太好的孩子，上小学后多次的书面考试，分数这把尺子，一下会量出学前太聪明的孩子所谓的“不聪明”。

的确孩子一上学，家长和老师就会发现，孩子个体智力差异很大，行为方式也大不相同，其实这中间有诸多的原因，但左右脑发育不平衡产生的结果是肯定的，而且在学校这个几乎大多用左脑的地方，会表现得更加明显……

正因为如此，可能有些小朋友，一进学校的大门，就会被家长或老师贴上太多：学习不努力、不专注、调皮捣蛋、记性太差等，根本不是孩子主观能控制的所谓问题标签……

其实孩子左脑如果发育缓慢，眼睛这个视觉器官（立体），会对眼前所看到的事物，或视而不见，或模模糊糊，用左脑学习的内容：如生字、词组、单词就会因为记忆不清晰而很快忘记，所以很多刚上学的小朋友在写作业时，有可能不是写错，就是漏写，更有可能刚会写会认的字，一会就忘记了。

冬儿从一开始学写字时，就一直这样，前写后忘记。17 年过去了，现在才知道是因为左脑偏弱，潜意识记不下个体和符号，只能记整体，也就是图像等。

而有的小朋友在读课文、阅读理解、做数学的应用题时，不是漏读，就是少读段落。四川小炳炳同学就是这样，到了三年级还有这种现象，与上面同理。

这样的孩子虽然是少数，但在学习上会因为分数低、所谓学习不好，老师同学看不起，或有的小朋友根本听不懂老师讲授什么？

听不懂，小朋友会如何？内向、胆小的孩子，自己玩自己的，把橡皮掰成一块块的、刚发的新本子画得乱七八糟，桌子上用笔划得一道道的……胆大、没有开巧的孩子，从座位上跑下来或前后左右地骚扰同学，有的还会动手打人，总之什么行为都做得出来……老师不知孩子是因为左脑发育慢，听不懂才会表现出发泄的行为，只当不认真听讲，肯定不会，天天批评，告家长……

如果家长同样不知孩子的情况，因为个人水平能力，教孩子的方法，还有原本不知是个左脑发育慢的孩子，虽然天天教孩子，天天忙孩子，但孩子还是不会（记不下汉字、词语，数学应用题不懂），那么家长心累的啊！沮丧的啊！烦躁不安，打骂也没用，想也想不明白，这个孩子到底为什么这样啊???家长恨的啊……

昨天，有家长在群中心急地说：“自己唯一的产品成了废品。”双子看了肚子都笑痛了。这个孩子才上小学，芽都没冒，还没有出产品，何来废品？

如果家长太累，放弃孩子，任其发展，那么孩子 12 年的行为习惯会是如何？可以肯定：这样的孩子不是脑子慢慢发育成熟，自我发展成了楼上楼，就是破罐破摔变为楼下楼。

所以在学校这个地方，左右脑的功能和发育不平衡，在刚开始的学习中，最大的特点：对左脑发育滞后的孩子而言，学习就是跟不上，而且也太不公平，更是对家长能力的挑战。

后果就是：这样的孩子学习没有自信，认为自己“笨”，或胆小、自卑、自怨，或胆大包天、惹是生非。家长更是一头雾水，不知如何养育唯一的，行为习惯不同平常孩子的儿子或女儿。

刚才看了一份报纸，上面讲述了一个英国12岁的神童，在上大学，还会三门外语，现在又开始学习三种乐器。更坚定双子的想法：这个孩子左脑超发达，并被学校和家庭发现，很好地开发和培养了。太多的孩子根本不可能做到。

二、理解帮助左脑发育慢的孩子

每个孩子生下来到上学前，几乎没有一个家长会说自己的孩子很“笨”，真有脑部出了问题，自闭症，感观失调这样的孩子，才可能引起家长的注意。而孩子上学后，在校几乎所有的智力差异，可能都是幼儿左右脑发育不平衡的结果。而且只有在学校这个几乎大多用左脑的地方才能现出的更加明显。几年前，双子与武汉大学林教授有过很深的交谈，他说：在孩子6～8岁时，学校应该教授文字和语言（还有外语、国学等）。此时，大脑真正要开发的是这一块（左脑的一部分），同时，教孩子一些绘画，开发形象思维（右脑）。因为小朋友的脑子，大多不可能在接受语言、符号等主观思维的同时，还要接受左脑的数学逻辑思维。从9岁开始学数学最好，因为此时的逻辑思维跟上来了，加上有了前面两年很好的书面文字学习，哪个孩子学习都不会差到什么地方去……

想想很有道理：一个9岁的孩子，数学中的几加几、几乘几，还有难一点的应用题，在前两年打下的，较强的书面文字、语言能力的帮助下（左脑），会很轻松地理解数学问题（粗心例外）。而绘画作为一门学科学了两年，左右脑会同时发育得更完善，孩子真能慢慢地驾驭逻辑思维和形象思维的同时，更能让发散思维在左右脑之间转换，的确大脑会发育得更好。

现在的学校一刀切，语数外一起上的左脑模式，用分数对小学的孩子实际能力评判，太不公平，孩子不会要教啊！不然老师找上门来，孩子在校学习不好，高年级了如何办啊？所以家长忙的啊！哪门不行就到处找方法来教哪门。

其实，家长如果发现家有学习慢，注意力不集中的孩子，找来或想出一些有效的小方法给孩子用上是对的，但要相信理解孩子不会也不可能一下就会，定要从二年级或三年级或四年级开始，慢慢与左脑一起发育才能跟上学习……就如现在读高二的冬儿……前提是一天天地坚持……

而有的孩子正好相反，在一二年级时，左脑数字、符号思维发育可以，分数肯定可以，到了高年级需要左脑逻辑思维时，发育这块没有跟上或其他原因，孩子在三四年级这个坎上，成绩反而掉下来，家长同样百思不得其解：原来优秀的孩子为什么这样了？其实都是左脑发育慢，只是表现的时间或形式不同而已罢了。

就如爱因斯坦，科学家解剖了他的大脑，发现他左脑掌控数字、符号、逻辑思维等脑量，占了左脑很大一部分，而同样是左脑的语言功能被挤到一边，所以他说话从来没有完整过……

所以懂不懂左右脑都无所谓，只要相信孩子的脑子在发育，理解孩子会慢慢好起来即可。

（1）家长如果不理解而打骂孩子：①你如何这样的“笨”？为什么刚才会现在又不会了？为什么教了你几十次，还是不会？为什么上课不听老师的话？为什么坐不住？等等，把个刚上学的孩子打骂得云里雾里。②你原来很好啊！为什么三四年级了反而退步了呢？肯定是学习不认真？上课不听讲，老师找妈妈你知不知道？你想不想学好？等等，把个自己都不知为什么的好孩子，骂得心里难过，想学但不知如何学好，因为不知原因……

其实这种孩子在心理情感上，要比左脑发达的孩子更能理解人（当然是在他自己能理解的范围），所以孩子有时看到家长不开心，会自责而认为对不起家长，但行为却无法控制……想想孩子非常可怜。

当年，双子虽然不知幼小的冬儿左脑发育不好，但知道行为上肯定是脑子没有长好。记得冬儿小时候会说话了，和双子说过最多的话：“妈妈对不起……”有时听了很心酸……这哪是孩子的错啊？是自己生她太晚，脑子发育不好的原因啊！

（2）老师不理解而烦恼、讨厌孩子：为什么班里总是你在捣乱？刚学的为什么又不会了，考成这样，拉了班里多少分啊？笨的像猪，快给我滚。有时还上升到变相体罚。记得有个老师不让孩子下课上厕所，说是罚坐……孩子小便都在身上……幼子无辜啊！心理阴影会伴随孩子多长时间啊！这要多恨学校？恨老师？将来想学好都难了。

（3）因为无知而加重孩子的心理阴影：前面这个孩子在电视上说：记不下字，前学后忘，无奈只有画"火"……可怜的样子让人唏嘘。

其实，家要真有左脑发育慢的孩子，家长也不用急，因为凡事都有它的两面性：

①如果没有这样的孩子，家长不用操心，生活轻松。但永远无法享受到与孩子艰难成长的生命过程。可能有家长会说：有这样的孩子，全家都要疯了，还谈何享受？其实，正是因为你有这样的孩子，才会逼得你努力学习，不是自学就是到处求学，提高自己的自我认识和不断完善自我教育，带着渐渐长大，慢慢发育完善的孩子前行。

②你只要是个有责任心和爱心的家长，面对你一时无法理解的孩子（孩子表面太聪明了，样样都好，孝顺懂事）为什么记个字这样难，或三年级前很好啊！现在为什么会这样了？定会想尽了方法，动足了脑筋，来帮助这个孩子。

③家长只要肯动脑筋，加上不断提高自我学习的能力，当然前提是不能急，养育孩子本来就是个慢活，孩子都会在家长的帮助下，不断修正其行为和认知，在他自己慢慢发育和长大的过程中，让有些小时候看似很严重的问题，在过了一定的时间后，回头再看，原来都不是问题，只是没长大而已罢了。不知何时，孩子一切都好了。当然，家长的辛苦和智慧始终贯穿。

家长请相信自己，更要相信孩子。只要看过双子所有博文的家长，一定知道冬儿原本就是这样的慢孩子，更是左脑发育慢的孩子。可是，在老师和双子的帮助下，虽然学习起伏很大，但也慢慢走到了现在的高二，学习还算可以。

太多的事例表明，许多左脑发育不是太好的孩子，在家长和老师的帮助下，用了正确的方法，加上脑子发育一直在进行，所以学习能力会有所提高，看上去就是分数有点高了。学校的教育原本就是从小学到高中培养每个孩子的左脑思维……但无论怎样，小学六年人体自身在加快左脑发育的同时，学习上不停地使用和开发左脑，初高中真就是发育完善的同时，学习上正高速开发左脑。

所以才有男孩到了初高中，学习会跟上来，是因为左脑完善了。从表面看，就是一下开窍了，其实道理很简单，左右脑此时都高速发育到基本完善，好动的男孩，无意开发了自己的体能，也就是脑子的运动神经，孩子学习就会更开窍。

孩子接下来在家长和老师的帮助下，当然也要加上其他原因，定能一路走进高中，并能在很累的高中路上，慢慢走好。

右脑开发能让孩子学习更优秀

为什么所谓的宅男孩及更多的女孩，到了高中会选择文科而非理科来进行高考？这个大概也与左右脑发育有关。

今年暑假到武汉看病，无奈将冬儿放在朋友家，与一个高三小姐姐（大冬儿一个多月）一起住了十几天。这个孩子能考上黄冈高中，用她妈的原话：是个意外。因为小珊天性内向，初中学习成绩处于中上等，数学一直很好，在中考最后复习阶段，冲了一下，结果考取了最好的黄冈高中。高中后，小珊妈说她不太用功，学习没有方向，所以学习不太好……

小珊去年高二暑假与双子交流，内心很委屈：其实很用功了，只是有几门课用时太多，时间无法分配到位，学习上顾此失彼，可妈妈不理解，很心烦。

不喜欢地理老师，也跟不上。双子马上教了小珊两次地理学习方法，小珊后来喜欢地理了。感觉这小珊特聪明，很会巧记，而且只要听过看过，真有过目不忘的本领。最后冲一下，考上黄冈高中一点都不奇怪。

当时，没有想到这孩子左脑如此发达，只是感慨：冬儿如果能有这个本领，那么何来学习不好？

对学习时间无法分配一说，没有感性认识，不知如何帮小珊？特别是小珊这次讲，马上要高三，虽然非常用功，但学习还是很吃力。

给人感觉特聪明的小珊，高中读得这样苦，学习成绩还是无法提高，妈妈说不用功，学习没有方向，会不会还有其他什么原因啊？

记得高一刚开始冬儿也非常辛苦，因为住校，无论孩子晚上多早完成作业，最早到晚上 10 点才能回寝室，半小时内有六个孩子轮流洗漱，一人只有五分钟，晚上 10 点半统一关灯后，只好摸黑洗，接下来还要洗衣服，可能还要开小台灯在床上做作业等，第二天早上 5 点多就要统一起床。

用冬儿的话：一天睡不到六个小时，白天困的啊！上课许多同学睡觉，要到 9 点多才可神情正常，上课老师讲什么都不知道……当时听了，头皮发麻，可想而知学习的效果会如何？不要想高考了，这三年高中如何过啊？

后来时间一长，冬儿也学‘油’了，衣服拿回家洗，作业在晚上 10 点一过，无论完成没有，都不会再做，更不会在床上做作业。但同学相互影响，有时吵闹，睡觉还是很晚，白天上课睡觉的事，时有发生。

就这样的学习和生活环境，冬儿半年时间，慢慢还是从进校的年级 280 多名，爬到了 150 名，班里前 3 名（普通班）。下半学期结束，主课年级 70 名左右。因为是个重点中学，只要保持这样的名次，考一本问题不大。

但冬儿的住校现状，引起了全家深深的反思。住校的目的，原本有二：一是没有家长照顾，双子一直要住院；二是希望孩子能自立。

但这一年整，冬儿没有觉睡，心情烦闷，更没有锻炼身体的时间。想来体能必然会慢慢下降，脑子发育肯定会打折扣。接下来如何顶住高二、高三更加繁重的学习压力？如何保持这个成绩？

所以从高二开始，冬儿选了理科，因为成绩可以，被分在物生好班。没再住校，每天骑电瓶车 20 分钟上下学。开学至今，近一个月，冬儿早上 6 点 10 分起床，6 点半离家，下午 5 点半到家。吃饭（边吃边聊天），6 点 15 分左右开始听着音乐摇头晃脑看电视、小说 20 分钟。大多时候，晚上 8 点不到作业就能完成（质量好坏在其次），晚一点则晚上 8 点半能完成，看电脑、小说 20 分钟，打 5 分钟球或玩一会飞镖，跳一分钟绳，读几分钟英语，弹会琴，洗澡再看会小说，晚上 9 点 45 一定上床。

星期一和星期五的体育课都打满一节课的乒乓球，星期日上午到体育中心游泳 2000 米，也就是一星期有三天体育锻炼。

冬儿开心地说：“上课一点不瞌睡，体育课也不用抢作业了……”

见冬儿这样大把的时间玩，我心里有点犯嘀咕：“冬儿你能不能抽点时间多读读英语？高二是江苏学生最累的阶段，时间浪费了多可惜啊？老妈实在不明白住校作业在晚上10点如何完不成？为什么你们同学要做作业到11点多？”

“老妈没事，我心里有数。做了一天作业，回家就要放松一下。再说作业在校玩命先做一半，回来再做一半，心里不烦，很开心的话，作业就快。

其实，住校时作业也能完成，主要是因为晚上10点前不让回寝室，晚上6点到10点四个小时坐着就累死了，不要说做作业了，肚子又饿，一点劲也没有，浪费太多时间。

现在做作业有动力，回家有小说看，能和你们聊天，人很放松……

同学做作业晚，是因为文科背的东西多，上一学期我好几门课都不背，‘裸考’，所以要比同学轻松一些……”

“裸考？什么是裸考？”

“就是不复习，直接考，你想啊！九门课一起考，哪有时间全复习到……我的地理、历史、政治几乎没有时间看，本来这块基础相对好一点，再靠上课所学内容，加上原来知识的积累，考试时，多写点，写满试卷再说。主要是为了保‘语、数、外’不掉下来。”

孩子这个高一上得真不容易。可高二也不能这样松啊？

而小珊妈来电话，说起小珊高三的学习状况，更是讲冬儿有现在，是原来的好习惯，自觉性强……

双子听了汗颜，想想冬儿何来自觉性？玩性如此大，只不过做作业的速度快点，可质量又如何啊？而小珊记性多好，多聪明的孩子啊！假期看到比冬儿学习认真多了，可为什么她妈还是认为她不如冬儿？

两人无意讲到双子这个左右脑系列的文章，小珊妈心急地说：“双子姐，孩子的确从小很聪明，学习一直不用太操心。现在高三了，老师说她不是不想学好，不肯动脑子，而是想题、解题思路不宽，太难的题，用时就会很长，效率太低……是不是和从小没有坚持开发她的右脑，左右脑没有一起发育，而出了问题有关系啊？”

双子心中咯噔一下，不由想起生物老师上学期说起过：“冬儿做题非常巧，答案是对的，可过程很简单。问到如何做出，也说不上来。让她上讲台写出做题过程，同学看也看不懂。”老师看明白后非常感慨：“冬儿完全是用另一种更加简单明了，但老师都未曾教过的方法在解题，真是太聪明了。”

自己的孩子不了解？冬儿何来聪明？她只是习惯用另一种不同的思维解题

而已，因为初中数学老师看了冬儿的作业，也让冬儿上台解过题，看着冬儿一题一题解题的过程后，指着冬儿不停地说："你啊！你啊！长了个什么脑子呀？"后来对冬儿的要求是：上课可以不听他的课，想做什么都行，只要不影响同学。家长会上老师跟双子说：冬儿数学解题很有方法。所以当时听了生物老师所讲就不以为然了。

此时，有了对左右脑的认识，小珊妈的话，让双子恍然大悟，从小学习太慢的冬儿，为什么会习惯用另一种不同的思维解题？

冬儿四年级后为了多看小说：第一，学会动脑筋用简捷的方法做题。第二，无意中学会作业提速（字写得东倒西歪不管）。但根本的原因在于，可能冬儿自我大脑慢慢发育的过程中：

（1）从幼年开始至初中，坚持各项与学校左脑学习有关的技能训练。

①三个五分钟：语、数、外训练。（提高注意力，增强记忆力）

②快速消灭生字词。（三造句开拓思路）

③提高作文写作技巧。（为高年级、初高中打下基础）

④学会了巧解应用题。（逻辑和形象叠加）

⑤初高中学习的知识点提前介入。如初高中的地理、历史、政治、生物、化学等，在小学时，就玩中学东西，提前介入，到了初高中学习要死记硬背的内容只是复习，必然省心省时许多。

⑥六年坚持利用边角时间给孩子读书。（增强了孩子思辨和反应能力）

（2）十几年不放弃坚持多项体能和技能训练。

①钢琴、试唱练耳（开发左右脑）。

②绘画（形象思维、立体空间，开发右脑）。

③乒乓球（左脑，全身运动）。

④游泳、溜冰、骑车、舞蹈（感统平衡训练）。有网友说没看到写冬儿跳舞，冬儿其实跳舞三年，没有坚持是因为这个班关门了。

⑤小学毕业时：围棋（左脑逻辑）、声乐。初中毕业时：长笛等。

虽然这些训练和运动，表面与学校左脑所学知识没有关系，而且现在才知，冬儿原本就右脑发达，但这些运动发掘出了冬儿的各种潜能，并平衡了大脑，并有了一个强健的体魄，在初高中，强度很大的学习压力下，能游刃有余地学习。

（3）四年级后左脑发育慢慢跟上，逻辑思维和形象思维并举发展，发散思维在左右脑间来回转换，学习开始爆发，自信性增强……

而小珊可能如她妈所说，虽然从小左脑发育很好，认字记字也快，学习也能跟上，复习冲刺一下，学习完全能再上一层楼，在小学和初中，与慢孩子比，优势太多了。

但到了高中的学习时：

(1) 右脑从小学没有很好的刺激和发育，左脑向右脑转换的形象思维和学习上最重要的发散思维无法跟上。做题思考没有想象的成分，必然用时要多。

(2) 有句老话："急中生智"讲的就是多动脑筋，多想办法，发散思维会一闪而出。而小珊性格非常内向。调节人体的中枢神经没有兴奋点，抑制了一个左脑发达的聪明孩子，表现为高中时期学习能力无法提高。

(3) 小珊不喜欢运动。其实初高中的很多男孩打篮球、玩滑板，这些运动培养孩子团队协作精神，促进了孩子的运动神经发育，并能对孩子的大脑起到很好的发育平衡作用，而且对青春期的孩子，是很好的学习压力释放，更是让孩子随时处在亢奋的状态，玩也玩了，学也学了。所以男孩到了初高中能在学习上爆发一点不奇怪了。

遗憾的是，因为独生子女，有孩子自封宅男宅女，在最重要的生长发育时期，不运动、少运动，体能下降，错失了提高全面学习的能力，关键是对将来人格的形成有影响……女孩在这块占了多数。可能就是女孩到了高中，跟不上用逻辑思维和发散思维学习的理科，很多无奈地转而选学文科，这种大多需要死记硬背的学科。

当然，条条大路通罗马，无论学理还是学文，孩子都会走上他们自己选择的人生开头之路。

现在的家长，大多好学，知道开发右脑的重要。但在应试教育的学校，左脑比右脑更重要，却不是人人都知道。而幼年和小学无意开发成全脑平衡的孩子，上高中后，学习上呈现太大的优势，许多家长和老师可能根本不知道或没有意识到这一点。这大概是教育分为一段段而产生的盲区。

但如果选择并考上了高中，那么大多孩子必走高考之路，分数的重要人人都知道。所以孩子左右脑发育的是否完善，幼年、小学、初高中家长不能回避和忽视……更是家长重点要关注的。为了孩子的明天，必须要了解、帮助他们，并需要付出很多。

充足的睡觉能促进左右脑的发育

网上时时听到看到家长们说起孩子，小学孩子每天完成作业再睡觉，都要到晚上 10 点多，初高中生要到晚上 11 点多。家长无可奈何只好陪孩子学习到晚上 11 点多。就如前面所说的这个母亲，陪伴孩子到晚上 11 点多的过程，中间的艰难让双子动容，但晚上 11 点多这个时间，看了真是倒吸冷气。

虽然不知道当年的冬儿有可能是阅读或书写障碍，但在冬儿读小学时，我最注意的就是冬儿的睡觉和健康，想着冬儿是个早产儿，脑子可能发育不好，一定要早点睡、养脑子。不可能也不会为了作业而放弃孩子的睡眠时间。

而且要保证 10 岁左右的冬儿，睡眠最少要达到 10 个小时，同时为了让孩子能长高，更是要求孩子在晚上 8 点半到 9 点上床睡觉。因为在生冬儿时，无意中看到了一本育幼儿的书，是个日本幼儿医生用了 40 年时间写成的，书名叫《365 天》。书中讲道，早睡可能让孩子的大脑很好发育的同时，晚上 9 点半是孩子的生长因子开始活动的时刻，所以一直坚持让冬儿早睡。

只有在刚上小学时的一两个月，因为学习跟不上，作业慢所以搞到晚上 10 点才睡。后来都是坚持晚上 8 点半上床，作业重复的都是我做。直到四年级后，好像我不在家，才晚一点，也不会过晚上 9 点。所以冬儿出生到小学毕业，睡眠一直很充足。而初中的冬儿，因为做作业很快，睡眠同样有保证。高中第一年住校，因种种原因，孩子每天只能睡 5 ~ 6 个小时，上课打瞌睡，心情烦闷，无法集中精力。为此，从高二开始，冬儿不上晚自习，5 点半到家，作业习惯很快完成，晚上9点45一定上床睡觉……

有左右脑生理发育缓慢的孩子，发育上可能会有这样那样的障碍，如果每天搞到晚上11点钟，一天只能睡六七个小时，这样发展下去，健康都会出问题，想让孩子学习好真就成了一句空话，什么都不会学好，更不可能发育好左右脑，这样的生存方式和生活环境，岂不是恶性循环……什么孩子注意力不集中，不主动学习，没有自觉性等这样的表象都会出现。

太多的孩子可怜的啊！从上学第一天开始，就没有好觉睡，就如前面说起的那个孩子，受到她行为的启发，我思考了几天，有针对性地找书来看，茅塞顿开，无论左脑右脑，只要发育缓慢的孩子，家长都要学会保证孩子从小睡觉充足，养好脑子。同时，也为当年对冬儿的睡眠养育歪打正着而暗暗庆幸。

所以家有上述孩子的家长，如果学习上无法跟上，作业又慢，看上去就是在那磨，不知在做什么的表象，则请不要太急，先从睡眠入手，治表一定要从治本开始……多睡养好脑子是第一，小学有六年的时间，急不在这一时半会儿，而脑子发育不好，对上初高中的影响就太大了。

有家长可能会说，我的孩子完成不了作业，老师要骂、要罚，而且要罚更多的内容，第二天就会更晚，所以只好让她晚点睡，把作业完成。其实，看双子文章的朋友大多知道，冬儿刚开始同样完不成作业，同样存在许多的问题。

不要太在意孩子一时的成绩，反而要加强和老师的联系，让老师知道这是生理发育滞后的孩子……老师虽然有许多的专科知识，但也不是人人都能了解孩子的行为是生理发育滞后的问题所致的。

而双子如何利用边角时间，化整为零，慢慢养育和教导慢孩子冬儿，冬儿渐渐跟上学习进度，双子都写过……如果没看到的家长，则可以抽时间到前一本去看看，可能当时没有系统地理解。只是自己无意识、本能的多个行为，请朋友们看了不要给孩子硬套。

保证睡眠虽然是个养脑子的笨办法，也没有多少科学依据，但多年过去了，想来这也是冬儿左右脑能慢慢发育完善，健康成长的一个前提和保证，而且是个非常好的生活习惯。也因为如此，冬儿才能到了初高中，学习、健康两不误……

乒乓球一定能开发左脑

从20世纪80年代到现在，中国的城市家庭都是独生子女，孩子必然成了家庭的唯一希望，所以孩子出生之时，太多太多的家长就给孩子的未来，绘出自己想当然的美丽蓝图，孩子将来一定要成为什么什么？

技能训练，也就是所谓的兴趣爱好，堂而皇之在中国大地登堂入室，成了除主课学习之外，城里幼年孩子理所当然要学的内容。

什么是素质教育？其实太多太多的家长虽然不知，更可能如当年的双子一样不懂什么左右脑在学校的作用，但大多无意识地给孩子进行过（除了学校的语、数、外），能让孩子强身健体，或开发大脑的技能辅导，在主动帮助孩子的大脑发育。的确这是了不起的、本能的，但对孩子的将来一生都有帮助的事。因为孩子生理上一天天在发育大脑，学校所学和家长在外的技能辅导，会一天天地开发孩子正在发育的大脑，虽然不知开发了左右哪个脑子，但一定对孩子成长有用……

当年是为冬儿的健康，双子十几年不停地给冬儿进行了多项技能训练，虽然是个无意之举，而且不知道帮了左右哪个脑？现在看来，在学校之外的地方，进行这些技能训练，对孩子的成长，的确帮助太大了。

曾经在很多文章中，深入地讲解了，如何在小学六年，孩子成长发育最重要的黄金时期，也就是12个假期中，学点对孩子将来有帮助的技能……现在看来，的确是对的。

除在学校学习外，何种技能可对左右脑进行开发？

技能训练有很多，如乒乓球，还有键盘乐、声乐、古筝、笛子、提琴、绘画、书法、游泳、溜冰、骑车、围棋、舞蹈等。

一、乒乓球运动如何开发左右脑

当年带冬儿打乒乓球，完全是因为冬儿眼睛近视。这一打就是十多年。此时，冬儿高二，现在的每个星期一、星期五，在学校体育课上，每次与老师、同学对打一节课。

乒乓球为什么开发了大脑？想来有以下几点：

1. 开发左脑

几乎90%的人，都用右手挥拍。由于知识普及社会化，人人知道左脑控制右手。这右手每天不停地上下挥舞半小时不止，肯定能带动正在发育的左脑。从表面上看，左脑指挥右手，但右手这个部下时不时报告敌人来犯的方向和进攻的目标，左脑这个指挥反而会根据右手的情报，重新制定战斗方案，及时调配和调动部队……整个指挥系统高速运转……所以右手打球能对左脑的发育起到开发作用就是必然的了。

2. 培养孩子大脑的协调能力

球在半空中，人要跟着球来回奔跑，手、眼、脑、腿全身运动，确实最能培养孩子大脑对全身支配和协调能力。

冬儿同学小辉，从冬儿一年级开始，一起打球两年，奶奶一直陪着，说孩子感统失调……在冬儿他们刚开始学球时，五个人一组轮流练基本动作和接发球。50岁的老师原来在省体校教球，又获得过省女子第一名，所以教孩子很有方法。

这孩子刚开始打球，给人感觉反应非常慢，球到眼前还在发愣，听冬儿说学习也不是很好……一到小辉上来练球，温和的老师声音就会高八度："集中注意力，拍了胸推……挥到鼻子……"从上来到下去，老师的声音就没停过……老师累的啊！胖胖的孩子更是气喘吁吁，真是一副可怜样……一年后，我发现小辉的动作不知从什么时间起，灵活很多，球从肚子向上推出，动作非常规范。挥拍回到鼻子有板有眼，很标准。与大家一起打比赛，跑得飞快……

当时，我与他奶奶交流："这个孩子能有今天，真是亏了你这个奶奶。记得刚来时，系鞋带还要你帮助……吃点心还要喂……现在你看多好啊！球打得比冬儿好，听说学习也跟上来了……"

奶奶感慨地说："是啊！不容易，开始差点放弃。这孩子慢得让人没了脾气，谁见谁烦……现在打完球回家就做作业，走路也快很多。老师告状也少了，这次考试数学及格了。冬儿妈，谢谢你一直让我坚持……"

其实，这奶奶才是真正让人佩服啊！一把年纪，风里来雨里去，坚持把这个慢孩子带着学球一年多，才能有现在这样的成绩。

想想是的啊！小辉天天打球，从单一的一个动作一个动作学起，最后训练到快速的条件反射……这除了开发左脑，更重要的是：眼盯球、手挥拍、脚跟上，来回奔跑，动作一气呵成，时间一长，孩子灵活的协调能力真就培养出来了。

3. 可以治眼睛近视

眼睛不停地盯着球左右转动，来回寻找球的落点，刺激了正在发育的眼球和视神经。天长日久，孩子如果眼睛很好，一直坚持打，没有意外发生，那么一生不会近视。网上查了一下，正在打乒乓的运动员，没有近视眼。邓亚萍是后来到大学读书，太拼命了，才近视的。

所以如果眼睛本来近视的孩子，从小打乒乓球或其他球类：如羽毛球，只要坚持，肯定能对发育不完善的眼球和视神经，起到修正作用，最后眼睛会好起来。冬儿从小近视，和她一起坚持打球的孩子，到了高中，与冬儿一样眼睛都不近视，双子有跟踪记录。

4. 促进大脑发育的同时，提高孩子的注意力

乒乓球基础训练，讲的就是大脑的注意力。双子仔细观察过：一组 50 ~ 100 个球，按老师的要求：每次动作到位（从肚子推出挡球，从腰部挥球到鼻子前方），球就真能打到老师要求的位置，做对一个是一个，不对要罚。为了少罚，孩子都会集中注意力，专注打好每一个球。接下来还要进行对抗比赛，更是要讲专注，当然，一切的技能，都能让孩子提高大脑的专注力……

5. 孩子因为打乒乓球不生病、少生病，能提高大脑发育的质量

前面说过，冬儿是早产儿，生来就有肾结石、心脏早博、胃下垂、近视、严重过敏等病。经过十多年的体育运动（打乒乓球是其中之一），现在基本痊愈……从小学到高中，除了肾结石到医院做B超，没因上述病进过医院。而且同学感冒，她都很少被传染上。生病打针，特别是用多了抗生素，会给大脑带来不良影响，这个医学上有报道，所以不生病、少生病、少用药，就是让大脑保持良好的发育。

冬儿在小学、初中、高中没有因为生病而缺课（因拔牙请过假，另当别论）。不缺课，上课注意力集中，主课就能上好，老师所讲能听懂，就不需要到外面补习主课……所以冬儿小学、初中没有到外面补习过任何一门主课。省下很多时间，参加兴趣爱好班，强身健体。各方面就真的进入良性循环……

6. 团结协作精神，是大脑发育能力的提高

冬儿的同学小辉，开始打球真是摸不到北，动作又慢。但这孩子有一张铁嘴，什么都会瞎掰，所以同学都不喜欢而且笑话他。后来练的时间长了，要打比赛，谁也不乐意与他双打，因为他动作慢，冬儿和他是同学，被迫和他分在一组，看得出冬儿有多勉强……

打球中场休息，老师会让孩子们玩多种游戏，其中龟兔赛跑的游戏讲的是团结协作精神，大家在一起玩时，协作对象几分钟就要更换，所以一定要与每个人都协作配合好，才能赢。老师让玩这个游戏的深意可能就在这……多次玩下来，小朋友们配合越来越好，小辉也很努力在一起玩。慢慢冬儿开始帮助小辉，不让人欺负小辉……后来培训班的小朋友都很团结……在这感谢冬儿的老师……不仅教孩子打球，而且还教孩子做人的能力，其实能力的提高，就是大脑发育的提高。

7. 培养了孩子坚强的意志

意志是什么？是大脑思维活动。打乒乓球，其实天天练，一个动作上千次，能十几年地练下来，是件太不容易的事了，需要很强的大脑控制能力，这种对思维的控制能力，就是帮助大脑不停地完善自我。

冬儿现在无论做什么事，学习主课或其他，都不怕吃苦。因为小时候吃了太多的苦，培养了孩子坚强的意志。冬儿前几天还在说，想想我真是‘熊坚强’，小时候坚持这样多的兴趣爱好，特别是打乒乓球，平时一天也没停，假期累的啊！不过现在很开心，与同学打球，打过我的不多。

所以打乒乓球，一定能开发孩子的左脑，对孩子的成长，更是好处多多。因为在学校这个地方，左脑比右脑更重要……

二、乒乓球能开发左脑，更能对将来有所帮助

前面写到乒乓球开发左脑的多条理由。然而，让冬儿打球并一直陪伴她坚持多年，中间还有一个更重要的原因：教乒乓球的李老师在冬儿打球没有多久时，与双子无意间讲到，她同事的孩子，小时候跟着妈妈学了一段时间乒乓球，因读书忙，没有再练。后来到日本留学，勤工俭学，什么都做，非常辛苦。一天，他打工的公司社长的孩子在院子里与人打乒乓球。留学生主动要求与孩子打了一盘，没想到孩子根本不会打，很羡慕留学生的球技……

社长马上提出让留学生教他孩子打球，后来社长在公司和他们生活的社区找来几个孩子，让留学生教孩子们打球……从此，教乒乓球的收入成了这个留学生的主要生活来源，而且所住的房子也是社长给他免费提供的……毕业后，他在日本从事教球工作……

李老师非常感慨：同事孩子的那个打球的水平也能叫球技？还能成为生存的职业？我们这个培训班坚持打几年球的孩子，都能达到他的水平……其实，这个留学生发现这项技能可以帮助他生存，可能为了更好地生存，后来，他又回国训练过……

说者无心，听者有意。双子当时就想，自己与冬儿爸身体都不好，生她时年龄都偏大，不知能陪她走到哪一天？冬儿现在 6 岁多一点，如果此时学几门中国的技能，不求精，只求会，那么将来有一天出国留学，生活上能帮到最好，不能帮到也算了，但这些技能肯定会给她的求学、交友带来很多便利。但的确没有想到大脑上去……

大家都知道当年中国的乒乓外交，打开了美国的大门……技能这个东西，越是民族的，越能走向世界。国外也有很多人打乒乓球，学武术。但乒乓球、武术在外国人的眼中，就是中国的代名词。乒乓球对很多外国人而言，就如美国的橄榄球一样，只有中国人打，才是正宗。

乒乓球、武术等这样的技能运动，如果有人当个爱好想学来玩玩，两人只要找个场地，边打边学，互动对看，慢慢模仿，时间可长可短，教者讲得明白，学者轻松愉快，并且限制很少。

而二胡、竹笛虽然也是中国的民族乐器，在学习时，一定要认谱、识曲。

一个成人在那或拉或吹，另一人指导，两人没有互动的情趣，这种器乐，少则半年，多则一年，才有可能会吹或拉个小曲，可能还上不了台面。所以没有专业需要，作为爱好来选，除了退休人员，没有多少人会选择它们。

因为这个技能无法过的最难的一关，就是童子功。也就是大脑在幼年时，与孩子学习的这些技能一起发育成长……

大家不要误会，并不是否定学二胡、竹笛对开发左右脑的好处，只是在这将它们与乒乓等需要相互博击的运动作个对比。如果家庭条件一般的孩子学器乐，那么双子其实更偏重这几种民族乐器。下面会讲到……

将来孩子无论在国内还是国外，只要有技能在身，对孩子的成长发展轨迹肯定大有好处。如乒乓球本就是个国球，会打的三脚猫很多。假如孩子在国内工作，单位开展活动，只要你打球或其他技能比别人好哪怕一点，就有可能成为他人的老师，友谊会从这里开始……而且会打乒乓球的孩子，羽毛球也不会差到什么地方去。这也是孩子生存的智力水平能力……智力是什么？不就是大脑的行为？

冬儿在初中参加各种比赛，羽毛球除了有个专业队的同学她打不过外，一到二年级，都是学校第二……可以想象冬儿有多自信……而且自己为了预防颈椎不好，还发明了乒乓球打天花板的方法，一抬一低的，并且难度比对墙打要大很多，方向角度都要去感觉，真是难为冬儿。

不过这对颈椎的修正和发育真是有很大的好处，颈椎是心脏供血给大脑的必经之路，如果供血不足，则大脑一定发育不好，所以现在天天要打……

幼年的冬儿，每天打球少则半小时，多则一小时，一星期打四次，但长年坚持，到了初中，水平虽然不高，但学校的同学、老师都打不过她，为此，她回来开心地说："同学们都非常羡慕我，问我怎样学会这么多的东西……"自豪全部写在脸上，更是为自己从小坚持学了这样多的技能而庆幸……冬儿爸说："你都是半吊水，动真格的肯定不行……"

冬儿听了虽然不服气，但她明白自己所学水平的确不高……当然，还有其他原因，所以高二开始不住校后，每天回家都要主动练会儿钢琴；一个星期在校打两次乒乓球；星期日上午到体育中心游泳 2000 米。就是十月一号拔牙，缝了一针还坚持去游。能这样坚持让我们家长也很感动。

冬儿之所以这样，就是尝到利用边角时间学习技能，并长期坚持的甜头。

高二了，年龄也长了几岁，更明白事理，这才会在学习压力有点大的情况下，主动来练这些她认为对她将来一定有用的技能。

所以家长一定要明白，学习任何技能，虽然开发大脑，但死逼孩子，天天练很长时间，比一天十几二十几分钟的练习，时间上多用很多，开始效果肯定会比用时少的孩子来得明显，第一年可能在家长的恩威并施下，熬着过，但几年后，孩子肯定恨死这个技能，更不会当个爱好来坚持。而三天打鱼两天晒网同样不能成事。所以只要孩子不为走专业道路，时间安排合理，慢慢坚持多年的训练，同样能小有成绩，在开发孩子大脑的同时，对将来有很大帮助，而且比之最后无法坚持的孩子，时间上并没有太多占用……

而左脑因多年的自然发育和坚持开发并举，在高中的学习中，孩子定能胜出一筹，这个重要性，在前面的篇幅中有写……

有句流行的话，用在帮助孩子学技能上和开发左右脑上最恰当：平凡的事只要坚持，一定会做到不平凡……希望家长能先 HOLD 住自己，调整心态……

让无意播下的希望种子，在十几年的等待中，慢慢发芽、开花，相信果实的收获，定会到来。

钢琴、试唱练耳如何开发左右脑？

一、钢琴如何开发左右脑

当年双子为了冬儿的大脑发育，找了很多书，虽然不知如何开发，但能左右开弓、五指齐动开发左右脑的乐器只有键盘乐器。如钢琴、风琴及电子琴。

双子的书中和前面一本书多篇文章都写了孩子学琴的利与弊，同样讲述了冬儿学琴的种种艰难，弹琴可能会开发左右脑……但当时写文对左右脑没有更深的认识，只知道十指并用，一定会开发大脑。想想学琴，无论学何种琴，都认为是开发右脑，如冬儿学电子琴和学钢琴都是源于这个“理论”。

1. 冬儿放弃学习电子琴

记得当年电子琴在全国风靡，因为想想是十指运动，开发大脑，也就有了冬儿大一点学电子琴的想法，冬儿5岁那年，与冬儿到文化宫玩，路过一个电子琴行，看到门口有人做广告，游说路人学电子琴会开发右脑，给将来学钢琴打个基础。双子听了觉得有点道理，就带冬儿进到里面，让冬儿在大厅弹了一下电子琴，看看冬儿两只小手在琴上来回点，点出来的音很好听，而且冬儿越点越来神……看孩子喜欢，就反复询问工作人员：冬儿这样大，又是个学习很慢的孩子，能不能学电子琴？能不能开发大脑？得到肯定的回答后，给冬儿报了名（价格不菲）并买了一本书。

在工作人员的带领下，进到后面的小教室等上课。本来没想过冬儿开始就听懂，但只要能开发大脑，考虑自己学会后，再回家教冬儿……一个大学生模样的女老师上来就教十多个小儿五线谱，什么 C 大调在这，不要忘记……冬儿呆呆的看着老师，一脸的茫然，双子听听感觉不对，这样教五线谱，不要说孩子听不懂，就是双子这样的大人也听不懂，如何回家教冬儿？如何开发孩子的脑子？……接着老师让孩子跟弹她刚才教的几个音……我朝左右两边看看，好像没有几个孩子弹出，20 多分钟一过，孩子都在嚷嚷要走，冬儿同样坐不住了……

带着孩子出来，想想自己太荒唐，被人洗了脑，竟然莫名其妙地报这种班！还会去问……这是盈利机构，面前就是个傻子小儿，她为了让你报名，一定会说能学会，最后真不行，原因是你孩子傻。看来特定的环境，人要是不冷静，又没有目的，必然会做出后悔的事。

上网一查，才知电子琴与钢琴根本不是一回事，虽然都是键盘乐器。但手对键盘的触感完全不同。最重要的是冬儿学琴的年龄不对，老师的教授又有问题……这样如何开发大脑？目的没有了，学来何用？明天过来就去退班，对方当然不肯：琴行开了多年，从来没有报名上课后再退的。双子说出一个理由：能书面保证一个学期教会孩子宣传单所说水平，就不退。对方不敢保证只好退款……

这事让双子反思了很长时间：无论让孩子学什么？对大脑有没有好处？都不能拔苗助长地让孩子还没开始，就没了兴趣，更不能随大流地做事……

后来冬儿学琴，目的很明确，无论学得好坏都不重要，只要能开发左右脑就行，因为冬儿是个慢孩子。

2. 冬儿学琴开发了左脑而不是右脑

冬儿学钢琴是个偶然，能坚持下来，大人孩子都付出太多……记得当时给冬儿买琴后，周老师从武汉请了个调音师王老师来家调琴，这个王老师非常健谈，讲得最多就是：弹琴的孩子，只要坚持到小学毕业，孩子的学习会越来越好，而且讲了很多实例，孩子长大后的非凡……

非凡的事没有听进，让双子动心的是：学习肯定会越来越好。双子本来的目的就在这。冬儿因为学习慢，让双子太累心了，假如高年级学习好起来，是件多开心的事啊！

很多朋友看书都知道，冬儿从小画画很好（右脑），反而低年级的记汉字，算数（左脑）并不好，而且前学后忘，碰到一个没有耐心的母亲，在当时定会抓狂的地步。后来冬儿学习赶上来，正如王老师所说，越来越好，高年级应用题很会做，作文也能写写，这个歪打正着回想起来太让人惊喜。

现在想来道理很简单：原本是个左脑发育超过右脑，或右脑发育超过左脑的孩子，如果弹琴：（1）左右手十指不停地连动，来穿梭在相关键盘上；（2）高难度的曲子，还要用上双脚；（3）耳朵找调、听音；（4）眼睛识谱、认键……那么这样的四肢、五官、脑子一起运动，肯定会对没有发育好的左脑或右脑起到刺激作用，天长日久，开发双脑就是必需的事。

但当时只是想当然地认为，孩子虽然在幼年是左撇子，但上学天天写字、吃饭都用右手，本来就在开发左脑，所以弹琴要开发的肯定是右脑，也就是练左手。虽然事实证明这个十多年的钢琴训练，真能开发左右脑，但与现在对左右脑的认识还是差之千里……冬儿真正开发到的不是右脑而是左脑，因为冬儿的右脑原本就好过左脑啊！

3. 钢琴艺术开发了大脑的情感思维

冬儿初二上学期当交流生到瑞士，发现她去的人家，几乎家家都有钢琴，大多是几代相传，那里的孩子从小都会 1～2 门乐器，犹如我们从小要学语、数、外一样，是个很平常的事。冬儿的朋友杰奎琳学另一种乐器，她妹妹学钢琴。冬儿在校跟过一课，虽然不懂所教术语，但 50 多岁教师温和平静的语调，优雅灵动的指法，慈祥和蔼的笑脸，弹错了给个幽默的夸张……都会让人感觉学习乐器是件很有意思的事。加上学校经常组织各种活动……学生都有参加的机会，所以喜欢音乐就不奇怪了……

冬儿接触过唱诗班的学生，个个恬静、高雅、谈吐不俗，与之交流才知都会乐器，平时有很多时间练习……冬儿这才明白并回来告诉我们：学习钢琴不仅是一门技能，而且更能成为爱好。培养情操的同时，还能提高修养……虽然这些理论原本知道，但从冬儿嘴里说出的多个实例，让我们感慨冬儿的长大及对音乐真正的理解和升华……

前些时冬儿自己到书店买了几本钢琴书，有时间就弹一会，最近，我与冬儿爸发现，冬儿每次弹奏曲子，都会让人有一种心灵被洗涤的宁静……过去看看所弹内容……发现都是班得瑞音乐。特点就是：悦耳动听，纯净、自然，一尘不染……曲子其实非常简单。

冬儿说她就喜欢这样的音乐，这个才是她要的音乐。想来音乐艺术的魅力在冬儿学了十多年的钢琴后，才在脑海中真正地体现出来……不得不说：钢琴艺术开发了冬儿大脑的情感思维。

二、试唱练耳和声乐如何开发左右脑

冬儿为什么学试唱练耳？当年五线谱上一个个小黑点样的符号，想让记忆不好的冬儿记下来，是件太困难的事。所以我一直在想办法帮冬儿……当时，不知道是左脑符号记忆发育缓慢的原因……

冬儿三年级上半年，双子无意间听周老师说：去上她的大课“试唱练耳”，说对孩子记忆五线谱（也就是记符号）有很大帮助，于是我马上带冬儿去。

“试唱练耳”是老师弹奏，一句一句教音，孩子们跟上独唱音节，发现这是个帮助记忆的好方法，一节大课几十个孩子唱下来，本不熟练的音，听听可能很快听会。但人太多了，轮下来每个孩子只有一次开口的机会，找都找不到唱到书上的哪里？想想这个学法，冬儿烦都会烦死，更不会去跟看书上的小黑点，这样下去肯定不行。

后来想办法请教一个很好的作曲老师。试唱练耳对他而言是基本功，所以双子就想请他单独来教冬儿，开始他不肯教，他从没有教过这样小的孩子。双子求他：教多长时间都没关系，主要是想冬儿“识谱”快一点。

钢琴周老师非常支持，这样每星期一次，基本是星期五下学后，学 45 分钟再去打乒乓球，作业可以放到星期六再做。每天在家练琴的时候加一分钟时间的试唱，不增加冬儿的学习负担。结果老师发现冬儿试唱很准，耳朵听力更是了不得，比他教的大学生学起来快多了，四个音同时扒下去，合弦冬儿很少听错，更是很少在五线谱练习本上写错音符……

让人不可思议，老师连连说：“童子功太厉害。”就特别喜欢冬儿，非常愿意教她。一教就是三年半，冬儿到苏州读书，才停下。

试唱练耳后来对冬儿弹琴“识谱”真是帮助很大。当时不知道原因，也当成是冬儿的童子功。但科学家早就揭示了右脑对音乐、绘画等事物的控制。

现在想来，冬儿幼年右脑就比左脑发达，音乐天赋相对左脑发达的其他孩子要好很多，耳朵听音会很准，学习“试唱练耳”必然不会困难，“试唱练耳”又要唱音节又要听音，还要找调，是个动脑的思维过程，同时还要边唱边写五线谱符号，无意间又开发了左脑的符号记忆，所以冬儿才会无心插柳柳成荫……

上初一时，我们回黄冈过年，冬儿要学唱歌，便找来一个声乐系的老师，教声乐。这一学就是三年的假期，冬儿不肯放弃，更是非常喜欢，兴趣使然啊！

时至今日才明白真正的原因：冬儿从小右脑发达，天生喜欢音乐，而“试唱练耳”很好地开发和挖掘出孩子的音乐天赋，所以喜欢声乐就是必然的……

冬儿高中学习能跟上，并且选的是理科，女孩在理科方面随着年龄增长，相对男孩要差一些，之所以现在能这样，和她从小弹钢琴、“试唱练耳”并举，开发了左脑……肯定有一定关系。

风琴太重从没给孩子考虑。

笛子肯定开发左右脑

记得前年有家长问起过笛子，原本对这种乐器并不了解，所以打算去问老师，回答这位网友。这次又有家长问笛子能不能开发左右脑？开发的是左脑还是右脑？

前几天，在与咿呀妈聊起小咿呀学点什么开发左脑时，边说边想，突然想起这个乐器肯定能开发大脑，并且是双脑……

因为冬儿在学。冬儿初中毕业后，与小学同学媛媛相聚，媛媛一曲长笛吹得令冬儿羡慕不已。

马上跟武汉音乐学院管弦专业毕业的老师学起了长笛，双子天天跟着看，了解冬儿的学习全过程。下面说说好处：

（1）吹奏时，十个手指，最少八个在笛管的小洞上下灵活地按动……手指的运动肯定能时时刺激相对应的左右脑。如果坚持用时不长但天长日久的训练，那么开发大脑就不是一句空话。

（2）在刚开始训练时，口放到笛管的小孔上，长长地运气吹出，不一会儿，吹笛的人就会头晕眼花，接不上气来。记得冬儿开始出现这种状况，老师说没事，一个多星期就会好。问了媛媛，要一个多月才不晕。

过了一个多星期冬儿果然不晕了，这才想到，晕是因为一口气太长，引起脑缺氧和高原反应一样，这样一想太开心了。当年女排雄霸世界之时，每年都要到高原基地训练，目的肯定是想在长时间缺氧的状态下，锻炼体能，清醒脑子……

的确手指运动的同时，大脑也在高速运动，眼看谱，手运动，都需要大脑来指挥，大脑必然要耗氧，但如果长时间没有供氧，还能坚持，就是习惯耐氧。能耐氧对孩子而言，是个了不起的事，对孩子将来生存都有帮助。

所以这种技能，不仅强身健体，而且还能提高脑子的耐氧性，是个反复刺激开发大脑的过程。

（3）吹笛子，要长时间吸气换气，与游泳运动一样，都能增强人的肺活量。长期的训练，想来充分给全身供氧的同时，肺活量会有很大提高，这样肺部的感染机会就会减少，所以被传染上感冒的概率更小，或真感冒了，好得也会很快，当然前提是长年坚持……

（4）笛子分好多种。

A. 中国的竹笛，材料是竹木质。它的好处是：

①价格便宜，适合经济条件一般的家庭。

②曲子学的是简谱，相对长笛的五线谱上手要快。基本指法熟练后，就能演奏简单而不需太多技巧的乐曲。

③学时短，见效快，只要不走专业，熟练后不用回曲，接下来每天自己坚持吹就行，家长的经济压力会小很多。

④笛子拿在手里很轻，学会了什么地方都是舞台，拿出来就能演奏。

⑤内向、自卑的孩子，在经常的演奏中，找到一种认同、归属感，慢慢会自信起来；外向的孩子，表现欲得到充分展示……

⑥竹笛是民族乐器，越民族，越世界，孩子走出国门，放在包里不占地方，拿在手里就能吹奏，发声悦耳动听，很能吸引人，对孩子将来求学交友有很大帮助。

B. 长笛是西方人的笛子，材料是金属制成。长笛有与竹笛一样的优点。但缺点是：

①长笛价格很贵，保养要求高。

②要学五线谱，学时很长。家长可根据自己家的条件来选择。

当冬儿想学长笛时，问了一下价格。3000 多元，冬儿爸不肯：今天学这，明天学那，这又要学长笛，过两天不学了，长笛又当了摆设……

冬儿非要学：“买笛子的钱，我先向你们借，长大了还给你们。再说外婆每年给我的钱，可以买几个笛子了……”两个人争了起来……

虽然冬儿爸说得有一定道理，但他不明白，冬儿学过很多技能，更是知道学什么都不容易。现在能有兴趣，并主动提出学一门乐器的行为多可贵，学好学不好都是个经历，冬儿又不是个小学生，马上上高中，肯定不会学一半不学了，除非功课来不及，相信高中毕后业会接着学……

但此时不是论谁对谁错，想办法解决问题是上策。

带冬儿先到乐器店订长笛，接着打电话向朋友晚辉借2000元过来，先付给店老板，并与老板商量，孩子爸来买长笛时，要配合说个“善意的谎言”……

与冬儿爸再去选购时，他看到长笛不是所说的3000多元了，1000多元能买下也就不反对了。冬儿开开心心带着长笛回家，感激老妈的同时，每天认真地学长笛……同时也明白了，无论何事想要解决，一定不能硬来，只有想办法变通才行……

当然选笛子一定要请专业老师，特别是长笛……家有学笛子的孩子，无论学竹笛或长笛，相信只要能长期坚持，定会在有个爱好的同时，开发孩子的左右脑。

其他兴趣爱好开发左右脑

一、游泳、溜冰、骑车、舞蹈、跳绳、踢毽子

除游泳是冬儿从生下来后的第一年，双子就带她玩，其它都是上小学后（跳绳是初中开始）才开始的运动。当时的想法、目的、学习的方法，产生的效果，都在《与孩子一起成长（一）》中有写到，现在主要说说这些运动对孩子的左右脑发育和健康起的关键作用。

1. 感统平衡训练，帮助开发左右脑

冬儿生下来，发育不是太好。当时虽然对左右脑没有认识，但想让冬儿在多项体能训练中，强身健体，开发大脑慢慢长大，是坚持学习这些运动的初衷。

跳绳是江苏中考项目，冬儿回到苏州才知道。苏州很多小朋友，从小开始练，一分钟能跳100多个，冬儿刚开始只能跳几个，还憋得脸红脖子粗，后来每天坚持跳一分钟，两年过后，一分钟最少能跳160多，顺利考过……

但冬儿初中毕业到高二为什么每天还跳一分钟?

（1）平衡不好的孩子，刚开始跳，因为两腿不协调，一只脚会绊到绳子，所以每次只能跳一两个，只要鼓励孩子并坚持，相信一天会比一天多，而且越跳越好，七八年坚持下来，对孩子左右脑平衡和智力发育起到潜移默化的帮

助，时间一定能证明这些。

（2）它提高孩子的体能。跳绳除了能平衡孩子的大脑，主要是想到它对孩子生理成长帮助更大。大家知道人都有生理极限，但应试教育的今天，特别是在高中时，孩子每天几乎坐着不动，更没时间进行体能训练，体能下降是必然的……所以才有前些时，大学生跑千米竟然心衰而亡的事情。各校为了孩子的安全健康，反而取消了原本每天孩子必需的基本运动，不知这样下去，会不会恶性循环……而跳绳可在学校走廊、楼下、家里，随时随地跳，如果天天跳，则刺激大脑发育提高体能是肯定的。

（3）挑战人的生理极限。跳绳有分钟、有个数，家长拿块表看着：到了中考前，孩子必须尽全力来跳才可能达到要求，跳到最后，累得上气不接下气，几乎达到了人的生理极限，耐氧就是必然天长日久的坚持，孩子的大脑、心肺功能得到了锻炼，双手双脚一起强有力的运动，生存能力提高就是必然的……

（4）方便、能坚持。跳绳把绳子放在包里，家长、同学都是老师。走到什么地方都能跳，每次一分钟，相对其他每次几十分钟的兴趣爱好，孩子能否坚持下去，这个一分钟是鼓励，更是前提和保证。它让孩子看到了一个太小的能马上完成的目标。

而且跳绳没有年龄限制，多大年龄都能跳，所以为了孩子的左右脑发育和体能健康，家长要尽可能让孩子每天自觉去跳一分钟……，这也是冬儿到了高中，每天还在坚持让她跳一分钟的理由……更重要的是希望能在将来的求学和生存中，让冬儿健康开心的生活，没有健康，其他是零……

溜冰：今年暑假，冬儿因双子到武汉看病而住在网友的家中，走前与冬儿说好，如果老妈这次再不能回来，那么老爸一定会带你到青岛晚辉阿姨那儿游玩，主要冬儿流露过想去溜冰的念头……

8 月 15 日，冬儿爸带着双子与冬儿，在高速路上跑了两天，来到青岛，当天下午，晚辉就带冬儿和她的孩子，一起到溜冰场。冬儿第一次见到真正有冰的溜冰场，许多小朋友在闪着一层白光的冰面上，如鸟一样伸展双臂快速飞翔。冬儿兴奋而羡慕，赶快穿上冰刀鞋，进到冰场，但只溜了一步，吓得蹲在地上不敢前行："老爸这冰面太滑了，鞋也比带轱辘的溜冰鞋滑多了，站不住啊……"老熊爸跟过去，低头鼓励冬儿……

冬儿站起来，看得出鼓足了勇气，开始顺着栏杆边慢慢溜，想来是在找感觉……只溜了半圈，节奏渐渐快了起来，两臂虽然摆动不规范，但越来越稳，接下来真就溜得飞快，中间虽然一个小妹妹迎面飞奔而来，冬儿为了避让她摔了一跤，但后来的一小时溜得都很平稳。

晚辉感慨道："大姐，冬儿协调平衡的能力多强啊！只这一会儿，就能在冰面上溜得这样熟练……"

想想也是，冬儿从小并没有真正学过溜冰，幼儿园和小学低年级都是下课后，为了开发冬儿的大脑，更为了节约冬儿的时间，双子带着旱冰鞋在校门口接上她，一路溜、一路玩地去做其他事。虽然时间不长，但玩得很开心，一直坚持到小学三年级（有两个月中午在买琴点的琴房外面溜一会儿）。

后来，多年没有再溜，但幼年协调和帮助转换左右脑的胼胝体，在冬儿时时锻炼的溜冰、游泳、骑车、舞蹈及后来的跳绳这些平衡运动中，对孩子在学校必须用左脑来学习的地方，帮助太大了。所以在高二再溜冰时，平衡能力很快帮助左右脑找到感觉，并自信大胆地溜出……

更重要的是锻炼了冬儿勇敢的精神和自我保护的意识：如在青岛为了不撞上迎面飞奔而来的小妹妹，冬儿说：她想都没有机会想，本能自然侧身摔了一跤（一个老师讲过，在潜意识中），虽然搞了一身冰渣，但自己没有受伤……

骑车，许多孩子从小就会，是一项将来必需的基本生活技能。学起来简单，到处都是场地，不需要专门的老师，它对孩子左右脑的平衡发育有很大帮助，有机会，家长要让孩子从小学学这项技能。但安全第一，小区没人看管的地方，太小的孩子不能自己玩……

上述几项运动，都能训练感统平衡。而科学实验也证明了，感统训练对慢孩子发育是最好的训练之一。

2. 能矫正颈椎发育，开发左右脑，更对健康有很大帮助

现在孩子因为从小看书学习一直到高中大学，十几年的求学，从早到晚，每天十多个小时，几乎一直在低头做作业。低头时间过长，孩子未到成年，颈椎都会出现状况。当今的家长很多都有这样的意识和知识，脊柱发育的好坏，对孩子的大脑及内脏器官的发育会有影响，甚至会影响孩子的一生。

但面对应试教育的学习方式，有时真是无奈，而游泳和舞蹈、踢毽子，其中的一项，都能对颈椎的病变起到矫正作用。

游泳运动：自由泳左右转头，速度非常快。蛙泳一起一伏，能长时间在水中游，加上四肢运动。这些动作都能帮助颈椎解除疲劳。特别是蛙泳，这个慢氧运动，对孩子的健康有很大的帮助。冬儿习惯一年四季都游，小时候游得距离短，现在每周末都能游2000米，而且基本上是蛙泳，抬头低头，肯定能帮到劳累了一星期的冬儿放松心情，帮助颈椎发育。

游泳是全身运动，这样的运动形态肯定能帮到大脑的发育，开发左右脑……

另外，游泳憋气会提高孩子的耐氧性；吸气换气，可增加肺活量，给大脑充足供氧。

（1）耐氧性。冬天长江一带和北方，教室几乎一整天不开门窗，几十个孩子一天呼吸下来，空气供氧肯定很少，学生昏昏沉沉不在少数。如果孩子能耐氧、脑子清醒，那么老师讲课肯定能很好地消化，所以对学习会有很大的帮助。

（2）增加肺活量。秋、冬、春是孩子最容易感冒之时，同学间又容易相互交叉传染，肺活量强大可减少感冒机会，而大脑供氧充足，学习注意力必然提高。

踢毽子运动：眼球盯着毽子，上下不停地运动，对正在发育的眼睛，肯定有很大的好处。而头随毽子上下起落，一抬一低，一定能帮助到孩子，因长时间低头而引起的颈椎不适，帮助正在发育的颈椎起到矫正作用……

冬儿六年级下半年回到苏州，在苏州金门中心小学就读。过了没几天，回家就让外婆买毽子。她说班里同学都会踢毽子，有的还是学校踢毽子队员，参加苏州小学生踢毽子比赛……我听了很惊奇，为此特意到学校去了一趟。这才知道，踢毽子是这个学校的特色……很多男同学，课间在走廊上踢得太好了，前踢、后踢、翻身踢……冬儿流露出羡慕的眼神……

回家后，与冬儿爸一起来和冬儿比赛踢，可惜冬儿从小没有踢过，我们虽然早年玩过，但年龄大了，大家在笑声中，都最多只能踢两三个，冬儿多一点……后来冬儿天天练，最多也就是十几个……这才明白踢毽子真要童子功啊！

最重要的是双腿和头不停运动，肯定能促进大脑的发育。冬天踢毽子与跳绳一样，孩子课间运动一下，身上暖和，上课能提起精神，对听课学习有很大帮助。

踢毽子不占地方，不讲场地，不需要专门的老师，不受时间限制，而且毽子又不贵。特别适合家境一般的孩子，作为一项运动来锻炼。时间长了，还可能真成为一项兴趣爱好，如冬儿小学同学，年年参加比赛：自豪而骄傲……

舞蹈运动：轻歌曼舞或快捷奔放，都美感十足。而其中的爵士乐，舞动起来，手动脚动，抬头低头，动感十足，太能帮助脊柱发育了，孩子一个星期能练一次这种运动，一定会给对长期低头学习的颈椎发育，起到帮助矫正的作用……

舞蹈还能培养孩子群体意识，合作配合能力。

舞蹈虽然有独舞，但孩子从小能上台的，基本是群舞。群体舞蹈最重要的是大家的动作协调，配合默契。

记得冬儿小学的一次六一儿童节，每班要出个节目。老师请师范学生来教，时间定在每天中午。五月的湖北很热，跳舞肯定会出很多汗，所以带了几瓶水，中午与冬儿一起来到学校的走廊……

师范学生原本自己就是个孩子，面对近30个孩子，一个个动作教，并要整齐一致是件很不容易的事。有个王姓孩子很奇怪，叫左转一定向右转，起步都是顺着走（左出脚，左手动，右出脚，右手动），双脚跳起，要求双手向上，他定是双手向下。引得同学们哄笑，老师急得大发脾气，并说气话：不教了。王同学无辜可怜地站在那里……

双子快点让小老师停下喝水，直说对不起老师。再把王同学叫到边上，教他刚学的动作，真是很难教，总是反着来，双子慢慢讲……小老师误会双子是学校的老师，不好意思刚才的行为，开始认真教，而双子在边上一直帮这个王同学……同学们看到王同学努力的样子，冬儿妈在边上帮，所以也都学得认真并相互帮助……

整整一个月双子跟下来，虽然累得去了半条命，但看到大家越跳越整齐，动作越来越协调，那个王同学也慢慢跟上，跳得很好……内心非常开心，真不能小看孩子的能力。

其实现在想来，这个王同学，就是左右脑发育不平衡，肢体才会出现不协调的行为，假如让他学独舞，可能还没开始老师就会罢课……参与群舞，他慢慢改变和提高自己的协调能力，这对他左右脑发育肯定有帮助，同学们也在这个学习过程中，学到了合作配合的快乐，相信对孩子们将来走他们的人生之路有很大帮助……

有条件的家长，为了孩子的健康，可选上述其一。

3. 游泳、溜冰能培养孩子的勇敢精神，这在《与孩子一起成长（一）》中有详述，不在这啰嗦

游泳：人在母体中天生会游泳，出得母体慢慢退化。而在水中四脚不着地，周围都是水，四肢不停运动才能不下沉，时不时呛一口，这种感觉对一个不会游泳的人而言很恐怖。四肢不停运动就是开发左右脑……

溜冰：需要学会最基本的平衡技巧，不然一溜就摔……当然对四肢运动的要求也很高（开发左右脑）……

所以这几项运动最需要勇气来参与，当然也最容易出事。所以开始学时，家长一定要注意孩子的安全……

二、书法、绘画、围棋

绘画开发右脑（形象思维、空间想象），围棋开发左脑的（逻辑思维），讲的都是静功，当时的想法、目的、学习的方法，产生的效果，在《与孩子一起成长（一）》中有细说，这里不展开。

现在重点说说书法：毛笔字原本的祖先就是用来表达思想的书写方式，实用性很强，后来慢慢演变为两种功能，其中之一就如现在的硬笔字一样，是一门书法艺术。

纵观近现代的书法大家，但凡不停用毛笔写字的人，都长寿。说明书法艺术修身养性，延年益寿。而无论左手右手写，只要使用，左右脑都会被刺激到。

苏州寒山寺原住持楚光法师，双子熟识的一位老人。70 多岁右臂骨断，后来每天半夜起来，改用左手写字，现在 97 岁，又是一手好字，人红光满面，思维敏捷。东南亚的佛教徒对其膜拜到一字难求的地步。

冬儿的外公中年时，病痛很多，70 多岁装心脏起搏器，而且因为电没了，又装了一个。今年都 83 岁了，还非常健朗，虽然得益于心胸开阔，为人大气，但练字几十年也是个很重要的原因。

练字这门静功，最后成为书法艺术家的人少之又少。如果想写好，则需要空间构架，字间布局合理，孩子的右脑空间想象就发挥作用，并且左手或右手不停地运动，开发左右脑就很正常了。所以如果能练个几分形似，那么对孩子的一生都有很多好处：

(1) 虽然日本人也有很多练毛笔字，但与民乐一样，它是中国特有的艺术，是中国人写才正宗。到了国外，交友学习，都能用上。

(2) 好动的孩子，学这门静功，与下围棋一样，有个好老师引进门，时间长了，能起到修身养性的作用。

(3) 各学校都有绘画和书法展览的机会，练到几分形似，拿出来参展，字天天放在那儿给人参观，无论结果如何？自豪定会从孩子的心中升起，对孩子进一步学习其他学科会有帮助。

(4) 练字都要过临摹这一关，古代书法大师的字和书写的内容，都有很深的意境，慢慢练，细细品味，孩子都会有所思、有所想，虽然一时半会儿看不出来……但时间长了，相信会有自己的思想出现……

(5) 练字中有很多难懂难写之字，练习过程，就是复习所学语文汉字的过程。记得冬儿有个同学，练硬笔书法，后来语文基础分几乎不丢……

(6) 练硬笔字不需要什么工具，走到哪，可练到哪，一根树枝也能当笔……

当然，上述种种，本意不是让所有孩子来练字，只能感叹古代先辈太伟大，能将这极柔之物，练成表达出极阳刚的文字艺术……如果家境一般的孩子，那么这种静功锻炼，是很好的选择。既锻炼了孩子的意志，又开发了左右脑。

三、古筝和古琴

古筝和古琴是很古老的民族乐器，对这种乐器的认识最早是通过电影、电视。

古筝：冬儿幼儿园有个林老师，古筝弹得非常好，人美，琴音美。弹奏时，动作起伏之间，有种女子特有的宁静和妩媚，传出的声音很能打动人心。

但古筝上的一根根弦，是在手上套个拨弦管套才能学，怕伤到孩子的手，当年打算冬儿大点让她学，后来因故没学成。但这古老的民乐，双子非常喜欢。

古琴：冬儿初中的学校开这门兴趣爱好课，听冬儿说起，声音特闷。后来，好友觅到一把昂贵的古琴，曾经与冬儿爸一起去玩时，弹拨了几下，却给人压抑的感觉，不喜欢。

这两种民乐，冬儿没有学过，所以不了解，更不知如何坚持，但有一条：左右手一起动，长时间的练，肯定开发大脑。

民族乐器还有二胡等，与架子鼓一样在《与孩子一起成长（一）》中也有详尽说明……好处大同小异。现在很多年轻人学跆拳道，冬儿没学，不了解。

总之一句话，只要学技能并长期坚持，都能刺激和开发左右脑，而且对孩子健康成长都有很大的好处。

还是那句话：只要学习技能，越聪明的孩子，也就是发育越完善，越早的孩子，对此的理解和反应越大，半途而废越多，所以学习技能一定要因人而异。

为什么女孩越来越强过男孩？

昨天一位家长留言：说看了前面的左右脑发育的博文，认为自己养的是个女孩，虽然现在初三学习还可以，但到了高中学习肯定上不去，所以打算让孩子考中专或技校，让双子出个主意。看了一惊，难道前面的博文误导了这位家长？会不会其他家长也有这种想法？快点写一篇："谁说女子不如男？"

当今很多家长知道，原本女孩不占优势的高中，现在反而占了大半壁河山，而在第一、二名中，时时看到女孩的身影，从报道也可看出，这些优秀的女孩一定不是死读书的类型，并且几乎都有多项技能在身。

这是随着家庭而来的。一个孩子的出现，无论是男是女，从幼年开始，家长都会倾尽所有，来培养唯一的孩子，不管学校学习还是外面培训班的各项技能。

更有许多受过高等教育的年轻家长，按照书本教孩子。记得当年一个邻居儿媳才生女儿不久，与双子讲给她婆婆买来《哈佛女孩刘亦亭》，让婆婆按书上的方法和学习的技能来教她孩子。她做过小学老师的婆婆气愤地说："我教了一辈子孩子，不看书一样地带孩子。"听得双子好笑。这才生出来的孩子，就想她上哈佛？望女成凤可见一斑。这样的家庭占了独生子女家庭的多半。所以学习技能是为了帮助孩子开发智力成了大家的共识。

培养的目的与学习技能的要求，程度在其次。如双子一样，虽然不知各项技能到底培养了左脑还是右脑，但或许正是这些所谓的兴趣爱好技能平衡了大脑发育，让孩子在高中的学习中双脑齐飞。如果是个女孩，那么相信在高考中同样能胜出一筹，因为左脑的逻辑思维加进了右脑的创造性思维，发展会更全面。

早先一家几个孩子，吃饭都有问题，只能重点培养男孩为主。虽然有的家庭不一定重点培养男孩，但女孩基本是妈妈的助手，干家务的主力，女孩到了初高中被太多家庭琐事分心就是常态，而不仅仅是女孩早熟分心……

但现在女孩与男孩一样，在成长过程中，如果学习了各种技能，使左右脑发育平衡，那么学习上就不会太累，家务活家长大多更是不会让其沾手，学习时间与男孩一样有保证。

所以到了高中，学习上同样会呈现优势，近几年的高考成绩，说明了一切。

前些时，冬儿爸看到电视节目“读书频道”的一个讲座，在讲右脑开发的重要性，右脑的开发会让人成为全脑人，便立刻让双子来看。双子看到这个电视人在那喋喋不休地讲述：毕加索、贝多芬、梵高、达芬奇、爱因斯坦等人的伟大，还有其他推动历史的人，大多是全脑的人……所以家长要开发孩子的右脑，让孩子成为一个全脑人。

如果在写前面这个系列之前，双子没有对左右脑进行逆向思维和认识，那么一定会以为这个人说得很有道理。但此时双子不敢认同：毕加索、达芬奇、贝多芬等，包括他说出来的太多的科学家，本来就是左撇子（右脑发达，这是天生的啊!）。就如爱因斯坦无意看到飞奔的火车，车头顶上冒出的烟，闪现出“能量守恒定律”这个伟大论点的种子，这完全是右脑思维一瞬间的想象，说明他的右脑本来就太发达，后来又用左脑这个逻辑思维来进行了论证。

相信无论男女生，幼年右脑发育很好的人，也就是极具天赋的人，无意间在成长中开发好了左脑，才可能成为全脑人。美国作家艾德·怀特所写的：居里夫人、圣女贞德都是左撇子，右脑超发达。这样的人，还要来开发右脑做什么？开发左脑才是正理。

但遗憾的是，大多数只会用右脑的人，如果一直在发展他们的右脑……有太多的事例说明，他们人格并不完善……而大多数只会用左脑的人，也同样是上理。所以这样的人，无论男女，让大脑平衡发育才更重要。

所以家长一定要客观了解自己的孩子，了解孩子在成长中所走过的路，学习了什么样的技能？这样的技能开发了哪边的大脑？更是要了解孩子现有的学习状态、行为习惯……

并且让孩子从小开始，运动起来。到了初高中，不当宅男宅女，健康学习生活，才是家长要做的头等大事。也是孩子能不能走好初高中的保证之一，更是孩子成人的前提。

上不上高中？性别不是问题，家长的理念和教育方法才是问题。

为什么学习好坏胜在智力和习惯、方法？

丁妈问冬儿女孩为什么选择理科？冬儿进了理科班后，我们找资料才无意间发现，现在选择理科的学生比文科多，因为理科生考大学选择学校和专业的机会更多……但冬儿选择理科用的是排除法，因为不喜欢文科毕业后从事的专业，所以才选理科，这在博文中有写到。

记得冬儿进高二理科重点班后不久，说了一段让人深思的话："老妈，高二和高一太不一样了，看来选理科没错，我虽然不是很聪明，但也不笨。高中学理科，想拿好成绩，一定胜在智力和习惯、方法。理科不是文科，很多东西要死记硬背……理科各科学习内容必须先听懂了，搞明白后，才能再背记，但背记的内容同样很多啊！但若连懂都不懂，如何理解的背？就是真会背记，不会做，学得累死也没用……文科同样，除了超强的背功，计算能力同样不能差，因为门门要学……"

"能不能说给老爸、老妈听听？"

"是这样，我们物生班学习成绩好的同学太多了，前几名都是年级尖子。我做作业的速度算快的了，边上这个女同学，做作业的速度比我还要快很多。太牛了。物化五班更厉害，我高一时的同学，在里面垫底，想想他们太痛苦了。

我开始真不明白他们为什么学习这样好？作业比我还快？现在才想通：如

果上课听不懂，或脑子反应慢，跟不上老师的思路，那么如何做作业呢？所以智力第一。

但如果没有自己的学习方法，那么该如何对付现在的题海战术呢？（1）从小做作业的速度很快。（2）从小做作业无论错对，都知道必须完成，不会可以找方法。有了这两条（习惯和方法），高中学习就不会很难了。

而数学、物理都是要证明的大题，一题要用一张纸计算，没有超强的理解能力（智力）。连题都看不懂，或超快计算的水平（方法），如何做啊？”

“你也很快啊！每天晚上8点不到就做完了……”

“我那是在学校利用课间时间，一分钟都不敢浪费，在学校做了大半，回来肯定就很少，你没看到我在学校玩命做作业，中午不睡觉……不过还是没有同学快，他们太厉害了……”

“那他们比你还要快，白天做完作业，晚自习6点到10点做什么呢？”

“要做的事多了，看书、看报纸、看杂志。还有同学在手机上写小说，一位同学好不容易到处收来的杂志，藏在床铺下面，她老妈来帮忙收拾，当过期的杂志，全部带走，同学伤心的啊……会学习的人，一定会玩。我们班的同学几乎都是认真学习型的，没有其他干扰。”

“是不是做作业的速度快的同学，学习就很好……”

“不一定，但大部分功课好的同学，做作业的速度肯定快，不然考试来不及。但也有学习很认真，天天搞到半夜，学习很好的同学……靠时间换成绩，但这样的同学不多。

我高一时，有个很要好的同学，学习好认真，不懂就问老师，天天做作业到晚上11点多，我要有她一半的学习态度，都不是现在这样，可她成绩还是和我差不多，让人泪奔……”

冬儿爸担心地说：“你没有优秀生学习好，做作业的速度那样快，会不会做粗糙了，对成绩有影响？”

“我也不是很差，不然不会到这个班。不过老爸说得也有道理，我前面两个男生，虽然做作业的速度平时比我慢，可考试成绩比我好，肯定是平时比我做作业心细的原因。

高二了，只要认真完成老师要求的作业，并有自己的学习方法（有学生在外面补课），肯定都能学好。真正听不懂，不会的同学才在那里磨矶……

“你回来时间充裕，能不能再努力一点冲一下……并且一天几分钟复习一下哪门？九门加计算机共十门课，只要一门不及格，就没有高考机会啊……”

“不复习，我在学校累死了，屁股粘在凳子上，从早到晚，除了吃饭、上卫生间，没有抬起来过，这样玩命做，就是想回来放松一下，玩玩电脑、弹弹琴……老妈你们不要管我，我知道安排自己的时间……高中学习大半拼智力和习惯、方法，勤奋是第二。我虽然中等智力，学习习惯和方法一直很好，但中等勤奋，所以学习只能是中等……现在冲太早了，最后再拼来得及……我初中不是这样过来的吗？”

“不要大意啊……初中与高中毕竟是不一样的……”

“不用担心老妈。我的学习都是有计划的，下一分钟做什么？心中有数……”

其实，冬儿选择文、理哪一科，都要面对应试教育，更要付出很多的汗水和辛苦……我们谁也无法帮，更没有权力乱管……

再说，孩子从6点多钟出门，下午5点半进门，一天十多个小时在学校，比上班的人累多了，晚上作业做完后想玩一下太正常不过了。

可能是住在家里的原因，此时的冬儿比高一轻松很多，晚上8点不到作业做完了就开始玩，虽然成绩从刚分班时年级的70名左右，期中考试又向前龟爬了半步，现在是年级的40多名。但看着满不在乎，每天大把时间玩中度过的冬儿，有时心里隐隐会忐忑、会发怵……可能希望她能更努力，成绩能更好的虚荣心在起作用……

昨天为写这篇文章，与冬儿交流智力和非智力在学习中的作用……

冬儿感慨道：“智商超高的同学，很多情商有问题；而情商高的同学，很多学习有问题……”

并讲述了高一时的几位同学现在的情况……因故，现在不便写出，但应试教育的弊端，在高中生孩子身上可见一斑，与冬儿一样感慨万千……

更是应证了前面所写的十多篇文章孩子为什么粗心，做作业的速度慢、不专注？（一）至（五）和如何减少粗心，做作业的速度慢、不专注？（一）至（五）等内容。的确每个孩子左右脑发育的快慢，后来的动态（运动）技能训练，直接影响到孩子高中的学习，因为应试教育必须左脑发达……12年的应试教育和训练，几乎都是左脑在运动……孩子可怜，家长无奈，老师无辜……而非智力的家庭教育是孩子走好人生的基础，反而很多家庭都忘记了……

冬儿分班才第一个学期，明天，谁也不知道？可能她又会考回年级 200 多名，还可能在班里倒数，所以两年后到底如何？就看她自己了……

大半个学期过去了，现在回首冬儿的学习，虽然也有找不着北之时……但总体如她所言，是个中等生……希望冬儿中等下去，健康学习，开心玩乐到高考……

所以小孩还处在低年级的家长，一定要相信，无论孩子现在所谓的智力高低，都能通过方法来弥补，这个在前面的博文和书上都有写到。但好习惯的养成，必须从小习惯于快速的完成作业同样是关键，所以非智力的家庭教育对孩子的明天更重要……家长一定要从孩子小时候注意并帮助孩子学会这种方法……

第二章

孩子，父母与你一起成长

家长为什么会和孩子急？
——把养儿当成为老板打工

开学了，天天有家长给双子诉苦，孩子不听话、不懂事、不上进……小学、初中、高中的家长都有。

还有人道：孩子太叛逆，说多了就烦，找了许多方法教育，就是不管用，头痛死，孩子为什么这样难教？能不能帮帮？

上面说了两个问题：(1) 孩子太叛逆。(2) 方法。

今天先说第一点，孩子为什么太叛逆？

不会说话的孩子生来都是家长的心肝宝贝，孩子再捣蛋家长也能原谅。从会说话开始，就要孩子懂事听话，不听就是不懂事，家长就会着急发火，为什么？

本来孩子随着年龄增长，有了思想，会思考，事就会越来越多，想要这样的孩子事事听家长，样样顺家长，根本不可能。

要真有，也是被家长这顶"帽子"压得无奈，或是没个性、没主见的胆小孩子。

如果社会和家长鼓励这种所谓听话的孩子，那么对孩子的成长并不好。

大家看看：古往今来，名垂青史的人，在他们的早年，大多是所谓的逆子，因为有自己的思想。有家长会说，我只要孩子平平安安，成人就好，要求不高，不想成什么？可这种低要求，为什么孩子越大越不听话？

的确这个客观存在的问题，让家长太纠结，所以家长才会一聚在一起就会说孩子叛逆，更有甚者对孩子不听话大动干戈，着急上火。家长过后会用自己是个急性子，孩子不听就会来气，压也压不住，才会“动不动就和孩子急”来为自己开脱和感到后悔。

到底是什么让家长纠结成这样？亲爱的朋友们啊！和你们一样，这个“孩子不听话的问题”双子姐想了近六年，到冬儿上小学才明白。

最根本的原因就是家长把“养孩子”当成了“为老板工作”。

为孩子付出，给孩子做饭、洗衣、陪孩子上学、上培训班、急孩子所急，想孩子所想，没了自己，更没有自己的时间……所以对孩子的要求，从孩子能听懂说话开始，理所当然心中如对待“工作”一样，要求孩子和老板给予薪酬一样的回报。做得多了，给的“薪酬”就要高。

老板给的薪酬是（基本工资+提成+奖金），孩子“老板”给的“薪酬”是（懂事听话+学习认真+高分）。家长可能会说，我没有想过要孩子来回报，只要学习认真，懂事听话就行。

殊不知“学习认真，懂事听话”是最基本，也是最高的“薪酬”回报方法。高到没有“听话”本钱可赚的孩子老板，根本请不起你们这些特殊工人（家长、老师、爷爷、奶奶），偏偏又强行来上班，硬是做这做那，自己累得要死，又不得法……

老板亏本，必然无法付你“薪酬”，因为付不起……

一个道理，老板给的薪酬是（基本工资+提成+奖金），孩子“老板”给的“薪酬”是（懂事听话+学习认真+高分）。

朋友们想想啊！这样偏差到离谱的“薪酬”，世世代代的人都认为非常正常，但太特殊的回报方法，让一个动态的，有思想的，一天一天在这个大千世界长大的孩子时时用“听话”等回报，太不可能了。

原因有三：

（1）家长由于自身的能力和水平，性格习惯，处理事务的方法手段，是错是对？孩子慢慢长大的过程，看在眼里，记在心上，这是家庭“烙印”。

（2）地球上的人都是生存在不断发展、进步的社会中，信息的爆炸让孩子如海绵一样，通过各种途径贪婪地吸收各种知识，才会有自己的思想。这是社会“烙印”。

（3）孩子从幼儿起就进到了幼儿园，接受老师的教育。短则：幼儿三年，小学六年、初高中或技校六年，共计 15 年；长则加个四年大学，2～3 年硕博等 20 多年。

多么漫长啊！

孩子此间经历了太多老师的“洗礼”，不是每个老师都是人类灵魂的工程师，许多所谓教书匠人，在教学中带进太多的附加捆绑，让求学“马拉松”路上的孩子们，“心”累得要命。的确捆绑太多，脚步如何会轻松起来？这是学校的“烙印”。

这三个漫长的，相互作用，相互渗透，十几年近 20 年如此不协调在一个动态的灵魂上烙下的深“印”，如何能让一个慢慢长大的生命唯家长的话而适从？

孩子越来越独立，越有思想，就会越来越所谓不听大人的话。就如一个工人工作了很长时间，老板一直不给薪酬，工人没法活了，如何办？可能会继续做下去，想老板良心发现，要回血汗钱（对孩子还心存希望），可能知道无望而走极端（对孩子失望）……

有农民工因为讨不到“薪酬”，找人打骂老板，这和我们家长打骂孩子，老师训斥孩子，有什么两样？都是为了讨“薪酬”，只是角度不同而已罢了。

所以干活没拿到钱的人会有什么心理行为，家长就一定会有……心态一样啊！是工作就要给“薪酬”；是孩子就要听话，读书要拿高分。

“听家长的话”原本就根深蒂固，深藏于家长的心灵之地。所以世世代代的人都潜意识地理所当然地认为，家长就是为孩子“工作”，不给“薪酬”（不听话）谁来干活？

一个孩子来到地球，睁开双眼如何知道面前谁是谁？更没有主动请你来当工人，店小本钱少，你硬要来，来一个不说还来一堆，付不出工钱只有赖账（能不叛逆?）。

所以孩子不听话是谁的错？大家想想，上班不给“薪酬”，你会生气，老板说话重一点，人都可能气得炒老板鱿鱼。可自己的孩子“老板”不能炒不说，第二天还要乖乖来上班。还要大鱼大肉伺候，小工家长只能稀饭咸菜自助。

你说家长心理平不平衡？气不气？急不急？所以把孩子当成了老板？向孩

子讨“薪酬”对不对？

可能有家长说，这讲了半天没有讲方法？真是急死人了。这就急开了？对，双子多年的经验，有两种方法能让家长不着急和少着急……慢慢等，不急啊！

家长不急的方法是什么？——惯养和爱心

这个不“急”的聊天，双子认真地思考了一个星期。

双子带冬儿走到今天，认识了太多的家长，可以负责地说：“孩子的问题，大多来自家长平时自己的点点滴滴和行为习惯。”

此刻，双子不说方法了，只想和朋友们聊聊，自己面对冬儿的“事”是如何不急和少急的？

很久前就有家长问起过，冬儿是不是从小很听话，不和大人反着来？所以双子不会急？其实不然。有句古话说得好，“七岁八岁狗不理”。记得冬儿七岁到十多岁时，和所有的孩子一样，有了成长中的自我认知，所以非常叛逆，做事也是常常让人哭笑不得，学习、技能方面样样都有。

但她的“所谓叛逆”一定是看人下菜碟。

举个例子：冬儿的奶奶，人很善良，也关心冬儿，就是脾气不好，说话很冲。所以冬儿和奶奶说话就非常不客气，只要一说两人就吵。而冬儿的爷爷内向温和，与冬儿走路聊天都是慢声慢气。同样的事，到了爷爷这儿，就变成了好说好商量，多少年没看到冬儿和爷爷发过脾气。

在冬儿二年级时，有一次和奶奶吵，跑到我单位，边哭边说：“妈妈，我终于吵赢了奶奶。你再也不要怕她了……”“我哪是怕奶奶，她是个长辈啊！你不能和奶奶吵啊……”同事都笑死，我是好笑好气，而且回家快点给奶奶道歉，第一句就是："妈，孩子七岁八岁狗不理，希望你不要生她的气，理解像她这个年龄孩子的特点……" 这是做给冬儿看的，奶奶无论错对，都是长辈。所以冬儿大一些再也没有这样的事发生了。

此事说明冬儿和所有孩子一样，喜欢大人正面、积极的对话，喜欢长辈能尊敬、理解他们，而且她们得到了应有的尊敬，同样会尊重长辈。

希望朋友们能明白，是个孩子就会有问题，但问题从何而来？从长辈的教养中来，教养是成长中太重要的事情。要想孩子听话，就要学会给孩子当顺毛驴的机会，是个大人也想听顺耳话，更何况是个学习压力很大的孩子。

想让孩子接受你，与你交流，就不能事事和孩子较真，说话冲孩子，好说才能好商量，因为孩子从六岁开始就是有思想的人了。尊敬孩子太重要了，但尊重不等于放纵，学会变通才是上策。变通的确需要智慧。

有家长说我太累了，该给孩子做的都做了，孩子不懂事、不听话，受苦受累还要受他的气，孩子一说就爆，自己还要上班，还要做家务。哪有工夫来学什么变通……所以怨的啊！只知道恨孩子了。

其实，假如有朋友摊上冬儿这样的孩子，小时候可能就会急过头，更是不知世上的"怨"是如何写。从冬儿生下到三岁前就不用多说了，病多事多的啊……后来事更多……

记得从冬儿三四岁上幼儿园开始，上学路上，走一会，人就蹲在地上，指肚子痛，说又说不出。冬儿外婆听说了，让快给孩子查查，孩子说痛肯定有事。

这个肚子痛范围太大，不知什么毛病，就带冬儿到医院用排除法，一样一样查，最后查下来，心脏病会肚子痛；胃下垂走路会放射肚子痛；过敏，吃东西不当心，胃肠也会痛。但多年的摸索，只要当心就没大事。当时，还查出血尿三个加号，不知什么原因？肾结石和肾囊肿没长出来，所以查不到。

外婆电话：生理性血尿，大点就好了，随时观察。从此至冬儿小学四年级，每星期六，无论多忙，早上都拿着冬儿的尿（冬儿不去，孩子太小进医院容易交叉感染）去医院查，风雨无阻，随着冬儿的长大，慢慢血尿加号真减下去了。当然，只要冬儿大量运动，加号就增，心脏也会不好，所以只好定量让孩子打球、玩乐。

整整七年，到冬儿四年级，为了冬儿的健康还有学习，吃尽了苦头。

现在所说，和上面家长急有什么关系？关系太大了：冬儿从小有病，虽然几乎没进医院，但一样要用心给她治，你说孩子生病，而且都是重病，加上眼睛：近视、斜视、散光。急不急人？开始一样急，明白急了没用，只有多学点医学知识，吸收各种方法，慢慢给孩子治，才是上策。

冬儿学习不好，冬儿奶奶是个老师，孩子“慢”不“慢”，作业一看就知，你说急不急人？这个我真不急，这么大一点的孩子，明天如何谁知道？学习不好只有想办法，自己先学，再找方法。考得不好，下次再来。一年不行两年，两年不行三年，慢慢来。在冬儿学习这方面，常常回忆自己和姐姐、弟弟的小时候，所以学习上最不急冬儿。

冬儿上了初中，还真急了一下，是因为她的换班和几门考试全军覆没……后来慢慢走出来，就是因为不心急，才解决好的。

应试教育对左脑发展偏弱能力不够的孩子，大人孩子都苦恼，冬儿小时候是能力很不够的孩子，为了提高孩子的技能，家长不得不动脑子，不得不天天想办法，你说急人不急人？其实，知道了多动脑子，多想办法，慢慢让孩子提高技能，相信量变一定能达到质变，还有什么急的呢？

孩子正在成长的自我认知开始之时，一句话：他们非常叛逆。其实，家长急，无非是孩子考试不好或有些看着很严重的小毛病。孩子考试不好根本就不是错事，因为还有下次。而孩子真做错了事，只要不是原则性的错，（一个小孩子做错了事能有什么原则性?）家长就不要大惊小怪。自己先学习，找原因想办法……不信没有办法。

然而，家长们不要在孩子面前失去原则，把社会浮躁的东西带回家，让孩子学样，天长日久，从个性到脾气都学坏了，还有行为习惯不好，孩子一到初高中才真完了。这是孩子“胚子”坏了，不是“急”的事了。所以家长如何能不急……？

“急”的确是责任所在。

冬儿低年级健康、学习虽然都不是太好，但在我的帮助下，老师的培养下，慢慢积累能量，四年级后学习开始发力……此时，无法帮孩子了，因为正在武汉化疗，说不急孩子是假的，冬儿学习如何了？冬儿身体好不好？有没有查尿？万一双子不在这个世上了，冬儿这个病孩子怎么办？十万个想法天天在脑子里翻腾。

但有一点没有变，就是兵来将挡，水来土掩……

一天半夜里，冬儿藏在被子里给我打电话，哭泣道："腰痛得不行。家人还说小孩子怎么有腰？怎么会痛？不相信我痛……"

一听不对了，给黄冈的关医生打电话，让其帮忙带孩子去检查肾，果不然血尿三个加号，肾结石加肾囊肿，而且是结晶体，呈放射状。所以才会刺得肾破裂、内出血，孩子才会痛。冬儿在电话中怕得要死，说医生不让上体育课。

让冬儿爸把冬儿带到武汉的大医院检查后，告知冬儿没事，多跳绳子就能跳下结石，冬儿心脏不好，又不能多跳。这个是矛盾的。正好放假过年，带她到肿瘤医院陪我化疗20天左右。主要想冬儿能明白生老病死是个自然现象，要面对，更要坚强。

在医院过了个特殊的年。

冬儿开始被我的病吓到了，第一天看到我化疗的样子，藏在老爸的身后不肯出来……后来明白了什么是死？而且人为什么会生病？知道人总是要生病、要死的，就非常坦然了，开始到处帮助需要帮忙的病友们。

但也会冷不丁冒出一句：既然人总是要死？为什么还要学习啊？受生病的苦啊？好吃好喝等死算了。我和冬儿爸听了笑的啊！虽然话不太好听，但冬儿开始学会思考人生了。

慢慢地说给她："老妈努力地活，就是希望能多陪陪你。能吃能喝是个动物都会。人如何有尊严且受人尊敬地活着？你长大就会知道了，现在只能告诉你，知识改变人的命运，你多学点本领，将来用得上……"

不知冬儿听懂多少，有一点她明白了，有本领的人要学更多的知识才行。所以她开心地说："老妈，你先到天上找人玩，我多学点知识，将来学天文，要是想你了，就看看星星，认出哪颗是你。到时，我一定找你去……"听了真是非常欣慰。

后来，冬儿学习一天比一天好，身体也好起来，慢慢走到今天。

其实，冬儿这样的病孩和慢孩，生活中有许多。就如我的一个朋友所说，健康和反应很快的孩子，家长应该万分庆幸：你对孩子的烦恼，只是你孩子可能没有鞋穿，别人的孩子是没有脚啊！这样想你还有什么苦闷？

病孩和慢孩的家长更是要感谢孩子，是你的孩子让你明白：没脚怕什么？只要帮孩子装上一对飞翔的翅膀，孩子同样能翱翔于蓝天。

现在想来，冬儿之所以有今天，最重要的原因：不是把冬儿当成了自己的老板，帮她干活，再向她要“薪酬”：让她一定要学习好，要努力，要懂事，要听话，要这，要那，而是把冬儿真正当自己的心和肝，来小心地呵护，慢慢调养。

自己的心和肝有了病，要么不治，要么急病乱投医，病如何会好？并且不停地抱怨：我“这个心和肝”为什么总有问题？我真是倒霉，摊上这样一个“心和肝”，让我一会儿心脏不好，一会儿肝脏不好，吃药、打针不断，要多痛苦有多痛苦。不像某某多健康，从来不用上医院，多省心啊！想做什么做什么。看着真是让人羡慕。真是越比心里越难过，越会心急，用心生妒忌来说都不为过。其实，只要吃五谷杂粮，谁不会生病？

就如孩子学习出了点小问题或有了一点不良行为，就知道一味抱怨，或打骂孩子或虚荣攀比，或到处找偏方。

其实，谁生下来没问题，一下就长大？有问题才是正常的，成长的过程就是个出现问题，解决问题的过程。只是现在的家长都把自己最好的一面给外人看，所以满世界看到的是好孩子，家长急的啊！

更是比来比去。比是最没用的。因为没有可比性：社会、家庭、环境、家长的教养、老师的能力、孩子的行为……这如何比？

因为不一样啊！

“心和肝”的病，原本是个慢性病，要慢慢调，如果不爱惜，或调养不当，则都会铸成大错。这和有人“过劳死”或“透支生命”，和孩子从小到大，天天学习累死，家长打骂，老师高压，压力过大而跳楼有什么区别？

孩子到了自我认知的年龄，都会出现很多让家长认为心烦的事，什么学习习惯不好、不努力、不专注、不用功、考不好等，总之，只要一不顺心，表现就是不听话、太叛逆。

家长如果明白了上面的这个道理，那么一定会好好保护和保养自己的心和肝。更不会看到自己的“心和肝”有事了，不知所措。怕就怕家长什么都明白，一遇上就不知如何办？

这就要讲一个关键问题，家长的自我提高和能力水平。其实，只要问题出来（心肝有病），不要慌，静下心来，放慢一拍，给自己和孩子一个心理距离，因为距离最能改变人对事物的认识和看法，再用点方法，一样一样试，冒出一个解决一个，慢慢来，心态一改，百事通。

家长自我提高能力水平，不是一天能行的，是在孩子一天天长大的过程中，在面对孩子产生问题的解决中，慢慢提高自己的，所以家长不要心“急”。这样才能和孩子一起前行，孩子才可能在一生最重要的成长时期，越走越好。成为你真正的心肝宝贝。而不是幼儿时当玩具，放在口中唱“你是我的心肝”。

现在社会大环境太浮躁，所以家庭的小环境就要能沉下来，四两拨千斤才是家长要修炼的内功，只有这样，自己可爱的独生子女真有问题也会“软着陆”。

家长们想想啊！带孩子来到这个世界多不容易……

先天条件好坏都不重要，先天不好“精心调养，小心呵护”。

先天很好“粗放粗养，张弛有度”，重要的是能给孩子真正的爱。

“急”的确是责任所在，双子感受其中。

总之，面对孩子都跑不过“一个慢养，一个用心爱”。而这两个一，是孩子慢慢长大的基石，也是家长不急或少急的前提。

夫妻如何缩小养育孩子的差异
——母亲要了解男人的社会角色

朋友巧妈来到双子家，见冬儿爸的第一眼，偷偷而不解地问：“冬儿爸儒雅而平和，很有教养，为什么教冬儿英语时，会对冬儿很急？”

开始并没有明白巧妈的意思，想想冬儿爸对冬儿的教育很用心啊！

后来，阳妈远道而来看望双子，因为都是湖北同乡，和冬儿爸聊了一下，背后也问：“冬儿爸脾气很好啊！对人也好，为什么在冬儿的教育上很急啊？”

听了一愣。怎么个个会有这种想法？

“你博客有写，冬儿爸教冬儿英语时比你急……”阳妈的这番话让双子恍然大悟。

的确冬儿爸为人非常善良，很有修养，从不大声说话。为什么冬儿小学高年级，生活上有需要会找老爸，而到了学习上，就会时时和他反着来？不太听他的？

这想了几天，想到群里来的大多是妈，爸爸几乎不见，阳光老师和许多的爸爸还是双子请来的。本来养育孩子是爸妈共同的事，好像太多的爸爸把孩子甩给了妈妈。

所以才有一堆的“怨妇”妈妈在那诉说……包括双子的无奈……

这就要讲到人们生长的环境，社会的自然分工，个人的能力还有智力的差异，最重要的是所谓对社会的认知，决定了某人对事物的看法，包括孩子的养育。

的确，在养育孩子的问题上，父母的观念是有很大差异的。

冬儿爸是冬儿四年级后才回到国内，冬儿如何上幼儿园？中班、大班如何上小学到四年级？如何长大？如何学习？如何生活？

对冬儿爸来说，因为没有经历和孩子一起成长的过程，脑子里必然是个空白。

他虽然知道自己如何长大，但太多的往事都遗忘在记忆的深处，虽然可能有所想象，但这个想象根本无法用真实的生活来代替。

冬儿爸面对20多年后的国内应试教育，刚开始看到冬儿这样的学习，真是一头雾水。

因为他是应试教育摇篮，全国知名的黄冈中学80届毕业生。他们最早尝到应试教育的味道，所以他不认为应试有什么不好，是个孩子就要学习，而学习有什么难？

更认为小学时玩着过，初中半玩半学，到了高中才开始努力，同样高分考进上海交大……

所以对冬儿每天中午分解时段学习、钢琴、打球小量训练等方法，感到莫名其妙。

孰不知现如今的应试教育早已不是当年的纯粹应试教育了。家庭更不是当年的家庭结构，想当年一家几个孩子，好坏都有替补对象……

而现在的独生子女除了背负可怕的应试教育，承载一家两代人的希望……还要增加太多的负累。

一句话：现在的孩子太可怜。做爸爸的了解多少？知道多少？

冬儿爸开始一点不明白，为什么冬儿会记不下他认为很简单的知识？一个单词记下有何难？一个句子说两遍不就会了？

每天中午记一会儿，晚上记一会儿，吃饭还要顿顿给她读书，还要学这学那，时间紧得如打仗，大人累不累啊？

的确，太多的爸爸会认为：男人要在外打拼，所以照顾家庭，养育孩子的重任落到了妈妈头上是再自然不过的事……孩子走到小学高年级，还学成这样，不是你做妈的没管好，是什么？

孩子到现在只会认不多的汉字，前学后忘，英语最简单的单词每天记都会忘记，不是孩子偷懒、不用心学，是什么？上课捣蛋，学习不专注，不是你做妈的没调教好，是什么？

不仅如此，而且可能这家的上一代人也会来抱怨这个妈……所以是个妈就有太多的错，就有太多的难。当然，冬儿的祖父母都不是这样的人。

再说冬儿爸也不是大男子主义，而且是个心胸很宽广，非常大度的好人，做事考虑周到。但男人再细心，也是粗线条的。

冬儿爸早已忘记冬儿是个早产儿，脑子生下来发育就慢的事实，而冬儿上学记不下汉字，记不了加减法，他没有经历这个过程，必然更不会知道了。

他只看到眼前长大的冬儿是个表面聪明的孩子，却断然不会想到，孩子生长期智力有很大差异，不会想到孩子左右脑发育的时间不一，短板时时发生更是正常不过了。

所以只会不理解孩子：回来做作业这样快速，而且只做一会儿，学习的知识能牢固吗？总在玩电脑、看电视，这如何是好？

最后，忍不住三娘教子：常常把他高中时的学习状态，拿来要求和教训小学四年级的冬儿："老爸当年每天早上5点起来背单词，作业要到晚上11点多才能做完，刻苦才能学习好……将来如何如何？"

将来如何？冬儿没有也不可能尝到，老爸此刻对冬儿的态度，冬儿尝到了。孩子虽然小，但非常敏感，反过来对老爸的态度可想而知了。

冬儿爸回来好久，都没明白冬儿，不明白就不会理解，更不会宽容。原本想得好，冬儿爸回来了，冬儿的英语终于有人可教了。

没想到脾气很好的冬儿爸，在教冬儿时，会时时不耐烦，让双子大跌眼镜：

"这个词教了你多少遍？你还是忘记了，你到底有没有记性啊？英语是个结构性的语言，你说的是中国式英语，白教了……"

冬儿也发脾气，不和他学，两人吵的啊！最后，宁可让我这个不会英语的妈来教她，中间笑话太多了……

冬儿爸不知道：记不下死记的东西，是个孩子太正常了，本来学习就是个不断循环，慢慢强化的过程。

一个孩子什么都一学就记下，一讲就明白，只能说明他此时的记忆功能发育很好，表面看是个"神童"。而发育是个此消彼长的过程，要慢慢长大才能全面成熟。

所以小时候记忆好的孩子，长大了不一定就是“神人”。这样的事例太多了。

每个孩子都要反复学习，慢慢记忆，才能学好，这是不争的事实。不然学校也不会有时时复习，期末总复习这一说。

冬儿这样的孩子更是，所以要帮孩子“分解”学习时段，一次几分钟，反复强化记忆，科学养育。最重要的是强身健体，慢慢的，天长日久，数年坚持，不然冬儿如何有良好的心态和信心走好小学，更不要说迈入应试教育的初高中了。

更让冬儿爸不理解的是：“一万多元的钢琴，每天15分钟能学好？一分钟的‘试唱练耳’能练好？50分钟的打球能打好？一星期两个小时的画画能画好？跳舞几年就放弃了等”太浪费钱了……

冬儿爸不知：冬儿学“试唱练耳”的目的，就是为了能在最短的时间学会识谱，缩短孩子弹琴的时间，开发孩子大脑的同时，让孩子多一点时间玩玩。当然，现在才知画画，对冬儿的数学帮助太大了……

为此，双子开始也不理解冬儿爸：不是这样的人啊！更不是个小气的人。自己读过书，知道学习要刻苦。更应该多想想孩子，理解孩子不容易才对啊！

学技能是为了开发孩子的思维和强身健体。钱重要还是孩子学习、健康重要？钱是用来做什么的？

后来和冬儿爸反复交流，有时还争吵，吵到最后谁也无法说服谁……时间长了才明白男人和女人对家庭、对生活、对孩子的理解差异太大了。

而冬儿爸还有重要的一点，没有参与冬儿的养育，更没有看到孩子如何长大，没有经历小生命成长的过程，如何来理解一个艰难长大的生命的不容易？更不要说现有应试教育下孩子的学习……

这就要讲一下：男人和女人本质区别是什么？家庭日子过的好坏？孩子学习功课的好坏？区别就在于：

男人看到的是结果，女人付出的是过程。

就如一个孕妇怀胎十月，怀个孩子忐忑的过程，孩子是不是健康的担心过程？强烈异体排斥反应的过程，个中甘苦只有妈妈才知道。过程是多么艰难？

虽然男人看到了这个结果，许多初当爸爸的人都会感动地说：“我理解你，你生孩子不容易，我会爱护你一生……”

其实，语言在这个“结果”面前只能是苍白无力的。因为没有怀孕的人，永远都无法真正地理解和明白一个孕育生命的母亲，所付出的是什么？有多少的开心和痛苦？

所以女人要的不是男人的理解，而是一生的宽容。

而男人恰恰不了解这点，更给不了这些。所谓理解也只是一会儿，感动也是一时的。所以大多的男人后来所爱所关心的一定是这个“结果”（孩子），而不是这个“结果”的妈。

双子所说不是偏激，是太多存在的事实。所以妈妈们要面对现实，想办法让爸爸来参与过程才是智慧。

为什么男人看到的是结果？

除了母系社会，一代又一代的人，从一个小男孩出生开始，所灌输和给予的就是：男人长大了是家的顶梁柱。理所当然，将来养家糊口是男人的责任。

所以才有男子汉大丈夫一说，更有“好男有泪不轻弹，男人不能被压垮，男孩要贱养……男人要大气、要阳刚、要坚强、要豪放……”

人人知道，太多的男孩调皮好动，粗心大意，大大咧咧，为什么有太多的多动症？因为性别所致。他是个男人。

如果一个男人到了成年，性格多疑，敏感小心，优柔寡断，婆婆妈妈，则肯定会被社会和人们所唾弃……是个女孩都不会嫁他。

所以在家这个生活圈子中，男人既要做好儿子，又要做好丈夫，更要做好父亲，还要做一个阳刚、豪放、大气、不拘小节的男人，再让他细心或是什么？如何能做到面面俱到？

如果原有成长的家庭环境不同，则男人的差异更大。

粗心就是必然的，更是正常的。才会有母亲、妻子这个角色来互补，什么是以柔克刚？

每个母亲都会从小教育儿子，要做大事，要大气，鸡毛蒜皮不能放在眼里。

所以男人长大成家，面对孩子才会不解：学校要做的事，为什么要家长来做？上班一天回来还要管孩子，面对老婆更不理解：为什么总在唠叨？让孩子学这学那？烦不烦？累不累啊？

肯定逃也来不及，一张报纸看到中缝都不肯拿掉，一杯茶喝到淡而无味也不肯放下……在慢慢等。

等什么？等结果。等烧好的饭，等洗好的衣服，等孩子100分拿回来……

所以很多的男人心细不密，更是怕烦，只要结果，不想分享和共担过程，是从小无意分配的社会角色形成的。

大道理一条条：在外面挣钱养家……

女人看到的只能是个寒心的结果：太自私了。

结果是：女人怨的啊！如何找了这样一个先生？太懒了，太不细心了，太不理解我了，太不关心孩子了，太后悔了……

婚前的优点都变成了缺点……家庭肯定烽烟四起，家成了时时不停战争的战场……特别是年轻母亲、妻子的家庭。

孩子夹在中间会如何？

如果母亲、妻子能自己先来梳理思路，虽然不能理解对方，但要了解对方的心态，以柔克刚，那么家庭中的许多事都会迎刃而解……

但说说容易，要做到太难，双子是个女人，太了解女人的付出，要做一生更难。

因为妈妈们付出的过程，是个最累最苦，用一生来付出的生命过程。

从古到今，都有怨妇这一说，为什么是“怨妇”，不是“怨夫”？

女人因为性别，从出生起，在这个地球上，就有太多的不公平等着她，有太多的无奈，所以才会心生怨气。

因为女性大多无法跳出一个怪圈：从小在家以父为贵，嫁了男人以夫为贵，生了孩子以子为贵，孩子长大以子为荣，一生都在累死累活地努力为他人活着……

所以一有不平之事，必然怨气多多。因为好事没有自己，累死累活都是自己。

当然，现在社会不断发展，大多女性有自己的工作，自主自立更是不在少数，而许多男性也在为了家和唯一的孩子，尽职尽责。

但母亲的角色是永远不会改变的，以子为贵，以子为荣只能是不断延续，而且变本加厉。所以为了孩子的贵和荣，母亲一定会做一切能做想做之事。

所以养育孩子酸甜苦辣的过程，因为母性的天职，责无旁贷地落在大多的母亲头上。

虽然同样不解：学校要做的事，为什么要家长来做？但一定不会如男人一样，逃得远远的。

而是无论如何，想办法面对。由于水平、能力的原因，做得好坏在其次，但一定不会当成了鸡毛蒜皮，而是当成了头等大事，慢慢去做。

家就成了母亲一生的战场，在这个战场上，先生不是同一个战壕中的战友，就是对面战壕中的死敌。

家如何成了战场？

家是家中的每位成员，身心疲惫回来放松的地方，女主人更是一个家能不能放松的灵魂抚慰剂。

家是一只慢慢起飞，由夫妻双方一人一只，温暖而强有力的翅膀，托着可爱的孩子，带着至亲至爱的家人，在天空翱翔的大鸟。

双翅协调，动力十足，吸收阳光和天地间的精华，这只带着满满爱意的大鸟，将越飞越稳，越飞越高。

假如其中一只翅膀用自己的养料，慢慢喂肥另一只翅膀，自己渐渐萎缩，那这只大鸟一定会螺旋式下坠……后果可想而知。

如果不想自己渐渐萎缩，那么做妈妈的一定要吸收更多的阳光，天地间的精华，让自己永远丰满……

这就是不停地自我学习，自我提升，与孩子一起成长，给孩子和亲人们来自家的温暖和爱。

亲爱的朋友们，大家一定要记着：女人不仅要有共担家庭责任的翅膀，而且更要有一颗智慧的头脑，还要有一个宽广的胸怀。

这样才能及时吸取各种养料，来调整自己的心态……

“巾帼不让须眉”，不是强过男人的头，而是要学会经营家，学会退一步。

这样，先生才有可能认可你养育孩子的方式，可能缩短你和先生养育孩子的差异。

那你的家一定是：海阔天空。

而唯一的孩子的明天定会是：海阔凭鱼跃，天高任鸟飞。

而一个从出生就因为性别，打上这样那样烙印的孩子，在妈妈的养育和现有社会教育的束缚下，长大了会是个什么性格？

你家长会不会因为当年对孩子严格要求和无理束缚，让孩子走向了他（她）原本性格的反面而后悔？

药家鑫表面温和、内向胆小的男孩，如何年纪轻轻就走到了生命的尽头？

下面说说双子是如何做，才在后来的几年，让冬儿爸和自己共同经营了24个年头的大鸟，越飞越稳，步调一致地慢慢养大冬儿，顺利走进高中的？

营造和谐的家庭氛围
——把丈夫当成“异性朋友”

涵妈给双子发信息，因为她先生出奇的懒，也不管孩子，想看双子到底用了什么“法宝”，让冬儿爸自愿参与对冬儿养育的过程……看了留言，汗都冒出来了，每个家庭不一样，动态的男人更不一样，如何会有一个万能的“法宝”啊？

其实，随着社会发展的需要，中华大地上因独生子女的出现而产生的诸多问题，越来越引起社会和家庭的关注。在大环境的背景要求和家庭结构的特殊事实面前，许多的爸爸从开始的茫然，到慢慢醒悟，想办法了解，最后主动加入到培养唯一的孩子的行列中来的人不在少数。群中阳光老师、田爸、杰爸，还有果爸都是……

记得前面讲过冬儿爸回国后，为了冬儿的学习和学一些所谓的兴趣爱好技能，与他沟通过，也发生过争执……晚上翻来覆去，无法入眠：为什么十几年如一日，与冬儿爷爷奶奶这样不太容易打交道的人，能很好地相处？现在反而不能和冬儿爸这样好说话的人很好地沟通呢？这样长此下去如何是好啊？

真是想得头痛，快睡着时，西蒙纳德·波伏娃这个 20 世纪法国现实主义大师在脑海中闪现出来：她于 20 世纪 30 年代写过许多女性题材的小说和哲学书，其中一本《女人第二性》在纳粹时期，全世界几十个国家广为流传，成为太多女性的“圣经”（朋友们不要去买啊！因为是学术书，许多人看不懂）。

20 世纪80 年代中期，双子将此书和另一本《萨特和西蒙的一生》，放在一起反复交叉对比看了很长时间，可能看了有近十遍。前面一篇提到的女人一生都活在男人身上的生活怪圈，就是来源于西蒙的哲学思想。（和群里的妈妈说起过，因为书在黄冈，所以不能引用原文了……）

为什么20 多岁的双子，会如此痴迷地去看这本包含哲学、心理学、医学等大量理论的家庭论理书籍？因为越看越明白了一点原本太迷茫的家庭和社会问题，明白一点钱钟书先生《围城》的深刻含义。知道一点什么是婚姻？如何面对一个不同环境中长大，脾气性格迥异，但又必须和可能要在一起生活一生，并共同养育孩子的男人。

钱钟书先生的《围城》有句名言："城外的人想进来，城内的人想出去。"钱先生将一个个特定条件下发生的故事，用细腻的笔墨呈现在人们面前，让人们对书中的人物和他们婚姻的形成有了一个直观的认识，所以"婚姻是爱情的坟墓"成了又一句名言。其实，这只是个直观和表面，走进婚姻的人个个知道，而它的本质是什么？可能没人能说得清……

朋友们都知道英国王储查尔斯的婚姻：前王妃戴安娜和他在婚姻期间，关系一塌糊涂，唯一能安慰查尔斯的是情人卡米拉，这两人亲密的情人朋友关系保持了几十年，直到卡米拉修成正果，亲密的朋友关系在两人成为夫妻后的天天大吵中寿终正寝，为什么？谁是谁非？

西蒙女士和萨特先生用科学而严谨的态度，做了一个耗尽一生的实验：两人如果一生不做婚姻伴侣，而是情侣，是朋友，那么这样的行为会引出何样的结果和婚姻价值观念？

在西蒙的《女人第二性》出版时，她才30 岁不到，也就是他们实验的开始，此书揭示了"城外的人想进来，城内的人想出去"的本质。本质是：人类传承必需的稳定性和可保障性，是必然要牺牲人的一些本性而换来的，即婚姻契约一旦确立，男女双方就会表现出他（她）在社会和家庭角色中担当角色的本来面目。

反而无论男女，只要是异性朋友之间的交往，一定会更加理性而非感情用事。后来，他们60 年的岁月风霜也印证了这个理论。

双子与冬儿爸为了冬儿产生的矛盾，辗转难眠的回忆，打开了双子尘封已久的记忆：美好的20 世纪80 年代，和冬儿爸两人世界时的相敬如宾，一起看书、讨论，一起畅想未来……所以无意间想到的西蒙，让双子一下子豁然开朗：当年萨特和西蒙是冬儿爸引进家门，在我们青春飞扬的岁月，带来了太多的人生启迪和感慨，使我们两人后来虽然远隔万里，但都是为对方着想，有事都互商互量，好不容易慢慢走到现在。现在能有什么困难能难倒我们这个家庭呢？

想到这，人一下轻松起来，坚定地相信冬儿爸如果想起萨特和西蒙，则一定会慢慢有所改变……

冬儿爸因为从小家庭环境的缘故，亲人之间说话非常直白，与朋友说话就会客气许多，而双子的家庭正好相反，朋友亲人间都非常客气而有礼貌。

直白虽然不是什么错，但出口就有可能伤人。大人无所谓，最多不理。如果冬儿学了样，说话生硬，那么对孩子的成长肯定带来负面效应。

所以就想先从冬儿爸的说话习惯上想办法，看看他能不能改一下，而一个大老爷们，又是独自一人在外闯荡多年，让他一下子改变他的语言习惯和方法，是个相当不容易的事。

不能一下改变别人，只有自己先来改变……开始的第一步，也是最重要的一步，把冬儿爸当了异性朋友，慢慢来，说话前先想到，这是在和一个男朋友说话，而不是自己可以呼来喝去的丈夫……后来效果真是很好，方法下次说。

有句当下流行的话：“结婚前，睁大双眼找另一半；结婚后，睁一眼来闭一眼。”这话虽然有点道理，但是个太消极无奈的人生态度。

这个消极的出现，是太多的妈妈们从恋爱到结婚，再到生子的过程中，一点点看到与想象太不一样的婚姻，失望后的绝望所带来的结果。反差到最后，有的妈妈还得了产后抑郁症。太怕和不敢面对今后的生活，更怕要用长长的一生去打理这个自认为冷漠的婚姻……

男人同样从理想的高峰跌到了现实的谷底：原来楚楚动人、温柔可爱的女人到哪里去了？河东狮吼成了家常便饭……假如夹在长辈和老婆中间，心里更烦，婚姻怎么会是这样呢？接下来的日子如何过啊？

其实，婚前与婚后原本就是两个完全不同的概念：婚前的人，真有点像现在的陶瓷古董市场中的商品或股票，在买卖双方的认可中，认为是个好古董或是只好股（潜力股）。而婚后的人是将上述的东西据为已有，后来感觉这个东西不太顺眼，怀疑自己看走了眼或上了“托”的当，据为已有的可能是个赝品或垃圾股，这个悔啊！

所以才有了上面消极的："结婚前，睁大双眼找另一半；结婚后，睁一眼来闭一眼"此类自认倒霉的话语。

我们每个人在工作和生活中会无意识地对一个异性朋友非常客气，对家人正好相反，为什么？因为婚姻中的男女有了"证"这个婚姻契约，自然而无意识地会将对方据为己有：家暴、河东狮吼虽然是少数，但吵闹是家中的常态。

不可能，更不会如怜惜异性朋友一样，对所爱的人，客气而礼貌。可能有人会认为：家中客气礼貌是虚伪，命令才是正常。夫妻就要"赤诚相待"。所以"赤诚"到双方所能展示的就是本性中最大的陋习。而另一半人性中的最最的美好，真就在这种重复和疲劳的争吵中埋葬……

谁也知道教养和距离会产生美，中华民族传统中的许多美好的东西，流传下来的精华：《国学》中的深刻道理，家长们如果能静下心来，学个其中的一二，哪怕是皮毛，则都能很好地经营家庭。反观现在的家长们只是让个孩子去学、去背。自己在家反其道而行之，孩子学了有什么用？

百年修得同船渡，千年修得共枕眠，做夫妻是自己千辛万苦修来的，要如珍宝一样爱惜才行。如同长达几十年的婚姻，两个动态的男女，会因为各种内外原因，在心理和生理上慢慢发生太大的变化。而如何在出现困难时，相扶相拥走好这几十年，才是极需要动脑筋和运用智慧所做的事情。

如果双方对自己男人（或女人）所做之事，所说之话，给予一句如对异性朋友般的认可，一个如对异性朋友理解的笑容，一个如对异性朋友宽容的举动，那么这样的家庭一定会出现：男人是山，女人是水。孩子是山水之间，天地灵气慢慢滋润的精灵。孩子才能依山傍水，顺其自然地生活、成长。无论富贵贫贱，或生出天塌的大事，双方都会用积极的人生态度，共担共当，坦然面对。

这就如与理解应试教育下孩子的学习一样。用两个如果来比喻一下：

（1）如果双方能换位思考：为什么要当对方是个赝品或垃圾股？这样的消极心态与对方一起生活，岁月这个时间老人，会不会也让对方认为自己也是个赝品或垃圾股？其后果会如何？

（2）如果能精心经营：多想想另一半的不易，把对方当成了异性朋友，精心去呵护如朋友伙伴关系的家：礼貌而不失自尊。引导对方一起走进教育孩子的过程……

这样精心经营的结果，赝品都可能成为流行和时尚，垃圾股说不定能变成绩优股。

而女人更要多想想两个虽然：

（1）虽然男人从小被告知：不能如女人一般，想哭就哭，想撒泼就撒泼。有泪也要流到肚子里。又真有多少男儿长大后变成人们眼中真正的男子汉？

（2）虽然男人从小就知道：社会责任和养家的重任将来要压在身上。可男人在这个出生就分配好的角色中，有多少人在成年前做好了担当的准备？

反观太多男人内心的虚荣和脆弱还不如女人，一有点事就逃避的行为更是不在少数。

从20世纪末下岗大潮的人群中可以清楚地看到：女人下岗后，为了孩子，为了家，为了生存，什么活也出去做，什么苦也肯吃，而城里的男人如果下岗回家了，是个什么样子？最后在城市角角落落忙碌的男人，大多是原本就没有工作来城中打工的农民。这说明了什么？

从古到今，太多的必然和压力，让男人不敢和自己的灵魂对话，不敢正视眼前出现的，其实根本就不是什么大的困难，其行为只能是掩饰和逃避，特别是成家后的男人，慢慢表现出来的就是对家庭、对女人、对孩子的粗线条……或反过来，婆婆妈妈，鸡毛蒜皮都要管。

朋友们啊！我们的家庭大多是普通人组成的，平平安安才是真生活。要求对方不高，生活质量才能提高，而且想要男人内心真正强大，强大到足以保护家庭，足以能在这个社会上放手一搏，为家庭、为自己、为孩子创造一个美好的未来，是需要来自女人的认可、鼓励、理解和宽容的。因为失败后的现实，男人比女人更怕，而只要女人能和男人一起共担，还会有过不了的坎吗？男人还会怕什么呢？

所以经营好一个家，男女双方共同参与教育孩子，就是经营好了家的一大半。因为教育好独生子女太不容易了……而教育孩子，是家庭最重要的浩瀚工程，更是个一生无法推卸的责任。结婚生子为了什么？是家庭责任，也是为社会的未来担一分责。

所以一定要了解自己的丈夫，了解才会宽容，才能想到办法，让丈夫在家和孩子的教育上，就如对待工作一样，与自己一起，慢慢经历孩子长大的心理和生理过程，帮助孩子健康成长。一起经营好这个来之不易的家。

给孩子温暖的成长港湾
——夫妻要经营好婚姻

看了上文的朋友们一定会理解双子的良苦用心：在家这个港湾，想要对方接受你的想法，做你想做的事，一定要理性地把对方当成异性朋友，商量着出牌。这样双方才可能平等地处理家事，经营好家庭，心平气和，有商有量。

而先生和太太一起来共同付出，养育孩子，了解孩子，与孩子一起慢慢成长，只要夫妻双方用一生做好一件事就行：对先生或太太要当成朋友伙伴关系来维护。

要想长时间的一生在婚姻中的双方保持这个朋友伙伴关系的心理，对每一个普通人来说都是件非常难的事情。

朋友们啊！因为难才要去做啊！不难谁也会做，大家也不用聚在这学这学那了。就如同是个人要长大，是个人就可能做父母，是个爸或妈就必须在孩子成长的过程中，自己慢慢积累经验。所以为了孩子，为了这个家，就要努力做个孩子能认可的好家长。只有这样才能让一个好不容易组成的家，长时间保鲜。

双子也知道太难，但为了让冬儿爸一起来帮助冬儿，只有开始先改变自己，暗暗想到只要自己一变，冬儿爸一定会改变。当时，双子也有 40 多岁了，要改变原有的习惯，用另一种生活方式来生活，的确不太容易。

下面说的是双子所用许多方法中的主要几个，并坚持多年，这些方法双子没有刻意去做，而是顺其自然，因为刻意的事，必然短命：

（1）在冬儿爸说话时，一定认真耐心倾听，听完再说，绝不抢话讲。如果认为不对，也先同意："说得对，说得对……"或"是啊……是啊……"接下来再"但是……"最后绕来绕去，变成了充分讨论，冬儿爸回过神来，明白自己错了，就不再坚持己见了。

而如果是双子我可能做、说得不对或方法不当，那么只要意识到，无论冬儿在不在面前，马上会快点向冬儿爸道歉。女人认错并不代表示弱，反而会让先生心生好感，自尊心在孩子面前得到满足。

其实到最后，大多还是听女人的，只要想办法让先生听就行了，形式真不重要。

主要是让冬儿明白：在这个世上，是个人，无论大人孩子都会出错，都会做错，只要能及时改过就行。明白家庭意见不同太正常，家长的目的都是为了家好，为了孩子你好。而且家里几乎都是鸡毛蒜皮的小事，原本没有什么原则问题。

如果孩子在这样的环境和家长的熏陶下成长，那么小事就不会放在心上，慢慢学会点大气，对孩子的成长会有很大好处。

后来，冬儿每天弹琴的时间很短，冬儿爸明白后，就一直支持。知道冬儿打乒乓球既然是为了治眼睛，为节省孩子路上的时间，从广州买了个乒乓球台子回来，放在厅里，只要冬儿完成作业，就和冬儿打上半个小时或更长时间的球，多数时间打比赛。冬儿一边打一边和老爸聊天，聊学校，聊同学，聊自己的想法……爷儿俩其乐融融。

（2）冬儿叫冬儿爸为："老爸"，所以冬儿爸的名字在双子的口中，进进出出都是"老熊爸"。在亲戚、朋友面前都是如此，亲切而自然。虽然有朋友开玩笑：冬儿爸成了双子的爸？但这种亲切的昵称会让冬儿爸感受到来自双子最大的尊敬和爱。其实，尊敬一个人，不是用口说的，而是要能让对方强烈地感受到……冬儿的名字也变成了"老妹"，一直叫到现在，让孩子感受到与父母一起朋友一样的亲切。

（3）只要没有他人在面前，冬儿爸对双子说话不注意，语气很重或太直白时，马上开玩笑提醒：你面前的这个女人如果是你的异性朋友，那么你会不会这样说？快点别把这女人当你的老婆，当是你最好的情人朋友……说话客气点了（这真是杀手锏）……冬儿爸开始听了一愣，时间长了也会玩笑般地道歉。这个虽然简单，但要求很高的方法，一直用到现在。后来冬儿爸会条件反射，有时话说到一半，知道不对，马上会意识到并赶快刹车，同时道歉。

记得冬儿前些时又听到这样的话，调侃道："多大年纪了？还当了朋友情人？"双子和冬儿爸听了哈哈大笑。

有人在时，就会另当别论，大男子的态度出来也很正常，此时，一定要给男人面子。(双子在化疗时，因为药物作用，有一段时间蛮不讲理，虽然冬儿爸理解，但自己明白后，就尽量克制，所以这个艰难的时段慢慢良性地走了出来)

（4）当时，在冬儿和老爸为学习兴趣有矛盾，化解和调整他们的关系是最重要的事。背后和冬儿爸讲好，在冬儿说话时，冬儿爸学着先放下手中的活，认真倾听，而不是心不在焉，敷衍了事，如果冬儿爸无意或没有做到，那么双子得帮助提醒。

冬儿爸如果因为冬儿的学习，如英语的学习，对冬儿语言和方法上说话重了，那么赶快岔开。如果冬儿说老爸，对老爸不礼貌，则也先岔开，过后做双方的工作，大事化小，小事化了，慢慢调节家庭气氛。

记得冬儿因为英语学习的事，对老爸有想法，不让他教，来找我教，我如何懂啊？当时，化疗刚结束，所以天天躺在床上想办法，想出一个教一个，还真想出了一些办法来给冬儿用上，这个在《与孩子一起成长（一）》中有写。

冬儿爸开始也生冬儿的气，背单词和背课文，不是在床上翻跟头，就是边玩边背，一点正形都没有。

这也不能怪冬儿爸，他和许多家长一样，此时，根本不了解孩子的习性，主观地认为这就是不认真，后来发现好说好商量，中午的"三快五分钟"，挤时间、挤牙膏式的学习方法，冬儿能接受，而且有的方法还真管用，也就服气了。

双子的英语水平太差了，在教冬儿的过程中，冬儿爸在边上听到这种中国式的英语，实在听不过去，后来就主动来教。当然，前提是学会了好好说，冬儿慢慢就能接受了。

冬儿爸还学着双子的样子，每天主动用一点时间，读英语小说给冬儿听，其实当时的冬儿，根本不可能听懂。冬儿爸也学会了说：不懂不重要，重要的是慢慢来，给孩子增加点语感……

后来中午的“三快五分钟”，也接了过来，督促冬儿，冬儿渐渐也不反感了。

冬儿爸当时虽然不可能一下就找到自己的位置，过程中的摩擦也有出现，但随着时间的推移，孩子虽小，但都非常敏感。爸爸能倾听孩子的说话，理解孩子的行为，并给予真诚的鼓励，冬儿后来真对爸爸的行为倍感亲切而心生感激。

最终，冬儿看到了步调一致的双亲，看到了在这个温暖的家中，健康成长，能让她发自内心的快乐……所以冬儿从五年级开始，在学习上的发力，与冬儿爸最给力的支持分不开。

到了后来，冬儿爸在主动地参与家庭、参与孩子的教育过程中，了解了个中酸甜苦辣，理解了做母亲的不容易，更理解了独生子女在应试教育下的不易，最重要的是冬儿爸学会给孩子倾诉的机会，学会了帮助释放孩子学习上的压力。

所以母亲是调节家庭气氛的最大润滑剂，做个宽容的母亲，宽容的妻子，宽容的儿媳是家庭和谐、孩子良好生存的最大保障……

不知者无罪，许多当妈的，根本就不知如何当，前辈也没有教。但只要知道了，做妈的就要想办法，开始去做，做好、做不好在其次，只要想办法做了，家就会有希望……

时至今日，岁月帮双子证明了所做的一切都值得，付出也得到了最好的回报。

20 多年过去了，无论孩子学习还是家庭婚姻，双子的确做了许许多多的内功。每个家庭都不一样，每个动态的人更不一样，可能有太多的家长在处理孩子和婚姻方面，有比双子更好的方法，做得比双子更好。

而双子上面所说，只是抛砖引玉，相信每个人看到了婚姻的真实：只要能多付出一点，都有能力做好自己，经营好自己的家，带着自己的孩子慢慢走好人生。

如何让孩子读懂“舍”与“得”的真正含义？

——家长的行为是最好的课本

昨天，一初中妈给双子打电话，说家人都很大气，所以孩子从小也阳光大气，但孩子为此总是吃亏，所以有时会有挫折感。问：不知从什么角度帮助孩子？既要阳光，又不要太吃亏。

听了一时不知如何回答：一个孩子，既要阳光，又不要太吃亏。这是什么概念？

记得冬儿高中住校，只要是寝室内同学间的事，她能让就让，特别是洗漱，总是最后一个。并没有为此认为自己吃了亏，说只不过晚睡一会儿，没事的，所以同学间关系一直很好。在高一结束时，她请寝室所有同学，还有几个要好的同学吃了一顿披萨饼，另一个同学请了饮料，大家开开心心分班离去……

冬儿这种自然而然的行为源自幼儿园，当时老师讲述冬儿性格内向，与小朋友交流不畅，此后每天中午我会带水果和饮料（此种东西，放在家里，孩子看都不会看）来看冬儿和小朋友，并帮助老师给孩子打饭、盛菜。每到此时，孩子都会聚在我的周围。当年的冬儿虽然不知什么叫“舍”、“得”，更不知妈妈付出的目的。但她知道妈妈给小朋友带来水果和饮料，帮助老师的行为，会让小朋友喜欢与她玩，会让老师喜欢她……

小学低年级的每年圣诞节，我都会让冬儿请许多同学来一起过圣诞节，并一人一份小礼物给孩子们留做纪念（用冬儿的压岁钱）……平时的六一节或其他节日，同样会带孩子们出去游玩……当时目的很简单，希望没有兄弟姐妹的冬儿，能在成长的过程中，多一些同龄孩子一起玩乐，开心长大。

高年级时，每年的圣诞节，都是冬儿自己作主，找同学前来一聚。五年级的圣诞节，冬儿请了班里大半的同学来家过节，孩子们吃饭的队伍都排到了大门外了，冬儿爸买了太多面包、饮料，做了几大盆色拉，几锅罗宋汤，每人都有很多炸牛排、煎蛋等。后来，大肠胃的孩子们又塞进了许多肉丝炒年糕……想来那几个挂满五颜六色气球的房间，圣诞树上各种各样小礼物的开心场面，好吃的西餐会在孩子们的心中，留下多美好的回忆……

其实，最开心的是冬儿，如燕子般在各个房间飞来飞去……最后，同学们散去，累得半死的老爸和林老师还在慢慢捡场……懵懵懂懂的冬儿可能同样不知“舍”、“得”是什么？但她知道老爸老妈的付出，让她收获了更多的友情……

后来，冬儿回到苏州读书，每年的寒、暑假，回黄冈时都会固定请十多个同学一起聚一下，分享各自的成长历程，一直到现在的高二……

此时，我才认真地与冬儿讲：“老妈之所以鼓励和支持你每年回来与同学聚（晚辉阿姨为你们提供食物），因为同学之间的友情最美好、最真诚，一定要珍惜现在同学间的友谊。而你现在交往的同学，都非常优秀，相信将来在各自选择的领域，从事不同工作的同时也能出类拔萃。说不定哪天，你们大家相互有困难时，最可能伸出援手的，就是你的同学，你们都是独生子女，太需要朋友之间的友谊和帮助……一个肯付出的人，才会有所得……”冬儿懂事地说：“我知道，老妈……”

这才有冬儿后来高中住校时的大气和阳光，肯付出……没有想过是吃亏……

但高二上半学期，有一天冬儿回来突然与我说：“某某同学看到我，嬉皮笑脸地说：什么时候再请她们大家搓一顿。老妈，我不是不肯，但请人要心甘情愿。我请了多次，她从来没有请我，虽然没想过让她这个小气鬼来请，但她这种理所当然讨要的样子让人心里很不舒服……”冬儿的想法，有点如上面这个妈妈的孩子：阳光大气，不停地肯为朋友付出，但对方的理所当然会让慢慢长大的孩子感觉有点吃亏，并且受到挫折：为什么你从不主动请我？非要我来请你？真是厚脸皮，还好意思说，当我是个傻子？”这并非孩子们变小气了，而是到了初高中的年龄，有了自己的是非观、人生观，在成长的过程中，没有也不可能有刻骨铭心的，感受很深的“舍”、“得”之事。所以对他人得寸进尺的贪婪、表现出本能的厌恶，就是正常和自然的事。

我马上讲了一个发生在我身上，匪夷所思的真实故事，让冬儿明白了“付出”的真正意义是什么？明白了人生的路上，谁都会遇到困难，只有先“舍”，才可能后“得”这个充满哲理的事……

“冬儿，年轻的老妈与你一样，非常大气。认识的朋友都说不像个苏州女孩，颇有山东人的豪气万丈。朋友三五成群，出门游玩，吃饭几乎都是我来买单。时间长了，也时不时有朋友抢着来买，所以朋友、同事之间关系都很好。

但老妈有个高个同事，只要单位停电或没有饭吃，他都会跟上老妈，为的是能吃个不化钱的便饭，老妈当年习惯了，吃饭主动买单没感觉不好。但时间长了，几个一起玩的同事颇有微词，认为一个大男人，如此厚脸皮地蹭饭，好意思不？还有人有意无意在他面前提出，他只当没有听到，一如既往……老妈虽然没有改变对这个同事的态度，但心里的确有点疑惑……

1989 年的夏天，苏州下了多天雨，我们才搬的新家：航西新村进水了。新村离单位很近，领导和同事一起跑来帮助老妈把家具都垫得很高。东西放到桌子上，当时认为水不会涨到桌子这样高，在几个门口放了很多堵水的沙袋，就离开新村住到外婆家去了。

一晚上很大的雨没停，虽然有点担心家里会不会进水？但想想不太可能，有下水道。所以第二天早上还送你涛涛哥到幼儿园上学后才进厂……此时，老妈的同事到处找我（当年没有手机，找个人很不容易），原来一晚上的雨，有人传言，航西新村的水位到了 1 米 5，大家急得团团转，准备好了车、水泥、沙子、石子……我赶快电话找你老爸，单位也没人，只好和十几个朋友一起快点来到新村……

当时，被眼前的情景惊呆了……平时没有注意，这个很大的新村地势原来是个锅底形，和马路上的水平面差了一米半还要多，水漫到了马路边，原来不是发水是内涝啊！远远的很多人在到了胸部上面的水中艰难地向前挪……黄水面上到处漂着垃圾、西瓜皮，化粪池翻上来的东西，要多恶心有多恶心……

我的这些同事，轮流背着我，开始慢慢向家走去，人在水中游泳和行走是两个完全不同的概念。在水中走原本就非常累，而在又脏又冷的水中走，还要背个人，还要防备脏水进到口中，真是无法想象的困难。

而那个高个同事，主动背着我走了200多米，当时感觉走了好久好久，最后到家门口才发现，由于心急慌忙，忘记带钥匙。同事有的翻后墙进院子，有的强行撞开了门，一起穿过走廊进到房中才发现你老爸一个人在水中来回转，把他几书厨的书，从低处向高处转移……

当时，气不打一处来，让他快点停下，马上跑到三楼去一个阿姨家商量：最后书在同事的帮助下，全部搬进了阿姨家，家具从水中捞出来后，一件一件搬放在楼房每一层的走廊。这个高个同事，发挥了个高的优势，在水中跑前跑后，与大家一起累了整整一天……近两个月后，水才退完，同事们又一起来帮忙把积满了垃圾的家打扫干净，家具和书还原，现在想起来，如做梦一样可怕……

那个高个同事背着妈妈在齐胸深的脏水中走过200多米远，想来如果在平时，你给人再多的钱，也不一定有人肯做，那个脏水看了都会让人吐，更不要说人走在里面了。假如老妈平时斤斤计较，不为他人着想，同事不可能、更不会这样尽心尽意地来帮助老妈。

上面这件事让老妈思考了很久，并因此想到：很多事，发生总有它的理由和原因，如哲学家黑格尔所言：任何事物的存在，都有它存在的合理性。高个同事，有可能当年家庭困难，在外吃一碗面或一顿饭，对他可能是个太奢侈或经济上不能接受的事，所以才会找到好说话的老妈，做出时时蹭饭之举。

就如你这个同学，虽然家景可能比之老妈当年的同事要好很多，但家长如果没有教她如何学会做人，学会基本的为人处世之道，习惯了索取，其实最后的受害人一定是她自己，你不用太在意她的行为，她将来一定会为她的所作所为买单。

老妈的人生中，无意间所做的最多的事：就是帮助他人，舍得付出。但最后受益的一定是老妈自己，所以人一定要先学会舍，才可能有得，而且是个大得……”

冬儿听了若有所思：“老妈真的啊！你说得对啊……”无论冬儿听了懂多少？是不是真懂了？都不重要，重要的是，她对人生中“舍”和“得”有了更深的理解，想来在她自己今后的人生中，一定会一如既往去学、去做她认为正确的事。

所以上面给双子电话的妈妈，你想让你的孩子既要阳光，又不要太吃亏，挫折感少点，好像是对孩子，对社会要求高了。很多事挫折就是最好的经历，吃亏可能就是占了便宜，只是这个便宜来得或早或晚……但阳光大气的性格，肯定是孩子走好将来人生之路的基石。

狼爸虎妈的育儿史
——独生子女比多子女更难养

昨天看了一个电视节目，狼爸自己讲述：如何打，把孩子打进了中国最高的学府，其间环绕“打”字，引来了许多的专家学者及观众的热烈讨论，想来许多的家长会看到这个电视节目。

奇怪的是：这个主题都跑到“打”和“不打”上去了。而再深一点也只是南京一个高中英语特级教师讲述：“与孩子沟通的重要性”。（她优秀而从来不烦的女儿，在异国他乡因抑郁症离开了这个她无限眷恋的世界）

其实双子想说：狼爸也好，虎妈也罢，在孩子的教育上，孩子的优秀，虽然和他们的教育有很大的关系，但不全是“打”和“不打”的结果，最重要的是他们都是四个孩子的父母。孩子们有生命中最亲的兄弟姐妹，有独生子女无法想象，更无法体会到兄弟姐妹生命中的喜怒哀乐，这种感情的释放在一个人的生命中，太重要了。独生子女如何享受得到？

大家想一想，这有兄弟姐妹的孩子成长和独生子女的成长能一样吗？

从家长的角度：

（1）独生子女的家长，世界没有机会给他（她）在单程生命过程中“重新来过”的机会，只能在错误的教训中找一点他人的经验方法，借鉴着带上唯一的孩子慢慢前行。与孩子一起长大。

（2）多子女的家长很幸运，他们有机会在第一、第二、第三个孩子，还有同孩子们相处的过程所产生的问题中，渐渐摸索，在孩子成长和教育中找到自身的不足，慢慢地自我改变，带着经验和教训与孩子一起前行。这个生命过程是独生子女家长望尘莫及的。

从孩子的角度：

（1）独生子女群体从20世纪70年代末至今，是社会和家庭的主流。一个孩子，从出生开始在双亲和长一辈的成人怀抱，溺爱中长到3岁，进入幼儿园。从此在家一个人，在周围都是独生子女的环境中长到高中、大学，有的读到硕士、博士。

十几年下来，学到的是什么？学校老师、家长的谆谆教导，亲人的关怀有加。缺少的是什么？向兄弟姐妹倾诉，与兄弟姐妹一起担当的机会……有家长可能会说："我的孩子特喜欢和我交流，或我的孩子回来总和我说学校的事，他向我倾诉的机会太多了。"

向家长你倾诉？不知你意识到没有？你是个成人，向你倾诉只能是他生活的一小部分，与兄弟姐妹一起学习、一起成长，吃尽其中的酸甜苦辣才是孩子最重要的生命过程。而且孩子到了初高中，可以说，大多的独生子女都不会再来和你家长进行所谓的交流，有的只是对家长的时时不烦耐……冬儿的同学中，双子看到太多。

不知朋友们看不看"动物世界"，双子发现：胎生动物，大多生下的是多胎，卵生动物更是。双子看过一个老虎家族的生活习性和小老虎的成长过程，非常感慨。多胎是为了在大自然这个残酷的环境中保持高存活率，保证种族的繁衍。但更重要的是：多胎的兄弟姐妹，在长大的过程中，除了爸爸妈妈所教的生存方法以外，更多的是兄弟姐妹一起学习生存和捕猎的技巧。因为捕杀大型动物，一定要大家一起同心协力，这样才可能得到更多的食物，才能更好地生存，一只老虎如何做得到？这是大自然物竞天择、适者生存、不断演变的结果。

而我们唯一的孩子，出生之时，终其一生，被剥夺了这个原本太需要一起共担的生命历程。所以到了成年，习惯了有事一人扛，有苦一人吃，因为喜没人分享，苦没人共担。真正是心灵孤独，可怜的一代人。

（2）多子女的家庭，虽然现在是少数，但这是个相对幸福的群体。

学习上：弟妹可以请教哥姐，哥姐尽可能会帮到弟妹，虽然帮助有限，但在一定程度上帮了大人很多的忙。

生活上：哥姐从小知道要让弟妹，不让就是错，犟还会惹来皮肉之苦。虽然可能不太情愿，但让弟妹是从小到大的必然。这样的孩子从小无意识地学会了包容，学会了忍让，学会了爱弟弟、妹妹。

中间的孩子几乎都是家庭最忽略的孩子，更是学会了在夹缝中生存，所以在将来的人生路上，社会职场上，没人教就会知道如何生存，吃亏一定比独生子女少很多。所以多子女家庭的孩子，将来更能很好地生存。

而弟妹会时时感受到来自上面哥姐无限的爱，就是长大成人，渐渐老去，最最让他们牵肠挂肚的只能是兄弟姐妹。哪怕天涯海角，无论喜乐悲苦，第一个想到找人分享或倾诉的一定是兄弟姐妹。

所以狼爸虎妈育的是有兄弟姐妹的孩子，育的是可分享，能共担的孩子们。双子也有姐有弟，冬儿爸有妹，我们这一代，真是一人有难，或一家有难，全家人会纷纷伸出援手。因为我们是感情很深的兄弟姐妹，是从小一起生活，有难同当，有苦同受的兄弟姐妹。

有句老话："打断了骨头连着筋。"我们会老去。我们唯一的孩子，会和谁连着筋?

狼爸虎妈育的是什么孩子?这样的孩子们好不好养?大家一定明白。所以打不打孩子?打孩子能不能打进高等学府?都是个体不同家庭教育孩子的手段。不是孩子长大成人的基石。

而真正地了解你独生子女的特性，理解孩子，帮助孩子，才是家长在独生子女的幼年，为孩子的明天打下坚实基础而必须做的事。这样才能陪其成长，慢慢走好。

解读自私霸道的独生子女

狼爸虎妈养育四个优秀孩子的原因之一：他们是共同成长，互帮互助的孩子。的确在孩子成长的路上，这是个很重要的原因，因为孩子们就是在家打翻了天，只要面对外人，一定会团结一心。

记得小时候母亲出生不好，时常被人欺负，我们姐弟也跟着倒霉。有一年父亲回来探亲，弟弟长得矮小，让人欺负反而被这家大人恶状告到门上，并冷言冷语骂母亲。父亲可能心里难受，竟然不问青红皂白，上来就踢打弟弟，弟弟被踢翻在地，疼得惨叫。

我疯了一样地冲上前去，挡在父亲面前，大声斥骂父亲，当时父亲吃惊的样子到现在仍不能忘记。

弟弟虽然心灵受到了伤害，但有我这个姐姐帮着，并一起跑到那家门前，用砖把窗上的玻璃打烂，也算出了一口恶气。所以只能是成长路上的一个小插曲，断然不会在心理上留下太多阴影。

独生子女如果发生了此种不公之事，姑且先不说冤不冤，只说谁来给他出头？父母如哥哥姐姐一般为他出头，定然会引来重多非议和潜在的后果，并给孩子留下不良影响。父母如果不能出头，无奈说教开导，那么孩子受伤的心灵，只能再一次受伤，因为一个生命成长的路上，没有一起帮衬的出口，人这个感性的动物，一定会憋得做出太多匪夷所思的事来。

就如网友小思的睿妈所说：“独生子女很可怜，独生子女的家长其实也很可悲，育儿的路上每一步都如履薄冰，不知道这一步走下去是对还是错。”

的确说的是：家长既要做好自己本身，又要充当孩子的朋友及兄弟姐妹的角色，真是太难了。

但有家长可能会说，我也是独生子女，没有兄弟姐妹，一样慢慢长大而且很阳光、很大气，不像现在的独生子女这样：自私而霸道。

说到自私：家长啊！你知不知道，你和你的孩子一样，虽然从小在家只能面对双亲，有苦在家无处说，但你在学校面对大多是有兄弟姐妹的同学，这些同学的宽容、忍让或粗暴、无理的动态生命活动，会潜移默化地渗透进你的成长历程，让你在成年之前，对社会对人有个无形的客观认识，自我成长中的是非对错必然会有个良性的认知。

而现在的独生子女，在学校面对的是什么？除了老师（老师都可能是独生子女）以外，就是和自己一样的独生子女，大家生存的环境中，断然没有宽容、忍让这样的词汇，因为社会没有给，家庭更没有给，有也是老师和家长用苍白无力的语言说教出来的。

冬儿的爷爷非常疼爱冬儿，从小到大只要在黄冈老家，第一块和最后一块肉一定是在冬儿的碗里，奶奶买菜前都会习惯地问：冬儿今天你喜欢吃什么……所以孩子从小无意识地觉得心中只有自己，不自私才奇怪。

说到霸道：独生子女在一起，相互影响的是什么？从高年级起，相互攀比，讲吃讲穿……相互释放的是什么？是小说、电视上看来的一些穿越之事……相互倾诉的是什么？倾诉考得不好回家男女混合双打；作业多得做也做不完；学习真是太苦了，什么时间是个头？好不容易有个星期日，还要上兴趣班，还让不让人活了？活着有什么意思啊？爸爸、妈妈为什么要生我啊？为什么要生我到这个时代啊？

记得冬儿上了初中就多次向我抱怨：她出生的时代太悲催了，学啊学，又没有朋友，太没有意思了。当时，听了好笑，也非常心酸。但更多是想到孩子能讲出心中的不快总比憋着好。不是每个独生子女都能在家、这个地方，尽情地倾诉心中的苦恼和对学习的厌倦。

所以才有前面文章提到的，南京一高中英语老师的女儿，从小到大一路走来太优秀的独生子女，从小到大没有和家长交流一点心中的不快，把不快全部转化成一种无法排解的抑郁，最后绝别了这个世界……

的确，上面种种在校的消极释放和倾诉，虽然是个释放和倾诉，但如瘟疫一般扩散，在独生子女十几年的成长路上，如影随形，带来太多的负面效应，由此产生的群体效应真是非常可怕，所以孩子才会一点小事就爆，表现出来的就是蛮横、霸道。冬儿高中了，回来讲述同学之事，听得头皮发麻，庆幸冬儿没有养成那样……

所以家长们啊！一定要了解你独生子女的苦恼，理解孩子许多你不能理解的行为，因为这是一群太可怜、太无助的孩子。

生孩子，只要是个正常的成年人，谁都会，而养育孩子长大成人才是任重道远，更是你家长的使命啊！谁叫你生下了你的独生子女，你家长只能责无旁贷：既要做好自己本身，又要充当朋友和兄弟姐妹的角色，别无他选。

独生子女来到这个世界，不是他们的选择，但孩子必须面对一个非常残酷的现实：在漫长的几十年人生岁月中，来到了这个正巧大家必须终其一生，只能通通没有兄弟姐妹，将来还要背着两个老人生活的世界，并且还要面对十几年可怕的应试教育。

所以在孩子物质丰富，内心孤独的生命途中，如何给孩子灵魂上注入美好的明天和希望的种子？如何注入来自家长绵绵不断的浓浓的爱意？如何涓涓细流般地注入塑造良好行为习惯的暖流？让孩子良性地走好他的求学之路、生存之路……

那就是家长心理上准备着，行动上进行着：在孩子的幼年及求学之路上，家长一定要努力学习，再学习，了解独生子女的特性，学习如何提高自己养育孩子的能力，尽其所能，让孩子开心快乐地，在艰难的求学之路上慢慢长大。

当然，如何让孩子面对困难，无所畏惧、坚忍不拔地前行，更是家长在与孩子一起前行的过程中，要做好的一大内功……

家长与老师及时沟通很重要

刚才有个同学的朋友夫妻来访，讲述了孩子上个学期在学校，备受班主任老师的气，孩子学习成绩一落千丈，现在不想上学，家长急得要死，不知如何办？还问是转学还是转班好？听来听去，孩子、老师都有问题。很同情这对夫妻的无奈，更能理解他们此刻的心情。

现在初中的孩子大多都很判逆，家长和学校两面一夹，明知不能为而为之的事，不计后果一下就冒出来了。所以如何解决孩子出现的问题？光靠家长一方是根本无法办到的。更不能只听孩子的一面之词，要根据孩子的具体情况，到校详细了解事情的来龙去脉，客观冷静地分析。因为你就是转学，转班，问题没有解决，下次还会发生同样的事。

其实老师对孩子严格有老师的道理，孩子大了，做事有孩子的理由。无论如何，沟通是第一位。如果家长或学校在孩子学习或其他方面出现问题时，相互理解，共同配合，及时沟通，我相信，天大的事也能解决和处理好。因为家长和学校老师的目的都是一样，老师是为了教好自己的学生，家长是为了育好自己的孩子。总之都是为了培养好我们的下一代。但处理不及时，后果是非常严重的。

聊了很长时间，最后把上学期发生在冬儿身上的一件事，详细地说了出来。这是冬儿成长求学的 8 年路上，给我和冬儿爸最大的教训：没有及时和老师沟通，后果会非常严重。

孩子小学开始，我对她的要求就是健康第一、快乐第二、学习第三……初中有段时间、孩子转到新班，不太适应、心理压力大到我们无法想象的地步，看到老师就如老鼠看到猫，如何快乐起来？孩子心里不开心，身心如何会健康？最重要的是时间长了，孩子的心理会出现问题，学习如何会好？一眼开眼睛就在想如何熬过这一天，这一年半如何度过？孩子也说了功课并不是很难，就是上课老师一动都不让动，只能盯黑板。冬儿有个习惯，没懂自己会一边听一边看书，当时不懂老师说得又急又快的带了点方言的普通话，又不能看书，所以听得云里雾里，接下来如何作业？这个班的学生跟了老师一年半，很多孩子才适应，如何让一个插班进来的孩子马上适应？我们和冬儿都没了解清楚，冬儿就一脚踏了进去，接下来在这个班的情况就可想而之了。

我把和冬儿爸及时与学校沟通，一起妥善处理，共同解决好此事的经过讲述给这对家长，让他们参考。

下面是我给老师写的一封没有发出的信：

班主任老师好！

此刻夜深人静，考虑再三，还是给您写这封信，表示我们家长深深的歉意。

孩子因为发展全面，来到了全年级最好的班：走班生，对家长和孩子来说，是一件惊喜的大事。学校给了孩子一个太难得的机会，这样的决定，对孩子来说是非常幸运。有优秀的同学相伴，同样优秀的老师教导，想来孩子在未来近一年半的校园生活，会更快乐，学习上可能会进一步地提高。

孩子到了新班，刚开始虽然作业很多，但还是能早早完成。晚上和我们交流一下班里同学对她帮助的开心事。并说好像又回到了她原来的班。我们非常欣慰。因为她能适应并很快融入。

外国小朋友来，每天我主要教汉语和书法和国画，孩子爸爸教围棋和介绍中国各个城市，让杰奎林了解中国的大好河山。（孩子要作业），但是不管做的再晚，两个小朋友都要接着聊天到半夜。（因为杰奎林说白天和冬儿在一起时间太少了，希望和冬儿多聊聊）。孩子虽然很累，但非常开心。我们家长由衷的感谢学校，感谢老师你给孩子提供了两个成长过程，难得的、不平凡的、对她将来人生有很大帮助的机会。

孩子在接下来的这一个月很消沉，很少和我们交流，总说心很累。现在回想起来，孩子时常无故对自己发火，常常一个人坐在卫生间发呆。我和她爸爸由于一些自身的原因，也疏忽了。只是鼓励她，说一些要勇敢面对一切，同学也都累，你也要坚持等话。要不是节前到校开会，我们到现在可能还不知发生了什么。

老师说："批评了冬儿，并晾了冬儿一个月。孩子抄作业，让他爸爸教她英语作业，自己作业不会写？所以英语老师要找家长，冬儿的物理老师也对她很失望。这样，老师也不理冬儿了。"我听了这些发生在一个月前的事，吃惊得无法用言语来形容。这才想到孩子一个月的反常行为。孩子做了错事，对其批评教育，无可厚非。就是在家里，做了错事，有的家长可能还会上升到惩罚的地步。这些我们都能理解，要是不关心孩子，完全可以不用理会她的错对。现在的孩子挫折教育太少了。所以我认为对孩子进行挫折教育是对的……老师你送我出来时，为了我的身体，特意开东门。天色很晚了，老师也是母亲，也有自己的孩子，为了学生，还没有回家，非常辛苦，付出很多，我很感动。

回家的路上，想想心里好难过，没能及时和老师沟通，让老师你了解这个特殊的孩子，了解我陪伴孩子这十几年来所走过的艰辛的道路，这是我最不能原谅自己的。现在既对不起孩子，也对不起老师。庆幸的是此刻知道了发生在她身上的一切，老师也了解了这个孩子的特殊情况。我相信不管孩子做了多大的错事，只要能认识，老师和我们家长一样，会原谅孩子的，当时只是想着能和老师你一起早点并帮助孩子走出消沉，还原阳光健康的孩子。

回到家里，孩子忙着帮我倒水，让我吃饭，像个受惊的兔子，看着我的眼色。我告诉她老师说她有了很大的进步，并肯定她这半学期来所有的努力，同时和孩子说了一些笑话。可能受到我的感染，孩子告诉我她这次数学和英语没考好。我嘴上说不要紧，心里非常吃惊（因为多年来数学和英语都是孩子的强项，就是在平行班，数学在年级也是很好的），就和孩子说：你从小到大，妈妈从来也没有因为你成绩好坏说过你一句，只要努力就行了。最主要的是你要知道你失分失在什么地方，这样你下次努力就知道方向了。

她爸爸上网查了一下，发现她的英语在她自己原来的六班排在了 11 名，数学更是考得莫名其妙。孩子看了默默无语。我告诉她学习上有什么困难，一定要说出来，一起想办法。她突然说：她可能很傻，脑子有问题，是不是小时候摔过？我问她为什么这样说，她说单词前学后忘记，英语老师讲的口音重，听不太懂，搞得老师要找妈妈。还有上数学课这个老师讲太快了，听得糊里糊涂，只好和同学对答案。还有功课太多，她来不及做。现在她一眼开眼睛就在想如何熬过这一天，心里太累了。她不想在这个班了，要回六班。

我问：“这个状况有多长时间了？”

“有一个月了。”

“这么长时间不懂如何做作业的啊？为什么不问老师？”

“我不敢，老师很凶。只有问同学，不会就抄。妈妈这些天病重，所以一直没说。”

听了很心酸。感觉到问题比我想象的要严重得多。慢慢地分析给她听：（1）你和同学对答案和抄作业性质是一样的，非常不对，可能是你从小不在苏州长大，听不懂老师的话，才会有这样的行为。（2）英语老师关心你，她心里急才会找妈妈，想和妈妈一起帮你。英语老师不知道你的单词都要背很多次才能会的。（3）数学课听不懂，下课可以问老师。老师一定告诉你。看着老师凶，其实可能是老师说话的方式……你找同学问，同学要是搞错了，你还是没懂……你抄答案等一系列不好的行为，今天老师并没告诉妈妈，她完全可以把妈妈的电话告诉英语老师，可她没有这样做，她这是在保护你，知道和相信你是会慢慢适应这个班的……不过你要回六班，要好好考虑清楚，明天决定也不迟，无论你如何决定，妈妈爸爸尊重你的选择。其实妈妈认为这是个最优秀的班，有最好的同学，班主任老师也是个优秀的老师，而且是个心地善良的人，妈妈身体不好她特意开东校门送妈妈。为了你们这些孩子，她可能到现在还没有回家，没有吃晚饭。冬儿听了很感动，说：“是的。老师其实是很好，就是太怕她了……”

晚上躺在床上，可能是憋了一个多月，孩子好像一下放松了。和我聊到近三点，天南海北，家庭学校。孩子明白，她提出的只要是合理的要求，我和冬爸都会认真对待。因为孩子说：“我没有想过到这个班，是学校和你们大人让我来的。所以我也希望给我一次自己选择的机会，再说这个班的学生也不是个个优秀，比我差的也有许多。我在自己班一样能好好学习。”

孩子睡了，我久久不能入眠。学校给了孩子这样一个难得的机会，孩子上全年级最好的班，对我们家长来说，如同孩子中了头彩，是一个梦寐以求的好事，自感孩子太幸运了。当时一味的高兴，兴奋。理所当然地认为孩子在未来近一年多的时间里，学习上可能会有进一步的提高。这是潜意识里虚荣心的作怪。没有站在自己孩子的角度，去为孩子想过，没有想过五班的学习进度和强度适合不适合自己的孩子，更没有想到要和教五班的各课老师交流一下，让老师也同样地去认识了解自己的孩子。

孩子大了，有自己的想法，自己的人生观，就给她一个机会，让她去选吧。

所以才有了第二天和你们学校联系，学校的理解和你的宽容和帮助，孩子才顺利转回原班的一切……孩子后来说，这个好班对她的成长有很大帮助，在这学到了很多东西。

给老师你写这封信是希望能理解你的学生，理解我们家长，孩子转走不是你的错，是我们家长没能和你及时联系和沟通。谢谢老师两个多月对孩子的培育。原谅孩子的一切过错。

再一次地道一声：对不起了。请老师原谅。

二（6）家长

2010 年 5 月 20 日

所以把信放在这，全文登出，是想和所有的家长说：理解孩子的同时，也要理解学校，理解老师。因为冬儿在转回原班的过程中，学校领导认为有：一、这个好班想进都进不去；二、孩子遇到挫折，家长要帮助孩子知难而上；三、走班是学校的创举，主观上是希望优秀的孩子能再向前冲一下。四、老师是最优秀的老师。所以希望孩子留下。

我和孩子的爸爸非常理解并感谢学校的好意。但冬儿情况太特殊了，她不是弹簧，越压反弹越强，她是个两次发酵的面包，一压就瘪了。如果我们能和班主任老师及时沟通，和每一门任课老师多交流，让老师知道冬儿的情况，可能冬儿就不会发展到最后心太累，无法学进知识的地步，更不会导致今天这样要求转班的结果。所以责任不在学校，在我们家长。

冬儿她是普通的一株小草，开开心心地生活在适合她的环境中，健健康康长大才是最重的，也是我们家长希望的。

后来学校知道了情况，尊重我们家长，尊重孩子的选择。

冬儿又变回原来阳光、健康、自信的孩子。期末考试成绩保持。全家开心。在这非常感谢对全校孩子充满无限爱心的学校校长和为孩子付出一切的老师们。

所以孩子在求学十二年中，家长要做的最重要的事就是：及时和学校、班主任老师、任课老师沟通，特别是低年级的家长，孩子还不太会表达的时候。这对孩子的成长有很大影响。家长们一定要切记。

《家长如何做到不与孩子心理错位》之：学会沟通的重要性

前些时，有一网友为孩子之事，在 QQ 上急急求助，对话了两句，这个朋友自说自话，双子脑海突然闪现出这朋友问题的根源：是不是看问题的角度差异？或与家长、朋友、同事在处理问题对话时，各想各的？不在一个思维平面上？才产生总在抱怨的相互不理解？

双子马上在对话过程中做了个试验，结果真如所猜：此家长或主观、自我、或自卑、不善表达，总之所作所为沉浸在自己的世界里。

这样的表象，平时与人交往，肯定会让人产生很大误解或错觉，更会在行为习惯上让人误读和错位。

孩子如果面对这样的大人，肯定会因家长不能准确传递真正想表达的信息，而无法明白家长的所想，会对家长所说所做，产生误读。不是孩子小，不理解，而是在特定的环境中，双方都不知对方在说什么？各说各的……

孩子潜意识学了样，同样无法学会准确表达自己的想法，接下来做法必定走形：只会哭闹，或吵骂，后果是家长烦躁到最后的惩罚，时间一长，自己和孩子都渐渐加深无助的焦虑，现场肯定不堪设想……

这样的行为，如何会养育好自己的孩子？如何有能力处理好家庭婚姻的矛盾？又如何在工作中很好的驾驭自己的生存环境？中国快速的城市化推进，肯定这样的家长不在少数。

上面这个家长，和双子三言两语，传递出：或主观、自我、或自卑、不善表达的信息。双子马上对她进行侧写，并问她双子分析对不对？她惊呀说：太对了，知道自已的缺点，并在对面大哭……

双子告诉她只是一个实验。哭的真正的原因之一是你知道缺点，但不知怎样改？但哭一会内心将轻松一点……并征得她的同意，写给更多的家长看看……

双子本意的确希望她哭出来，如果没有哭，说明实验没到位，痛处没戳到，可能不会反醒……因为她有个一年级的孩子……快一年了，给她戳得体无完肤，只是她没有意识到……

双子如何两三句话就会有这样的感觉和认为？真正的原因：我们的对话，不在一个平面上，她说她的，我说我的。她不关心我说什么，只一心想她所想……双子为了印证，结果：假如电脑对面不是双子，传递出的信息肯定会被人误读：这人太自私。

其实她不是自私，是自我，自我到内心的真实想法，出得口来会走形；自我到：我说什么你一定能懂，我不说你也明白。最后用一句反话来形容：心是口非。

想来她长大过程中，没人教会她如何客观看问题，如何与人沟通，如何为他人着想。如何去感受他人，更不会很好地表达自已的感受……

假如这个妈在家与孩子、先生一起生活，整个神经都在自已的想象上，就如孩子的成绩本来“有高有低”这种事实，不能接受和理解，或能接受但不会很好的表达，或带了情绪来表达，如何能让先生明白和接受她的真正想法？如何让孩子正确了解她的意思？

这妈本意肯定是想孩子有个好成绩，与先生好好过日子。但她自我主观的性格，传递给孩子很不好地信息，更会让孩子误读而伤心难过，诚惶诚恐的生活。

同样传递给先生的感觉：这个女人变得这样神经质，如何走好今后的生活？

双子有个朋友，脾气不好，性子急，与人说话和吵架差不多。让人反感还总在辩解：我是个直人，说话就这样。意思我的习惯是这样……你爱咋，咋的……认识的人都习惯，但一直没少被双子说。

一天她孩子与冬儿一起到家来玩：“阿姨，我妈这几天对我特好，说话很温和”。“这很好啊。说明她爱你啊……”

“才是不，她只关心我的成绩，不关心我，更不爱我。就知道叫我学啊学，成绩不好，不是打就是骂。现在这样对我，肯定是过两天要考试了，想让我好好考，才对我好一点。嗨，还是为了分数。真虚伪……”

当时听了非常难过，她这样解读她妈妈的好意，是平时妈妈传递给孩子太多的负面，现在真就误读了她妈。

其实她妈的性格发生变化，对人温和，是她也在慢慢的成长，知道性子急，发脾气的危害……起因才吃了个很深的教训，后悔来不及……含泪讲与双子听，两人分析了很长时间……

可朋友为什么不能明白而清晰地告诉孩子：“妈妈今天发生了个事……后果是……所以妈妈脾气不好是不对的。再下来有事我们多商量，如果妈妈做得不对你告诉我，妈妈慢慢改……”

这样真诚而直接的对话，孩子会不会误会啊？

孩子要渐渐长大，越来越有自己的思想，如果行为误读产生的后果：会不会无意发生很可悲的事？孩子能不能长大？

双子为此深深的思索，越起越感悟到，家长产生的问题，除了方法、习惯等等，更可能是家庭成员之间，因为个人成长经历不同，生活环境影响不一，在解决问题及对话的过程中，大家都没有明白或清晰表达自己的想法？想当然的让对方误读？所以产生矛盾时，出现了所谓的双方不理解不宽容的心理错位？也就是沟通没有到位？

这才想到冬儿和冬儿爸不久前发生的一事：一个晚上，冬儿买来寿司，给我们每人吃一块，并说明天早上吃时，不能加热。

第二天早上，看到热气腾腾的寿司，两人一段不开心的对话，把我吵醒：

“我昨天说了不要加热，为什么要加热？”

“你什么时候说了？为什么不能加热？”

“寿司中有醋，加热了太难吃。早和你说了……”

“有什么难吃的，我刚吃了一个，很好吃。”

“啊，你把那个最好吃的吃了？你从来不听我说，让你不要做的事一定要做……”

"几点了？还不走？今天又起晚了……"

"我晚了是我的事……自己做错了还不道歉。"

"你这孩子怎么这样说话……"

两人越说越响……我衣服都没顾上穿，赶快跑出来："冬儿，寿司是糯米做，老爸怕你吃冷的肚子痛，所以加热。老熊爸，昨天冬儿说过了不能加热，你是不是没听清楚?"

"老妈，这个鱼子酱加热了多腥，我昨天说了他当没有听到。还把我一块最好的寿司给吃了。"

"我没注意你说……不过我不知道是最好的一块，只是尝尝。加热个寿司，这也不高兴？快点走，上学晚了。"

两人带着情绪你一言我一语，冬儿最后在我的劝解下，让老爸送去上学了。

冬儿与冬儿爸对白的一幕，肯定很多家庭都会上演。吵架方式和台词可能不一，但都有共同点：孩子表现不讲理，所谓对家长不孝顺，自私自利。家长会因此脾气越来越大……肯定很多家长只想着生气了，没有自省……

其实这样的结果，是双方都没有明白对话的本意，在想法上误读了。

冬儿爸：（1）本意：不是故意加热，但第三次了，还在加热，说明有个根深蒂固，并认为不能惯着孩子的想法：给你烧什么就吃什么。所以不会在意冬儿太难吃的感受。没在意他人的感受，行为必定没过大脑。

（2）本意：吃了一个，没感觉难吃。但话一出来，就让孩子感觉是说她事太多了。

（3）本意：虽然心痛孩子可能饿肚子，但来不及了想快点走。可话一出来，产生更大误读：反而责备孩子起床慢，所以走晚了，变成潜意识在推卸自己的责任，加深矛盾。

冬儿：（1）本意：不是想说"为什么总让我吃难吃的东西?"是买了三次说了三次不要加热，每次都加热。不明白老爸为什么啊？一生气出口就会伤人。

（2）本意："根本不是老爸吃了一块不高兴"。主要是老爸昨天说寿司没有吃头，现在还把我最好吃的一块给吃了，口是心非。话就一冲而出。

（3）本意：不是"我上学晚了是我的事，不用你来管"，而是都算好了时间，不会迟到。而且你错了道个歉就行了，你不道歉，还要说时间来不及是我起床晚了？气死人了。

这样两个各想各的，平行的两条思维，说出来的话，如何相交？思维上误读了，肯定误解对方的意思，这不是沟通不到位，是情绪让人不会沟通了。这如何能相互理解？更不要说宽容了。

为什么会这样？关键是两人都没有冷静而清晰的表达出自己的想法。这个世上，没有什么事是绝对地错和对。大多都是很模糊的是非观念。

冬儿与老爸的生活片段，如果是发生在孩子的学习上，产生这样的误读，对孩子而言，会伤害孩子，后果更可怕。

所以如何与人畅顺的进行交流……如何传递给孩子，你真心想表达的信息，如何让孩子学会很好的表达，让交流的双方明白对方的想法，不产生或少产生误读，才可能解决发生的问题，是我们家长需要学会在冷静的状态下，提高自己的分析能力，并用行为来教会我们孩子的。

如何做？想来最关键就是成人说话做事前，行动上一定要慢半拍，想好了再说……

就如冬儿爸虽然脾气很好，但接冬儿的话时，越接越快，最后会生气变得很情绪化，话虽然没有出口，但生气传递出来的信息和潜台词，还会被 17 岁的冬儿误读是对她有怨气：

（1）老爸能大早起来帮你烧早饭很好了。还要怎样？

（2）怕你吃冷得肚子痛才加热食品。不知好歹。

（3）加都加热了，有吃很好了，还啰嗦什么？

（4）吃你一块寿司这样小气，养你到大吃我多少？没良心。

（5）为了你不迟到，叫你起床。天天送你上学还不知感恩。

误读了大人带着情绪的表情，冬儿即使 17 岁了，但也只是个孩子，表情中自我的成分更多：

（1）谁让你给我烧早饭了？我不会买啊？

（2）寿司放醋就是怕吃了不消化，加热会很难吃，这个都不懂？

（3）让你不要加热，一定要加，错一错二有再错三？还不知道歉……

（4）谁不让你吃了，昨天买回来就先给你吃，如何没有良心？

（5）谁让你叫我起床了？我没有定时表啊？我手脚慢是知道不会迟到。不送我表一样能打的或骑车。

上面的话，虽然两人都没有出口，但弥漫的消极情绪，让双方内心的对立，表露无遗……真要出口，定不会是好话。

下面分析一下为什么会产生这样大的错位？说句公平话：是冬儿爸自以为是的行为造成：

第一：他是个成年人，孩子讲话如果没有听清，发现做错了，先给孩子道个歉，让孩子情绪稳定下来。而不是自认为好吃，就是做得对。

冬儿是个善良的孩子，原本吃软不吃硬。好话一说，孩子虽然会发发牢骚，但肯定没后面的事，更不会吵到饭没吃，上学时间来不及……最后越说越乱……

第二：有句老话：“干活不随主，纯粹二百五”。吃寿司饭的是冬儿，她不想加热有她的道理，为什么一定要按大人的想法来做事？一定要孩子这样那样，是对孩子的不公平。

家长主观好意，但在 17 岁孩子眼里：就是不拿我的话当个事。怕吃冷肚子痛？这样强加的好意，孩子不会感激，反而心烦……最后大家不开心。

让应试教育下的孩子开开心心上学，原本就是家长一天开始之时，要做好的第一件事。

冬儿是个开朗的孩子，此事一会就会忘记。虽然饿肚子，但第一节课后定会找东西吃，她不会亏待自己。

如果遇上个内向狭隘的孩子，可能要多半天不痛快，饿肚子不说，还会心恨家长，如何在学校注意力集中学习？

第三：整个对话过程，冬儿问，冬儿爸接，越说声音越高，其实冬儿真正的目的只有一个：做错了三次，这次不能放过，一定要道歉，也是要个台阶和说法。但没有表达清楚。

冬儿爸根本没有意识到自己有错，所以何来道歉，更不会给什么台阶下，反而因为主观，加大了矛盾。所以冬儿爸不知道冬儿此时想什么？需要什么？与冬儿越说越对抗就是必然了。

双方误读而错位成了这样，结果冬儿爸行为必定很被动……还把冬儿带进了沟里，一起错位……

冬儿也有错，没有从对方的角度去想问题。如果能想到老爸忙了一早上，虽然做错了，但温和地与老爸交流，老爸肯定不会带着情绪说话，接下来因为情绪，给她很大的误解：错了还有理？其实老爸根本不知自己做错了什么？肯定认为有理。

冬儿在学校，在外面对人都很好，但对亲近的爸爸，没有学会去感受，认为老爸所做，都是应该。

回想一下，冬儿与我们生活多年，对她言语误读，行为误解时有发生，只是事发之时，我们都没有更深去想过：到底谁错？为什么……所以与我们一有矛盾，错肯定记在孩子头上，因为我们是大人，孩子不能反嘴，一反就是叛逆，给人表象自私自利，所以这个自私自利是谁给孩子的？

理解家长，关爱家长，原本是个 17 岁孩子自然的事，又不是幼儿不懂。但对一个独生子女而言，这种正常的事，反而变成要求高了。

因为他们都是在家长的过度关怀下长大，去想到亲人或对方的感受可能性很少，虽然冬儿比之有的孩子，可能不算很过分……但此事冬儿言语肯定不礼貌，说话方式更不对。

冬儿爸送冬儿回来后，我与他长时间交流：一句一句分析，最后只能是：错在没把孩子放在一个平等的对话环境，没有考虑孩子的感受，有错没意识，所以无法表达歉意。反而用了粗暴的方式，让冬儿以暴制暴……

的确冬儿的行为，让我们惭愧……接下来我和冬儿爸肯定会补给冬儿一个道歉……

但如何与冬儿交流？让她明白她同样有错，并能与我们一起来感受此事：

不关心他人感受，不为他人着想，不能学会与家人沟通，准确清晰表达自己的想法，将来的家庭生活和工作中，吃亏的肯定是她自己……

我想了一天，晚上冬儿回来，与她分析交流了很长时间，冬儿刚开始认为老爸太木了，三次都做错，就是心不在焉，没有认真听她说，不把她的话当回事，才会这样……”

“老妈，你什么事都先来和我商量，没听清一定会再问，我也是这样对你。所以我们之间就没有这样的事发生……”

“冬儿，老爸性格内向，不爱说话，本意是为你好，只是行为让你误解了……误解你爸，虽然主观错不在你，没多问你几个为什么？不明白你的想法定会做错，但你也没明白你爸的意思，大家才会乱说一起，很伤感情。

如果再有这样的事，你一定不能急，好好与爸爸讲，并清晰的表达你的想法：‘老爸：你第三次强行做了我不想要的事。你原本就欠我一个道歉。你现在能不能给我个道歉，只要你道歉，今天这事就过去了……’

这种直截了当，但商量的语言，想来你爸再不明白也一定能接受，你说是不是？再说你的态度也有问题……”

冬儿想想说：“是啊……”

所以如何传递正确的信息给他人或孩子，让对方知道自己真实的想法；如何客观的去判断一件事，选择正确的方式来做，是家长最要做的内功。

家长肯定会问：什么是内功？如何做内功？我没有这个能力。

其实谁生下来都没有能力，都是在慢慢学慢慢长，从一个幼儿长成一个大人，再又做了父母……

相信人们都喜欢直爽的人，也就是心直口快，这样心不会太累。但在家这个地方，大家又都不想生活在一起的人太直爽，因为心直口快是性格缺陷，无意会伤到人。

所以在家这个地方，不能用所谓的，我是个很直的人做借口，伤害到孩子和家人，“心直”不是个坏事，但“心虽直，开口慢点”会更好，双子就很直爽的人，但很少伤人。因为更多考虑他人的感受……

所以家长除了要学着站在孩子的角度去理解孩子，更要说话放慢速度，多想一下，想好了再说，行为上慢一点，慢半拍。留一个停顿给自己，这也是一功，叫心理慢功……

做事计划好，先做慢功，再来提速。慢慢与孩子一起学习，定能给孩子传递出真实的情感，在同样感受孩子的基础上，学着做正确的事。

有家长会说我一来脾气，就会不管不顾，哪顾的上慢半拍，停一下？

你家长想一想，你再不管不顾，再上来脾气，会不会把你不讲理的更年期老妈打一顿？（除非没有人性的人），但为什么会上来就爆，对孩子来脾气？或打或骂？因为他弱小？因为你养了他？所以有权打他或冷暴力？他到这个世上是他想来的？他哪知你为他好，只会恨死这个世界：没完的学，还要被打骂。

好你这样对我，我打你骂你不过，我打同学骂同学肯定行……一个问题孩子出来了。

所以不要小看这个停顿……停顿的结果，一定会让自己冷静下来，想一想面前的人是个没长大的孩子，一冷静，太多的情绪会慢慢消散，解决问题就会理性很多，表达的思想和行为就会一至些，清晰些。

这样才能在孩子产生问题时，帮助孩子学会正确的表达，而不是哭，闹，或吵骂，说也说不清，让人去猜。猜必然有很大的误差，传递出的信息会有很大的误导……家长一看孩子哭，心烦情绪出来了，同样会传递错误的信息……

孩子总要长大，总要离开我们，从小长大的过程中，让他们学会清晰的表述（不是油嘴滑舌），正确的判断，是我们家长自己先要沉住气，边学边教孩子。这样才能让孩子虽然在学校得不到，但在家中能享受到的一个美好过程。

相信在长大后，虽然可能过得普普通通，但能很好的生存……因为她最后会明白，今后的人生中，在与人交流中，能正确的表达，清晰的传递她的思想，是多么重要的事……

与冬儿还有冬儿爸常一起看“非诚勿扰”，四年过去，很多非常好的女孩，很高学历的女孩，就是因为自以为是、不能清晰的表达，一上来就“心是口非”，招人非议……

但在这个舞台，经历着，感受着，成长着，最后离开之时，都会为其间的成长而感激落泪……因为她们中的大多数，补上了家庭没有教会的一课……学会如何说话能慢半拍，能停顿，给自己和他人快乐的感受，并坦诚、真实、清晰的表达自己……

为什么写此文，也是家长的求助而产生的灵感：家长与孩子在想法上为什么会错位，到底是什么原因？为什么家长什么都知道，就是不知如何提高能力来解决问题？

这也是一直困惑双子并不能停下写博文的脚步的原因，希望双子与大家一起反思之时，把反思尽量慢慢写出来，与家长们共勉。

家长如何提高自己的能力？反省、认识提高自我

这些时，天天翻看自己的文章，但越看越感慨，真不知这两年多，怎样一气呵成，写出这样多的学习小方法，虽然有些方法是要坚持多年的笨办法，多年的实践证明歪打正着，开发了冬儿的左脑，而且是应对孩子所谓学习、行为习惯不好，同时促进左右脑发育最有效的方法。

遗憾的是：因为写博文的形式，题目要以内容为主，有些很好的方法，只在其他博文中一带而过：如扩大“阅读”量用的几个方法，在“与老师沟通的技巧”一文只有几个标题……如何用好形容词、动词、拟人手法？比喻等应对作文的方法？在“在家如何学语文？”中，没有展开……还有为了提高数字语言的阅读理解能力，原本是写扩展语言文字的三造句的学习方法，放在了“在家学数学”题目中……

双子的博文有很强的内在关系：理解能力强，或心细的家长，定能知道双子的目的和文字背面的意思。可能会把几个标题或几句话展开来想，用自己的方法，变通地帮孩子。

一位家长看博文后打来电话：双子姐，你的博文我看了几遍，虽然文字普通，但每句话都有一定的目的，真要慢慢看才能明白，再来好好整理思路……我把博文打出来，在上面到处都做了标记……真是个有心的家长，很感谢她能理解双子的初衷。

如果理解能力差或所谓粗心的家长，走马观花，则可能看完博文就结束了，因为这篇文章是说："和老师沟通，与学习有什么关系?"那篇文章是说："在家学数学，与语文有什么关系?"而重点写"理解和了解孩子的行为习惯"的多篇文章，更是不知看到哪里去了?

前些时有一位妈妈，时不时与双子打电话：给孩子安排学习、生活时间，孩子不配合，又不知双子写在什么地方，无法落实……与先生吵架……与公公为了接孩子闹矛盾……一会是生活，一会是学习，连孩子到亲戚家吃饭与亲戚孩子打骂，都会电话让双子帮助想办法。双子感谢她的信任，一次次接，一次次教……

最后接到电话，无奈到生出一种恨不能把手伸到电话另一头，"煸"她一顿的感觉：一个成人如何这样不肯动脑子啊？如何这样笨啊？孩子生在你家能学好吗？博文中的内容看到什么地方去了？想想好笑，这可能就是恨孩子不肯动脑筋，恨到家长发火的感觉……后来一想这个成人就是个没有长大的孩子，也就释然了，电话里就一直在教……

其实，博客所写的小方法之间都有很多内在联系，这样割裂地来问……假如家长能从头开始，用个几天的时间慢慢看，真有需要地做个记号，也许能明白：双子的方法为什么简单实用？为什么能帮助到冬儿走到高中？

现在分数不高或做错个题，"粗心"、"不专注"等总是家长诉说孩子的最好理由，孩子因为弱小而不能反驳。上面这个成人，看博文都看成这样？看得如此不专注，如此"粗心"……有何理由来说没有发育完全的孩子"粗心"？

孩子早上 6 点多起来，在校学啊学，晚上还要回家做作业，更有这种那种技能在等孩子，小小年纪晚上 10 点后睡的不在少数，一天 16 个小时的忙，累的孩子啊！真比家长上班累多了，有的孩子累得晕头转向，"肠胃"紊乱了，真就离"肠梗阻"不远了。

所以双子从小总在帮冬儿，就是理解应试教育下的孩子的不容易。

如果朋友能静下心来仔细看，坚持一步步跟着方法走，那么怎会帮不到自己的孩子呢?

只是不希望家长用成人的标准，来要求一个孩子，而且可能是个成人自己都无法做到的标准……

生理没有发育完善不是孩子的错，是个成长过程。而左脑发育慢的孩子，必须面对的应试教育对他们更是不公平。

细心一点，再细心一点，用行动来爱你们自己带到这个世上，成长中可能有这样那样不如意发生的孩子们……

一位家长在网上留言：自己水平有限，能力不够，不会诗词，无法用双子的方法：前四后三或前三后四教诗词的方法来教孩子语文。而地理、历史等儿歌更是不会教。双子真的是无语了，你是个文盲就算了，但凡认得汉字，都会用方法来教到孩子。诗也就是四句，两只手心各写两句，走在路上，在自己做事时，孩子说得对不对，看看手心就知道了，两天就能让孩子学会一首了。词或地理、历史儿歌的方法同上啊！再说双子也写过如何让孩子学会儿歌的方法。

双子接下来要写的许多方法，如果用一句不会操作，能力不行来打发，则是最好的借口。所以所谓的不会去做，不是能力不够，是对孩子上心不上心，上心了，一切办法都能想出来，能力必然会提高。有家长会说我对孩子可上心了，为他做这做那……好像都没什么用……其实，只要动脑筋，就会少做太多的无用功。

有家长可能会说，这样的人不是我。其实每个家长在看书时，都会有上面这些家长的影子。双子就是中间一位，如看《五天学会绘画》这本书，从一开始就找需要的绘画技巧看……最重要的几篇，能改变和启发人生的〈序〉、〈1〉、〈3〉等内容，粗粗一过。两年后的今天，一个孩子反常的行为，让双子认真地，仔细地看，慢慢地想，才有了这些让双子对人生，对孩子有了重新的认识的系列博文的产生。

所以家长一定要提高自己的生活、学习能力。这样才可能学会如何有质量地生存，并带着孩子慢慢前行。这也是看书学习的目的：第一，反省自我；第二，认识自我；第三，帮助自我；第四，提高自我。总之，让自己学得智慧一点，有了一定分析问题的能力，才可能来客观公正地帮助你的孩子啊！

应试教育的当下，有责任心的低年级家长，都会因为孩子学习上产生问题而心急，这是个必然，很正常。如果家长留言询问，双子虽然打字回信不方便，写博文没时间，但都会让到博客找找所需或电话进行交流……无论帮到否？尽份心。

养育孩子，妈妈们一定不能心急

双子开博文并在妈妈们的帮助下建群，在与太多的妈妈们慢慢聊天中，越来越感觉，性急的妈妈们占了多数。开始只是不停地告诉家长们，养育孩子要慢慢来，天长日久地发脾气会给孩子带来太大的伤害。性急的原因虽然多种多样，但发脾气的行为和后果都一样。

但随着时间的推移，脾气不好这个借口，让双子感到了问题的严重性。越来越有个强烈的想法，太想和妈妈们说：性子急，最后的结果，会让妈妈们形成焦虑，给自己的家庭和未来的健康带来潜在的危险。这才是致命的啊！

可这如何说得清啊？又不能误导妈妈们。思来想去，妈妈们如果能看看双子为病友们开的《双子的小木屋》，则可能会引起妈妈们的高度重视……但后来发现太多的妈妈们只看到了生命的脆弱，生病的可怕；看到所谓淡定的、开朗的、坚强的双子，没想得更深，想着自己的一生如何能和这个可怕的“艾”朋友不要相遇？的确没有经历这个生命过程，用想象真是无法来感受并真正地认识到。

所以双子此刻抛开一切顾虑，将这些年来作过的调查，和妈妈们说说。“艾”朋友的到来，原因有许多，但都有个最大的特点：诱因几乎一样。

(1) 为什么现在的妈妈们大多是左乳开刀？

住院时发现，许多妈妈都是左乳开刀？开始百思不得其解，为此和许多得了此病的妈妈，还有医生长时间探讨。无意中发现，因为独生子女的政策，只能生一个。许多妈妈们在喂养孩子时，从小右手使用多，受力大些，所以习惯右乳让孩子吃多一些，右乳线体导管相对左乳要畅通许多。左乳导管在孩子断奶后，因为不畅通，所以在回奶时，残奶留在线体导管要比右奶多，慢慢吸收的可能就要小许多。这虽从表面上看是件小事，但因为不会再生第二个孩子，就不可能再有机会让左奶导管畅通，所以许多的朋友几乎都是：浸润性导管“艾”。的确，一个孩子的生养和不科学的断奶方法，为后来“艾”朋友的到来，埋下了祸根。只要几个方面一加，就会出来。

这样的说法，社会和国家是不会认可的。双子所说的是经过调查的一家之言。当然，只是个诱因而已。

（2）为什么认真、负责、执著的女性朋友，得这个病的概率非常高？

住院时间长了，同病友们聊天发现，许多的三四十岁的病人。都有很好的职业，为人非常善良，孩子听话懂事，老公关心体贴。病友间也相互照顾，亲如一家人。说来说去感叹不已，为什么好人生病者占多数？最后找来找去，许多的病人会说：原来太认真了，太累了，太有责任感了。早知如此，我绝不会这样………只要孩子健康就行了，马虎点多好啊！这是惨痛教训后的无奈之说。

大家知道，现在社会发展节奏很快，优胜劣汰在生活和工作中太平常了。许多能干的妈妈们，担当着母亲、妻子、儿媳的角色。长时间超负荷地工作、生活、学习等，特别是家有学童后，可能与家人在孩子的教育上时时意见相左；如果家里还有老人，则更是代沟不断。

能干好强的妈妈，又想要孩子教育得比别人家的孩子好，又想要自己的工作比他人出色，又可能要求自己的生话能上一个台阶，总之，生活中的一切都想如意。如果不能达到自己心中的要求，则心急、焦虑全来了，特别容易对丈夫和孩子发脾气，家庭烽烟不断，自己更气。

女性有其独特的生理特点，心急、焦虑引起的线体增生者不少，这种增生不能小看，原本就只生一个孩子的妈妈们，更要重视。一个女性，太认真、负责、执著，如果这三者在工作和生活中调节得不好，则定会生出焦虑，病肯定会上身。这又是“艾”朋友到来的又一个重大诱因。

也是双子在这要重点说的一件事：年轻的妈妈们。做好母亲、妻子、儿媳这样的角色的确不容易。其实，想一想：你可能没有很好的生活条件，只要家人能吃饱饭就行；可能没有汽车、洋房，只要有辆自行车一样能过；可能没有一个所谓聪明伶俐的孩子，但孩子可爱、善良、健康比什么都重要；可能没有很好的工作条件，只要能让你有时间回来陪陪家人就是很幸福的事……

再来想想孩子不容易，先生不容易，家人不容易，年轻的妈妈们一定能心平气和。心平气和了，才会宽容家人和孩子，才会想出许许多多好的方法，在家人有困难，孩子有需要时，能帮到家人，帮到孩子……才会少许多的烦恼！

每个人的一生，明天都不一样，但肯定没有假如。每一天的开心，就是做生命的加法。加法在生命这趟单行路上做得越多，明天越多。和你千辛万苦带来的孩子，好不容易成为家人的丈夫相处的时间就会越长，越会感受到健康的生活是多么幸福。这也是双子用生命感悟出来，而且太想和妈妈们说的话，只有真正地认识到，才不会到时再来后悔。这才是真正的善待自己一生。

何叫善待？就是放低一点要求，放低一点对家人、对孩子、对生活、对工作的要求，这样，每一天就是再累，心理上也不会感觉太累，不会太急，就可能一生不让这个“艾”朋友有机会来到你和家人身边……

双子许多的朋友听说双子得这种病都不信，说：“谁得这种病，你也不会得。”的确，双子得此病，遗传是个主要原因。但双子静下心来慢慢想：其实上面的诱因，双子同样有，只是被双子深深地埋在心灵深处，又慢慢地泛出而已。所以人们看到的永远是个快乐、开朗、淡定的双子。

（3）为什么发病的年龄越来越轻？

现在的食品健康发生了很大的危机，这个大家都知道。而太好的生活条件让人从坐月子开始，就食入太多的酸性食物，这些食物变成了奶的一部分，进入了孩子的胃中，所以我们的孩子，从小生病会很多。抗生素打针成了解决孩子健康的唯一出路，它的弊端越来越显现出来……这些都是生大病的起因……还有许多许多的原因，双子不再多说了。

双子之所以说了如此之多，只是希望双子有幸在网上认识的妈妈们，能了解、认识、重视自己女性的生理特性和计划生育带来的弊端。看到双子的博文和双子有可能付出生命的惨痛教训，能帮助到自己不心急，心平气和带着你的孩子慢慢前行，在这个过程中，真正地和自己可爱的孩子一起成长。

第三章

理解、宽容、帮助、家长、孩子才能双赢

给孩子思考的机会

写这篇文章主要是想让家有初中生的家长，用一点时间和孩子聊聊天，出个社会问题让孩子参与，时间长了，孩子的认知会有飞越。

从初二开始，每天晚上，我几乎都会选一些社会上正在发生的、人们都在关心的事，和冬儿探讨。让她说她所想，思她所思。一个孩子学会质疑，就是她思考的开始；学会质疑，人才会行动；有了行动，才会有结果。久而久之，她会用她稚嫩的孩子的思维从另一个角度，用自己的方法，智慧地去看待事物。

冬儿晚上回来，满头大汗，兴冲冲地说：羽毛球又赢了两盘……

“冬儿：今天全国语文作文考卷是一幅漫画，四只小猫面前四盘小鱼，有只老鼠跑过，只有一只小猫冲上前去，其他三只小猫无动于衷，有一只还嘲笑：有鱼吃还……这画到底讲了件什么事？能不能说说你的想法？”“等等”冬儿闪电般地冲向卫生间……

“老妈、老妈”。我上前一看，冬儿坐在马桶上，托着腮帮子作沉思状。过了一会，头一抬：“我明白了，这是抨击现在社会的一个现象，就是机关、事业单位的人员，拿着纳税人的钱（小鱼），不抓老鼠。”

“冬儿好像不是这样，是说人不能安于现状……”

“老妈，不会这样简单吧？如果是这样，这题的立意也太低了一点。谁不知，现在这个社会，特别是企业的人，要是安于现状，不思进取，肯定会被淘汰出局。我认为是只有机关、事业单位的人，拿着国家的钱，只做自己眼前的一点事，不为老百姓着想。反正有（小鱼）工资，对社会上发生的很多坏事（老鼠），不管不问。所以现在的社会才会不稳定，坏事才越来越多……”

我吃惊地看着高谈阔论的她说：“冬儿，没想到你看得那么深，你说得有道理”。

“吃晚饭了”冬儿爸上场了。

“老爸，你来说说这个高考题……”冬儿得意洋洋的。

冬爸想了一下，道：“这个……这个应该是要人对自己周围生存环境的认识，让人不要安于现状。”

“哈哈哈哈，果不其然，老爸和老妈一个腔调。如果要是这样，那么还出它干什么？高考题是面对高中生出的，是为了让学生去思考，思考现在的社全问题并如何去面对？我觉得当今社会最最严重的问题，是那些政府部门的贪污、腐败的官员，他们就知道到处吃喝，不为老百姓办实事。才会在全国高考范围出这样的题……这就是我的想法。退一步说，如果是安于现状的意思，则可能也包括国企中的高层，而企业的个人，他们不思进取，安于现状，害的只是企业。如果国家机器，政府工作人员，只做眼前的一点事，拿着纳税人的钱（小鱼），不去为老百姓办事（抓老鼠），问题（老鼠）会越来越多……就会危害到整个国家……

冬儿眼睛瞪得溜圆，盯着冬儿爸，边说边引，希望他说出的她认为错误的想法，来证明自己想法的正确。冬儿爸早已无语，目瞪口呆，看着她眉飞色舞、高谈阔论。

这是一个很宽泛，有许多答案的题目。冬儿所选的答案，的确会出乎我们的预料。冬儿从另一个，和我们大人不一样角度去诠释这件事，我和冬儿爸感慨万千。不管她想的对不对？现在的高考题，特别是看图说话题，每个人都有自己的想法，站在每个人的不同角度，都会对这题给出自己不同的诠释。

作为一个初二的孩子，她能够用很冷静的眼光，去看待社会，并发人深省地呼吁：不要让这些社会的蛀虫，占着茅坑不拉屎……确实让我和冬儿爸深思，感慨良多。

现在的初高中孩子或许会和家长敌对，或许会不听家长的，或许会和家长吵闹，或许会和家长顶嘴。但这是思考的一代，通过思考，他们会给出不同的想法，这些想法，对他们的人生观有很大的帮助，并且可能在不远的将来通过自己的努力，会很好地去解决他们所面临的必须自己解决的问题。

我思绪万千……

常常和孩子一起，给孩子思考的机会，她一定给会自己一份智慧的人生答卷。

为什么要让孩子自己选择所走之路？

初二寒假结束，冬儿欢天喜地上学去了。好事不断。（1）她将要到全年级最好的班去走班上课了。因为她在本班（平行班）考试第一。（2）年级有四个和瑞士中学生交流的名额，她可能发展比较全面而入选，外国小朋友先来，她十月去。

新的班级，交流生的到来，都让孩子开心而惊喜。她很快融入了新班，并在功课之余，和瑞士小朋友玩得很开心。头一个月，天天12点多才睡，非常累，可她兴奋得没了累的感觉。我和冬儿爸有点心痛，但孩子开心就好。

接下来的一个月，感觉不对头……想当然地认为可能是作业多了，也因为自身的原因，大意了，没和孩子交流。我是“家长学校”的委员，4月30日，“家长学校”开会。会后，我和班主任交流了一会儿，吃惊的程度无法用言语形容。（内容在《一封没有寄出的信》中）。回到家里，孩子主动和我说要回原来的班。我和冬儿爸听完了孩子满含眼泪的诉说，告诉她一定尊重她的选择。

孩子放松了下来，晚上和我睡在床上慢慢聊天到半夜三点多。天南海北，学校、家庭无所不包。孩子睡了。我久久不能入眠，孩子长大了，有自己的人生观、价值观。这些观点只要对孩子的成长有利，不妨让她自己走走。

“五一”劳动节和学校联系转班，学校领导认为有三：一是这个好班想进都进不去；二是孩子遇到挫折，家长要帮助孩子知难而上；三是走班是学校的创举，主观上是希望优秀的孩子能再向前冲一下。

我明确地表示：我非常理解，也感谢学校对冬儿的关心。但冬儿太特殊了，不是弹簧，越压反弹越强，她是个二次发酵的面包，一压就瘪了。一株小草。开开心心地生活在适合她的环境中才最重要。

5 月 4 日开课，孩子忐忑不安地到校。学校来电话商量能否在 5 月 8 日开完家长会后再转，我希望孩子今天就转。学校非常尊重家长的意见。

晚上，孩子回来说："老妈，爽！我等了一天，终于回去了。"孩子叽叽喳喳说个不停。看着这个开心的孩子，我和冬儿爸舒心地笑了。

现在，冬儿又变回原来阳光、健康、自信。成绩保持原样。5 月 7 日，参加市中小学生围棋赛，女子组第四名。5 月 15 日参加市中学生乒乓球比赛……一切又回到了过去。孩子说进这个好班对她有很大的帮助，学到了很多……但在自己的班很放松。

看来冬儿的选择没有错。

理解孩子更要了解老师

孩子为什么不喜欢主动举手发言？

冬儿老师的朋友给我打电话："老师说孩子上课不爱举手回答问题，语文阅读能力差。现在我怎样让他上课积极回答问题呢？如何提高孩子语文阅读能力呢？能不能支个招？"我一下想起了几个朋友前些时问过相同的问题，的确这两个问题是孩子的共性。此时写来大家看看。

其实家长一定要了解，为什么有的孩子上课喜欢发言，有的不喜欢发言？只有了解和理解这个年龄段孩子的心理行为，才能客观地来看孩子为什么不爱举手发言的问题。

国内大多数的学校，上课积极主动发言的孩子有下面几种：

（1）功课很好的学生并且性格外向者。这样的孩子，每个班只有几个，天生外向，喜欢表现，只要知道一点，就会大胆举手发言。答对了老师一表扬，下次更来神。没答对也无所谓，反正还有下一次。这种孩子贯穿小学到初中几乎占了班里学生主动发言的大半。

冬儿三年级时，我常常会到班级外面的走廊等她下课，从窗户看进去，总是几个学习很好，我认识的孩子手举得高高的，老师如果没有叫到，人都仿佛要从座位上站起来，让教师看到。冬儿见到我在外面，赶快主动举手，但手只举出书桌多半个手掌，整个手臂都在书桌下面，我感到好笑了。冬儿从小不爱发言，老师都说起过。自己的孩子自己了解，她要能时时举手发言反到奇怪了。

（2）老师要求必须发言者。冬儿小学的班主任张老师就要求每个同学一星期要举手发言三次，还要进行统计，这个习惯一直到小学毕业。张老师这样做，目的是为了让更多的孩子能积极主动地参与学习，增加胆大和自信。这种给孩子们创造积极举手发言的平台，是一个非常好的教学方法。

冬儿回来和我说起过，老师只要求发言，没说一定是什么课？反正三次，所以孩子们大多会找个机会发言，只要完成任务就行。但天长日久，对内向胆小的孩子有很大好处，发言对错在其次，重要是这六年的参与。如果某个从来不喜欢发言的学生，有时无意中一个回答说得非常好，得到老师的肯定和大大的表杨，那么可能会一下激发了孩子发言的欲望，从此一发不可收拾，成为喜欢参与和积极回答问题的孩子。因为老师的肯定，可能就是胆小孩子学习最大的动力，也可能改变了孩子学习的轨迹。所以很感谢张老师对孩子们这样的要求。

（3）老师点名发言。有时老师看一个孩子上课不专心或认为那个孩子一定能答，会突然让个孩子起来发言。既为孩子提神，又让孩子参与，一举两得。不专心的孩子，如果很要强，被敲了警钟，那么接下来会时时认真听讲……答对的孩子，更是备受鼓舞……

但更多的孩子都不喜欢举手发言，孩子们为什么不喜欢主动举手发言？原因有很多种：

（1）性格内向但学习很好的学生，因为先天性格的原因，虽然老师的提问大多会，肯定不会主动发言。但在老师的要求下，会遵守并会找机会每星期主动发言三次，像完成任务一样。想想这样性格的成人，在单位遇到某个需要大家都来参与的问题，也同样肯定是能不说，就不说。一个成人都会如此，何况一个内向的孩子？

（2）老师的提问最多 1 ~ 2 个结论，几个孩子抢先说了，其他同学即便知道也不想重复，所以不会再举手。让人感觉就是不主动发言。

（3）虽然胆大、外向，但基础可能不太好的孩子，如果积极主动发言错了，引来同学发笑，如果老师不会巧妙地调节和鼓励，伤到自尊，那么下次是再也不会发言了的。

（4）胆小怕事的孩子想都不要想，一定不会主动发言。孩子发言要站起来，一个孩子孤零零站在那里，胆小的孩子会有很强的恐惧感。可能都会的内容，一站起来会的内容反而忘记了，所以不会主动发言一点都不奇怪了。

记得我初中学习不是太好，英语课就不一样，虽然同样要考试，但我学得很好，因为英语老师非常喜欢我。有一天，其他学校来了许多老师到我们班观摩英语课，英语老师上来就点我起来回答（可能认为我学得好，但没有和我提前说一下），当时，脑子一片空白，一句没有说出……从此老师冷谈了我。当时人小，读初中只有 11 岁，吓得不知如何办了？后来整个初中，任何课再没有主动发过一次言。老师失望和冷漠的眼神到现在仿佛就在眼前，说明当时这事对我的打击有多大？让我印象如此深刻……所以冬儿读书后不主动举手发言，我从来不说，只是希望老师能不能鼓励她发言。老师的确负责，所以冬儿高年级发言相对多一些。

（5）还有一个最重要的原因，就是老师的教学是按课本，几乎都有标准答案，课本和答案理所当然是对的。让一个动态的、有多种想法的、主动发言的孩子，可能一发言就出错。而一个胆小被动的孩子站在那里，一问一答就好像犯人被审。就如一个成人第一次在大庭广众的会场上发言，惊慌失措得怕说错了话一样很正常，而成人可能多发几次言就会习惯。一个内向的孩子要是说错了，老师如果不太懂儿童的心理，让这个孩子上来就自己否定自己，那么可能真就不会有下一次了。

冬儿这次到瑞士去交流，学校老师问冬儿问题，冬儿机械地站起来回答，老师非常奇怪为什么要站着答？冬儿很尴尬回答：“从小这样，习惯了。”回国和我说起此事，感慨无限……

所以无论是什么性格的孩子，太多各种各样的原因，让他们不喜欢主动发言。所以孩子上课不爱举手主动回答问题，长大了也不一定就是个不会和人交往的人。而从小总是举手发言的孩子，长大了同样不一定就是个能很好生存的人，孩子的成长过程有太多的偶然和必然。如何让内向、胆小、因各种原因不爱发言的孩子顺利成长，才是家长最要去做的事。

孩子不喜欢发言，家长如何做？
——顺其自然为上策

孩子上课不爱举手发言，原因多种多样。下面说说如果孩子不爱发言，第一，家长如何做？第二，老师让孩子在上课时主动发言所起的作用。

第一，家长如何做？

此时的学龄家长，几乎是近30至40多岁。走过了生命中最重要的部分，一路成长的过程、过程中不同的生活经历、经历中可能遭遇的不公平，让太多的家长深深的感受到，性格的外向和内向，会清晰地表达自己思想和不会表达对自己的生存状态影响太大了。这时，有家长可能会无意识地认为，是自己的长辈，在自己的童年没有给自己受教育的机会，或教会和帮到自己如何与人相处，如何很好地生存……

所以在生下唯一的孩子时，家长各怀各的心思：

（1）外向干练的家长，希望孩子长大，能和自己一样。女孩能做能说：进得厅堂，下得灶堂。男孩阳刚大气，谈吐得当，鹏程万里。

（2）内向木讷的家长，更是暗暗下决心，不能让孩子重蹈自己的覆辙，性格一定要学得外向大气，学会与人和睦相处、交往顺畅……将来能很好地生存。

许多的家长误以为：孩子无论会说不会说，外向内向，只要从小“学”着多练练，上课“学”着大胆多发言，孩子就会大胆起来，就会外向阳光。所以孩子成长的路上，又多了一句话“重在参与”。孰不知大人和孩子的参与和参加是两个完全不同的概念。所谓的参与和参加，让许多脑子发育不全、性格各式各样的孩子，在其参与过程中出现诸多问题时，会更加茫然而不知所措。因为只要是个“学”字。必然如学习“技能”般，是个慢活。因孩子个体和智力的差异，有好有坏。欲速则不达啊！

孩子不肯举手发言，老师一告状，理智点的家长，可能会先找找原因，无论能不能分析出，一般不会上来不管三七二十一，责骂孩子再说；不理智的家长就会急死了，人家的孩子多好啊！多会说啊！我的孩子怎会这样啊？责骂先不说，唠叨是逃不掉的：发个言也不会，将来如何与人交流啊？不积极，不努力，不自觉，一顶顶帽子无形地给孩子扣上了。

我有个朋友就因为老师说孩子发言不主动，当着我的面，一边用手指使劲点着孩子的脑瓜，一边大声斥责：“像你爸一样，三拳打不出个闷‘气’来，将来只能是个要饭的料。我和你说了多少次了？要听老师的话，要‘学’会主动发言，你为什么就做不到？（这里省略300个字）”孩子可怜的眼泪一串串……你说孩子再到校，会不会发言？就是真会发言，这样的教育，将来就一定是个有用的人吗？

说到“将来”，想起冬儿初中社会实践时，很让我感慨的一件事。初中孩子相对小学，老师没要求一定要主动发言。冬儿回来说最喜欢地理课，因为可以坐着和老师自由对话聊天，冬儿原本这些东西会一点，喜欢很正常。我当时高兴而无知地认为：冬儿能主动和老师交流，将来走上社会一定能行。这个“行”到底是个什么？没有考虑过。

一天，冬儿参加社会实践活动打电话让送相机到农贸市场，我和冬儿爸赶了去。冬儿的同学分散在各处，有的写菜价，有的帮卖菜……冬儿爸帮忙照相。过一会冬儿爸对着一个孩子边拍照边叫我，我过去一看，吃了一惊：这个小个子漂亮女孩对着来来往往的人们，手里拿着个萝卜，满腔热情地不停大声吆喝，真像自己的生意一般的投入。赶快扫了一眼，看到肉摊后的冬儿，有人过来，嘴张了张，吐出自己才可能听到的话：“要不要买肉？”回家后，冬儿不停地说，我算服了她……因为这个同学的成绩几乎是全班倒数，在班里不要说发言，就是平时说话也不多。

晚上冬儿睡了，翻开她的周记：“我真佩服某某：‘卖菜咧，卖菜咧，走一走，瞧一瞧，又新鲜又便宜的大萝卜，大家来买呀！不会上当哟！’当时，想我要是她，有个地缝就钻进去了，多不好意思啊！可她这招真管用，引得一堆人过去，做成了多笔生意，太能干了。可怜我站得脚酸，不是卖肉叔叔帮忙，可能一笔也卖不出去……”

我看完暗暗好笑，和冬儿爸大大感叹了一番。这说明了什么？家长们一看就明白。

所以家长们真不用为孩子多担这份心，孩子能发言最好，不能发言肯定有不想发言的理由，更不要出现下面的事：

（1）不停地用所谓的大道理，强迫孩子：孩子只知道，主动发言大人喜欢，老师喜欢，但自己肯定不喜欢。什么为了明天，为了这，为了那的大道理对个不想发言的慢孩子来说，听到耳中，只能是活受罪，根本不会有任何作用。想想也是，要是能有作用，老师就不会告状了。这种强迫孩子到校发言的行为，让孩子心生厌烦，还恨死老师；“太可恨了，又来告状。”上学更加不会发言了，一个孩子如何会想到老师是好心，和你爸妈的想法一样，让你能多学点知识的同时，大胆交流，阳光成长……

（2）物质诱惑：家长为了孩子能主动在校发言，硬的不行来软的。可能会用物质诱惑等手段让孩子到校举手发言。这样的结果更是带来了太多的功利，孩子能不能在校发言在其次，但成长的路上，行为习惯肯定负面多多。真就是丢了西瓜，捡了芝麻。

所以家长一定要明白，老师虽然是好意，但不同的生存环境和养育方式的不一，决定了孩子的行为肯定不会一样。一定要了解自己的孩子，该引导时就引导，不行就顺其自然。

如果一个班的孩子都如一个模子刻出，才是最可怕的事：小小精灵一样的孩子，无意中发现，发言多可能老师喜欢。为了让老师喜欢自己，一下就会学乖，上课胡乱发个言，自己先学油了。变得少年老成，没了真我，这样发展下去是个什么样子？所谓发言会了，能说会道了又如何？想都不敢想这种孩子将来会怎样？

我生平最不喜欢之人，就是油嘴滑舌。老实本分之人可能开始不太让人接受，但深入了解后，人们还是喜欢后者。因为这和忠厚、朴实、善良更能相联系。人与人相处，人们更喜欢周围不用小心防备的人，这样才会活得不累。

不是说“会说之人”就没有上面的品德；反而，如果“会说之人”有了上面的品德，则更可能在生活和工作中胜出一筹。但只要是个人，无论成人、孩子，都有优缺点。就如上面所列：冬儿在学校、同学、老师面前，侃侃而谈，指点江山，到了农贸市场，胆小如鼠。冬儿的这位同学，虽然在校可能发言很少，学习不好，但在农贸市场，犹如到了自己的一亩三分地，青菜、萝卜都是她的兵，指点江山、游刃有余。两个孩子，将来谁更能在社会上立足？真是没有可比性。两个孩子可能将来从事不同的职业，各自进入了不同的人生轨迹。但我深信如果两个孩子按她们的个性慢慢自然发展，则一定会有虽然道路不同，但同样精彩的人生。

所以亲爱的家长们，认可你孩子不能主动发言等，成长中磕磕绊绊的正常行为，孩子只要身心健康，性格快慢都无所谓，无论怎样去走都不重要。只要在慢慢长大的路上，当面对困难时，百折不饶、坚强、坚持，才是孩子走好人生的基点，相信自己的孩子，有了这些培养内心强大的动力，一定会走好自己的人生。

不要把你这一生的不如意，自己一生不能实现的所谓希望，强加给孩子。更不能自己一生太如意，就要孩子成为你的翻版，强迫孩子的明天一定要和你一样……条条大路通罗马。

其实，孩子在校能否积极发言，除了个性以外，老师的作用是最重要的。

第二，老师让孩子在上课时主动发言所起的作用。

老师为什么会被誉为人类灵魂工程师？因为灵魂是看不到，摸不到，但能左右人的行为和意识的一个客观存在。这个客观存在随着一个小生命慢慢长大，在周围环境的影响下，不断发生质的变化。在孩子成长和吸收各种知识的最重要的时间段，3～18岁，一共15年，除了家人以外，真正能肯定和否定孩子，并且帮助孩子灵魂渐渐丰满，引领孩子行为和意识向前发展的就只有老师了。老师在孩子成长中的角色就是：老师的行为和意识有可能决定孩子的命运，可能引导孩子将来的人生，所以老师是除了家长以外，孩子最重要的灵魂塑造者。

所以孩子在校的行为，老师所起的作用最大，包括引导孩子积极主动举手发言。

（1）一视同仁，真心地爱孩子。

在我局所办的英语学校，发现有个孩子，每次老师让发言，还没说举手，他就脱口而出，无论对错，总是兴致很高。一天和他妈聊天，说到孩子喜欢发言。她妈（我们办公大楼的一个朋友）惊讶地说："他在学校不发言，老师为此说孩子太内向，让我多和孩子交流，也搞不明白，在家很喜欢说，一点也不内向，就是不主动在校发言。在这儿喜欢发言？……"孩子正好走过来，我摸着他的头，开玩笑地说："你在学校是不是没听懂？不喜欢发言。在这儿学得认真？所以喜欢发言？""才不是咧，我听得懂。举手时，老师就没有点我起来发过言，天天就是叫几个老师的孩子发言，所以不高兴发言了。这的外教老师对我们好，说错了也不会批评，还有糖果吃。"听了真是感慨，现在的孩子多敏感，这哪是孩子不喜欢发言，是孩子在班里被老师另眼相看，孩子一下就感觉出来了，而且还为此伤到自尊，不想发言了。

除了上面的原因，有的老师点来点去，就是几个喜欢发言的或能给班级带来荣誉的孩子，这样的做法，打击了许多孩子的积极性，传导了一个非常错误的信息，老师不喜欢"我"，不爱"我"。对老师所谓的教真不一定能听进去，接下来发言会不太主动，就一点也不奇怪了。

明明一个很开朗外向的孩子，老师教了三年，还当了个内向孩子来看？这样的老师真了解孩子？所以老师只有一视同仁，真心地了解和爱孩子，和孩子产生共鸣，孩子才可能学习好并积极主动地发言。

（2）老师面对不理解的家长一定要有胸怀，能宽容。

社会上形形色色的人，有层次高低之分，有修养高低之分，有脾气好坏之分。所以有的家长，只要孩子学习或其他不好，就会对老师吹毛求疵，要求过高，一点不奇怪。反过来，老师也是个凡人，也可能是家长，天天做着许多虽然应该，但的确很累人的工作，还不被家长理解，心中的怨气无意间就会撒到孩子头上，也同样见怪不怪了。

有个朋友和我说，孩子上课不太爱发言，被老师叫到学校一通训，说没教好孩子，所以和老师吵得差点打起来……听了真是冷汗都下来了。这个老师，我非常熟悉，很好的人。一提到这个家长更是气得要吐血。说到伤心处，讲了狠话："这样的家长，想来孩子长大后也不会好到哪里，我就是不会上课叫他孩子发言……"

这位朋友的确是个不会说话，又不太讲理，脾气还非常暴躁之人，能想得出和老师吵起来会是什么样子。他的孩子虽然有点内向，在一个是非家中长大，但非常懂事，学习自觉、努力，是个可爱的女孩。因为家长这种粗暴态度，让老师对个孩子产生了不必要的厌烦。接下来孩子肯定怕死老师，更不会在课堂上发言。

为了这孩子，和老师聊了一个下午……最后和老师达成了一个共识：老师这个职业面对的不仅是有思想的，慢慢在长大的生命，而且还要面对和包容孩子背后的家长们。职业的神圣和特殊也在这，更是一个大写的“爱”字在面前时时闪现。这个老师真是不错，后来主动并时时让孩子起来发言，孩子后来学习越来越好，还考进了很好的初中。坏事变成了好事。

所以无论是谁？只要选择了老师这个特殊的职业，只有去学会包容、更要有宽广的胸怀面对家长们。特别是面对家长不良行为的“因”，不能把“果”报到孩子的头上，孩子是无辜的。

（3）老师布置任务一样的举手发言。

如前面讲到的一个例子：张老师让同学们必须每星期发三次言。虽然带了一点强迫，对孩子而言是个一定要完成的任务，但这种被动的方法的确会让孩子没话找话说，动脑子找自己喜欢或熟悉的话题，无形中让不善言表的孩子开了口。就如一个成人上班，领导交办一个自认为无法完成，但又必须无条件地去完成的工作。这中间的经过无论好坏，最后的结果，对这个成人都是一次很好的学习和成长的过程。所以张老师的这个方法虽然被动，但从长远看，六年下来，对孩子起到了潜移默化的作用。

所以家长一定要理解孩子，更要客观地对待孩子产生的问题，只有这样，才可能真正地帮到孩子。

读懂老师、影响孩子学业的最大因素

孩子到校上学，对老师所讲能消化吸收，并能在课堂上很好地表达出来，是老师对每个孩子的希望，家长对自己孩子的期盼。想想一个孩子从少儿到青年，12 年的求学生涯，前面最重要的一半是在小学度过。人的一生有几个六年？有几个可能奠定孩子一生的六年？家长把幼小的孩子交给老师，真就把全家的希望交到了老师的手里。所以老师这个职业的神圣也就体现在这儿了。对孩子积极主动发言起的作用更大了。

虽然现在的内地，一个班有 60 ~ 80 个孩子。老师除了教学，批改作业，还要充电、培训。还有许多的老师，有的自己也是家长。冬儿的许多老师，我看着走过来，要多累有多累。但你选择了这个职业，只能按这个职业的标准去做，做好做坏就是“责任”两字在里面转，并深深地影响到孩子的学习。

时时听家长们说：老师骂孩子，老师打孩子，老师冷落孩子，老师罚孩子……双子原本写文侧重点是想讲述：家长在孩子的教育上如何做才会更好，所以本意针对家长的要求更多一些。

但前些时有个家长给双子留言，现在孩子 8 岁了，上学时年龄偏小，总是被老师说孩子上课不专心，批评来，批评去，有时还上升到体罚，被老师打，现在孩子学习越来越差。听了真是很心酸。特意电话分析给她听，主要是孩子太小，能力达不到。其实，当时心里更想说老师在其中的副作用，可想来想去，不知如何讲述得清楚？搞得不好，家长全赖到老师头上，反而，不知如何来帮她的孩子。

其实，一个老师，无论面对多大的孩子？孩子有什么问题？没有发现孩子问题的根源，上来就责骂孩子，对老师自己而言最多是个无知的行为；对孩子而言真就是太不公平了，孩子会不知错在何处，一下摸不着头脑，接下来只会心里恨老师，学习好不好在其次了；对家长而言，如果知道真相，则也会因自身的能力和水平而同样不知所措。还有一个更重要的原因，就是孩子还要在校学习，所以大多选择息事宁人，安慰孩子结束。可后果是什么？到底会对孩子接下来的学习产生多大影响？

下面说说老师的行为对孩子在校学习的影响到底有多大。

第一，要老师爱孩子，还是孩子爱老师？

时常听许多的人讲，无论老师爱不爱孩子，孩子只要爱老师就能学好老师这门课。所以家长都会谆谆教导、时时开导孩子，一定要爱你的老师啊！这样你才能学习好啊！其实，对小学低年级的孩子而言，这个理论正好是反过来的。我一直认为只有老师爱孩子，孩子才可能爱老师并学好老师的课。

因为小学的孩子和初中的孩子心理是完全不一样的。小学高年级的孩子和初中的孩子有主见，心理相对成熟，所以不喜欢的老师，学习上虽然排斥，但也知道不是为老师学习，所以学习不好不坏，走在中间占多数。而且老师对他再好，也会认为是虚伪的。

而小学低年级的孩子，心理上对老师非常依赖。除个别特别调皮的孩子以外，大多属于顺从型（在家听话不听话是另一个概念），在校一定会听老师的话。这和孩子从幼儿园开始就知道，只有听老师的话，老师才会喜欢的成长过程，慢慢过度进入小学有很大关系。小学老师到底喜欢不喜欢他，孩子都很敏感，一看就能知道真假。如果认为老师喜欢他、关注他，则一定会时时关注老师，上课认真听讲，有机会还想发言，让老师更开心。反之，如果孩子感觉老师不喜欢他，则孩子心理上先就怕了。先不说能不能学好这门课，肯定不会在这门课上发言。

第二，老师的类型：现在的老师有几种：

（1）刚从学校毕业出来的小老师。这种老师自己就是个孩子，独生子女身上的所有的优点和缺点，小老师都有。这样的老师，无论学识有多高，并且可能毕业前学过教育学或心理学，但肯定不会灵活运用，心平气和地面对孩子。

原因有多种：①在粗暴家庭和学校长大的小老师，自己脾气同样粗暴，不会也不可能蹲下身来聆听孩子所诉，有的就是同样粗暴对待孩子。②把面前的孩子当个成人来要求，想当然地认为，学生必须这样，必须那样。不知小学生和初中生有本质的区别。③自己不是母亲，根本就不懂孩子的心理，也就无法理解小孩子坐不住的特性。加上不会站在孩子的角度考虑……

想当然地认为：学生就是学生的样，就要听老师的话，不能这样不能那样。恕不知面前是个鲜活的可爱的生命啊！

调皮点的孩子的正常行为，会被这样的老师无形放大。什么孩子注意力不集中、上课说话不听讲、捣乱等行为不好的帽子都给孩子扣上了，有的动不动骂孩子，有的甚至体罚孩子，并时时向家长告状，更听不进家长的解释。

朋友曾经讲过一件事：有一次到校有事，在楼梯上无意间看到两个孩子在打闹玩，有个年轻的老师，冲上前去，粗暴地一把抓住孩子的后衣领，使劲一拽，孩子差点向后翻倒……老师的口里还骂骂咧咧。听了不寒而栗，孩子要是翻到楼下是个什么后果？这个可能看到孩子打架，好心来劝，但出于粗暴，而且这样的老师在学校不在少数，如果自我不能提高并引起重视，则这种行为的后果会非常严重。

的确老师要的效果出来了，就是孩子表面听着，心里怕着。可孩子如何会去爱他（她）？如何能学好他的课？

（2）家有幼儿或学龄孩子的老师：这些老师，晚上在家面对的是一个嗷嗷待哺或步履蹒跚的孩子；或刚上小一、小二的学童。每个家庭孩子产生的问题，他们同样要面对，有的还要批改几十个孩子的作业，所以比平常的家长要劳累更多。因为老师也是个普通人，是有血有肉的人。天长日久，脾气肯定不会好到什么地方去。如果无意间在校把家庭不如意的情绪带出来，倒霉的肯定是自己所教的孩子。

老师这个特殊的职业，会让他的一次次无意发泄："你怎么这样笨？教也教不会？你耳朵长到什么地方去了？你长的是个猪头啊？你成心和我捣蛋啊？你给老子滚出校门，不要来上学了？你这个混帐东西……真就给一个孩子的心理带来很严重的伤害：老师不爱我，老师骂我，上学有什么意思……接下来，孩子如何来爱他？更严重的是老师语言的暗示，有可能让孩子自我否定：我是不是真的很笨？是不是真的没用？是不是真的学不好？孩子的思维必然会混乱。

有责任心的老师，会因是个发泄、内疚而来试着弥补。但大部分的老师不会这样做，传递给家长的信息只能是孩子在校不听话……

还有几种老师的行为和脾气不在这展开了，是个家长都能感受。

当年到武汉住院，冬儿只有四年级，因为走得太急，没来得及给冬儿把头发剪了。后来，听说冬儿早上到校，头发乱七八糟，匝得总是一高一低。但回来就干干净净，问了冬儿才知，是数学吴老师天天给她梳头，所以冬儿的数学后来一直很好，原因虽然很多，但老师对她的关心和爱，也是个因素。

所以老师真心爱孩子，孩子才可能来爱老师、爱学习。而不是反过来……因为绽放在老师这个神圣职业面前的是一个个太小、太渴望得到老师爱怜的一张张小脸，更有小脸后面满怀殷切希望的家长们。所以“如何真心地爱孩子”才是每个老师要深思的事。

老师和教书匠的区别？

下面说说：要了解老师的职业

前面写到只有低年级的老师爱孩子，孩子才可能爱老师。许多家长和老师在前文中留言……虽然站在各自的角度，讲述都算客观，但一个家长的留言和前两天无意间进到一个博客，看到接连两篇太让双子吃惊的博文，让双子不得不来说一下老师和教书匠的区别？

其实，双子内心不太想写老师。原因有三：一是，双子不是老师，没有老师在校面对一堆孩子的人生经历。二是，现行的教育体制和考核老师的方法，让双子能强烈的感受到老师的不容易。三是，双子的许多好朋友是老师……都是非常好的老师。

有位老师留言说了个客观的事实：老师也是许多职业的一种，老师也是普通人，对老师的要求不要太高。双子也想客观地说一下：老师有两种称呼，即教师和教书匠。双子在前面写了许多关于教师这个职业区别于其他任何职业的"神圣和责任所在"。为什么是人类灵魂工程师？讲的就是老师而非教书匠。

什么是教书匠？众所周知，"匠人"是拥有技能的人，的确各行各业都有。资深也就是德高望重的匠人更是备受人们仰慕。如高级木匠、高级铁匠、高级裱画匠等。

匠人最大的特点，就是师傅带徒弟。有句名言：严师出高徒。就是从这而来的。中国几千年来的师徒如父子的关系，随着这个社会的不断发展，虽然改变了它原来的紧密方式，但学习技能传、帮、带的特点没有改变。而匠人和老师所授所教对象差别太大。匠人所授对象几乎是有一定思想的青年；老师所教对象却是从幼儿开始的每一个年龄段，充满美好幻想的孩子。

社会发展到今天，幼儿园和小学老师不仅要教会孩子们不同时期必须掌握的知识，而且还要用积极的人生态度，引导孩子们好奇和对未知世界渴望的心灵。所以灵魂的塑造是匠人和老师的最大区别。

双子有个朋友的孩子，上学年龄太小，能力不行，数学不太好，老师不喜欢。而且老师脾气不好，时时打骂学生，孩子慢慢厌学了。举个例子：一天上课孩子看见前桌调皮的孩子回头偷看同桌作业，赶快提醒同桌。数学老师跑过来一拳打在他的头上，蛮重且很痛。还被罚下节课在办公室蹲马步半节课（20分钟），下节课是体育课也不让孩子上，孩子不知为什么？后来，数学老师在办公室跟班主任讲说他抱他同桌，所以罚他。他说没有抱，他同桌也来说没有抱，但老师不依不饶……孩子泪水串串……

孩子回家没敢说。过了几天回家气乎乎含着泪讲：数学老师太凶了，回家作业错了两道口算，当着全班说他很差，还让同桌不要跟他混在一起……孩子很伤心。晚上，睡觉前又讲不喜欢数学老师。孩子同时打了一个比方：老师对他们的要求和让他们改正缺点的态度像钥匙开锁，如果太严、太锈，则锁肯定打不开了。妈妈无奈回答："老师的方法虽然不太好，打人不对，目的是希望你们能学好功课；你要学会适应不同的老师。只要遵守纪律，作业认真检查，把学习赶上去，老师就会喜欢你的。妈妈帮助你一起努力。"孩子马上说：喜欢语文老师，因为总是鼓励，一有进步就表扬……

这个老师的做法错在什么地方？会带来什么严重的后果？给孩子心灵的创伤到底有多大？不用说，太多的家长看了都知道，有相同经历的家长看了更是伤心。

太为孩子难过：这孩子和他的同学们遇上了一个教书匠。匠人打徒弟是天经地义的，冤枉徒弟更是家常便饭的。师傅教你本事啊！你为什么不能理解？为什么不好好学？不打你打谁？什么孩子太小？能力不够？太小，你就不要送来；能力不够，多打几次，一定够。这样的教书匠，家长想用语言让一个孩子去原谅老师；用沟通、理解让自已去宽容老师，根本不可能。因为在这样的事实面前，语言太苍白无力了。

当然，也很安慰：这个只有八九岁的孩子太聪明了。打了个多好的比喻：虽然一把钥匙开一把锁，但如果这把钥匙严得没有缝隙，上面又布满太多的锈斑，那么如何能打开对应的锁？孩子所说充满了哲理。

希望这些经历能让孩子学会坚强，慢慢走过对他而言虽然不公，但又很无奈的求学之路。家长如果不能给孩子转学，则只有全当提前让孩子学徒了。双子明白，这样的语言：既帮不了孩子，又帮不了家长。更无法改变许多存在的事实。

一位老师时时地对孩子动手，如果没人提醒，没有家长站出来指出，没有学校的制止，那么这种行为会让老师成为习惯。更会如瘟疫一般在学校蔓延，许多的老师可能会加入其中，严重到孩子们从小学会了用打人来解决问题，后果太可怕了，因为是老师用自己的行为教出来的。

双子之所以这样说，是因为上面孩子遇到的还不是最严重的体罚。双子看到并内心流血的两篇文章，才是老师要认真深思的事。孩子发自内心的哭诉：我相信我们学校有一种魔力，让每位来我们学校的老师过一段时间都能学会打人、骂人……

双子看了心是寒的，难过得无话可说。这是在教孩子？到底是想调教出家长的期盼？明天的希望？还是调教出一群可怕的野蛮人？就真是个匠人，想想也不能忍心那样对待自己的徒儿。

所以家长要理解孩子，更要了解老师的定位。但老师是不是也要换个思维，去好好地想想？为什么要打骂孩子？假如你的孩子也被老师这样对待，你如何想？你是个老师，还是个教书匠？

巧妙地“管”孩子
——宽容、理解是双赢

在初一下半年的一次家长会上，有家长向老师告状。孩子现在变了，回家后，鞋一脱，书包一甩，先喝水找东西吃，磨蹭很长时间才能去做作业，家长说了多次，就是不改，再下来就是门一关，不知是不是做作业？家长嗓子都叫痛了，理也不理，不高兴了还要说家长：这样啰嗦。现在让老师管一管。

这里面说了四件事：东西乱放；不抓紧时间做作业；关门做作业；向老师告状。其实，这是大多上初中的孩子的通病。这些问题要从根源上找原因。

（1）东西乱放：家原本就是让上了一天学，非常劳累的孩子回来放松的地方，孩子回家就是轻松的开始。只要及时提醒孩子，放好自己的东西，作业完成后收拾好，全家公用的厅里不要乱扔东西。假如孩子不听，随他去。每天提醒一次，时间长了就会好。特别是男孩和有主见的女孩，在这个青春期的年龄段，你越唠叨，他们会越烦越不听。

冬儿就很马虎，和上面这位一样。她在卫生间，无论做什么，总要开浴霸，说是怕冷。（小时候，连夏天也开，奶奶总说也不听。长大后，夏天就不开，知道开了会热得受不了。）可出来之前，常常忘记关。要低碳、环保，说上一两句，时间一长，则能随手关了。

一个星期天的大白天，孩子进去忘记开灯，出来随手一按，浴霸亮了。冬儿笑着和冬儿爸说：下意识的。

这事让我思考了半天，的确，习惯的力量是如此强大。所以只要是个正常的孩子每天必须要做的事，如果没有做好，则请千万不要唠叨，更不能抱怨。只要每天坚持提醒一下，记住了就嘉奖一下，好习惯肯定能养成。这个年龄的孩子不能表扬过头，很多事都是孩子理所当然要做的。你乱捧，他会认为你很虚伪。

(2) 不抓紧时间做作业：上了初中，许多家长进了一个误区：①不能看电视，功课多，影响学习。②不能玩电脑，孩子会上瘾。

刚上初中时，学习是要紧张些。

基础好的孩子家长大多择校，进校还要摸底，分在都是各小学尖子的班里，竞争压力要大很多，这种孩子多数有很好的学习习惯，会很快调整好，而且乖乖孩占了多数，也就是所谓的听话的孩子。家长不让看电视、玩电脑，虽然心里不高兴，也会和大人抗争，但星期六、星期日都有放风的时间可以看。平时作业做完了，家长会让孩子看小说，慢慢习惯了也不会多抱怨。

基础不太好的孩子则是云里雾里了。这种孩子在小学时家长大多不太关心孩子的学习，成绩中等，想想大了会好点，不行动，不急。而关心也只是放在口头上。冬儿小时，我常常听家长说："我和他说了多少次了，好好学习，不要玩电脑，就是不听。冬儿妈，孩子都爱听你的，你帮着说说。"和孩子一交流，问题大多在家长，我只好无语。

现在孩子大了，初中考高中必须有好成绩。开始急：功课多，不让看电视、玩电脑。可孩子上课有时听不懂，回家做作业时一人发呆，又没其他事，不磨才怪。找借口喝水、吃东西，自己放松是孩子聪明的表现。

还有甚者，不让孩子看小说。其实，看小说对孩子来说，是成长中多重要的事啊！有个家长和我说，作业都要做到 11 点，我肯定不让他看小说。孩子说：电视、电脑不让看，还不让看小说，不可能。

矛盾就来了。家长在厅里那个急啊！孩子在房里干什么呢？现在都几点了还没做完？好不容易孩子出来了，正好捉住一顿训，来个三娘教子。孩子逃也来不及，烦死了。进去再发一会儿呆：我是不是真的没用？是不是考不上高中？天天累死了，没有一点乐趣，大人当我是敌人，就知道让我学习，活着到底是为什么啊？活着有什么意思啊？等等。这样的心态如何抓紧时间做作业呢？

有个报道：老师批评了几句，一个孩子就跳楼了。我们的孩子为什么那么脆弱？批评两句都不行了？是因为他们承载太多：家长的希望；学校的业绩；社会的功利。一个孩子能担得起这些吗？老师的批评只是压在孩子身上的最后一根稻草。

所以学习一般的学生，我建议：

①如果是女孩，就让孩子只要跟上功课，在初中开开心心、健健康康度过即可。因为高中对学习一般的女孩更难。条条大路通罗马，可以上技校，让孩子学门手艺，将来自己能生存就行了。看看现在多少大学生连生存都是问题。

②如果是个男孩，则只要孩子学习过得去，让孩子少上网，多余的时间，和孩子一起打打篮球即可。男孩在上初中后，大多喜欢打篮球。篮球是靠全体队员相互协助，具有团队精神的竞技运动。人多人少都可以打，会打不会打都可以参与。这项运动可以培养孩子的团结协作能力，提高与人和蔼相处的技巧，最重要的是可以释放学习上的压力，培养阳刚之气。

朋友贺老师带着孩子移居深圳，现在初一，每天晚饭后，孩子都会到院子里打一两个小时篮球，有时和父亲一起，大多时间和小朋友一起。贺老师说，孩子打球会忘记一切，很放松。不管学习有多紧张，有多累，只要打一个小时球，第二天就会好了。连电脑也不太想着玩了。所以家有男孩的家长，特别是父亲，一定要带孩子玩玩篮球，不要把孩子甩给妈妈，养出个娘娘腔。男孩的发育相对于女孩要晚，但后劲十足，到了初三，也可能是高中时，学习会有很大的爆发，不用担心。

人总是要死的，就如冬儿小时候总和我说的：老妈你先到天上，找个人玩，到时我会来找你。我们把孩子带到这个世上，不是要让他们背负着我们的希望，承载着强加给他们的重任，带着无尽的苦恼活着。让他们活得快乐、开心才是我们的责任。

（3）关门做作业的弊端。

初中后，冬儿一直都在厅里做作业。厅里放了两张桌子，她在一张桌上听着电脑里的音乐做作业，我大多在沙发上睡觉，冬儿爸在另一张桌上上网，电视也开着。作业做完后，电视里的内容，冬儿时不时还插上一嘴。家里多吵，她都无所谓，该干什么，干什么。冬儿有个同学，在房里做作业，家长看无声电视，家里一点响声都不能有。不过这个孩子学习是好，成绩第一。初中的孩子不大不小，关在房里，电话往来很多。基础差的孩子，大多是煲电话对付出来的作业，第二天交差，恶性循环。

我和冬儿爸认为：①孩子将来要读高中、大学。住校都是多人一屋。若现在能习惯嘈杂的环境，则将来肯定也会习惯宿舍的环境。②有同学来电问作业，提醒一下，指出给人抄作业的后果即可。如果孩子核对答案，则也好及时制止。③孩子在厅里，情绪上有什么变化，家长能及时发现并帮助解决。④增加和孩子沟通的机会。孩子上了一天学，回来除了吃饭以外，大多时间是关门做作业，家长没有机会和孩子交流。孩子出来上卫生间，家长一“关心”，孩子原本心烦，马上出言不逊。家长伤心难过，眼泪一把把，孩子委屈，气一股股，两面一搅，良好的家庭气氛全没了……这晚又是全家人不痛快的一晚……

所以初中的孩子一人关门做作业不可取，还没上和将要上初中的家庭一定要想办法在孩子回家做作业时，与孩子共处一间。高中的孩子要给他空间，这又是个不同的年龄段。

（4）向老师告状的弊端。

孩子在家有时惹大人生气，有时真是气得要命（我家冬儿也让我和冬儿爸有过这样的“待遇”）。很多事在大人眼里，会认为是无法原谅的：养你这样大，多不容易，付出多少？现在这样对我……伤心得不知如何处理？更无法解决，就告老师。

其实，初中的孩子到了青春期，非常叛逆，和家长的不愉快大多是鸡毛蒜皮的小事。常言道：吵架嘴里没好话，你大人都有可能说出过头的话，更何况是一个生下就宠、上学就管、学习压力很大的独生子女。什么是教育，教者老师也，育者父母也，家长就是老师和父母。

你家长把自己的责任往老师那一推，老师虽然不会管到你的家里，也无法帮你改掉孩子在家不良的习惯，但老师会对孩子留下印象。孩子在校也有这样那样的小毛病，不听话时，不会方法的老师可能会脱口而出：“难怪你妈说……”接下来，孩子会怎样想？回家如何对你？但凡是个人，都会出错，更何况是个孩子。

昨天晚上，冬儿一回家就发脾气，被冬儿爸和我巧妙、无形地化解了。

冬儿一进门就大声嚷嚷：明天要会考了，还做了一下午不用会考的主课卷子。会考的成绩要算入中考的，多重要啊！主课老师有没有搞错啊！也不想想，就知道做呀做的，累死了，好烦。

“冬儿回了？”冬儿爸端上菜来。冬儿一面盛饭，一面不停地嘀咕。

“冬儿，今年世界联合国气候大会在什么国家，哪个城市召开的？”冬儿爸赶快转移话题。

“日本的东京。”

“错！再想一想吧！”

“我知道了，四个字的一个城市，可想不起来了。”冬儿迟疑了一下。

“上网查查吧！”

“啊！原来是哥本哈根，我是说四个字的。”

“这是你们的考题，你到时答‘四个字的’……”冬儿爸笑了。

冬儿也哈哈大笑，一会儿就忘记了刚才的不高兴，又说又笑地开始吃饭了。饭后看电脑，小说20分钟。

“冬儿要做作业了吧？”听到我的声音，她回过神来。

一大堆卷子从书包里扒了出来：“老妈，你看，每门都有这么多的作业，你说我得做到几点啊？”

“有没有明天要会考的作业？”

“没有。”

“那你复习得如何啊？”

“明天会考是开卷考试。”

“开卷要是没复习，到时找不到题，更不好考。”

“没事，老妈，你看，明天肯定轻松搞定。”

冬儿递过来一本书，一看，惊得我无话可说。原来，冬儿把地理书上的每个知识点，都顺着书的上边和侧边用小塑料片做了一排明标签。

“太好了，太好了，你如何会做的？为什么会想到用小塑料片做啊？”

“不容易翻破啊！我想了好长时间，如何才能更快地翻到书上的内容，我做了一节课呢！”冬儿得意洋洋道。

我叫冬儿爸快过来看，实在是被冬儿的聪明“擂”倒了。两个大人由衷地一阵乱捧，冬儿给夸得头一晕，忘记了不开心，静下来做功课，做着做着又牢骚开了……

“冬儿！做完一门，看十分钟电脑，抓紧做，还有时间看‘青歌赛’。”

听我这样一说，她开始奋笔疾书……玩十分钟，又做……洗澡……看‘青歌赛’。这晚和许许多多的夜晚一样，又平静地过去了。

冬儿原本每晚吃完饭，要看一会电脑、小说，作业在晚上 8 点前会完成。看 20 分钟小说，练 20 分钟钢琴，跳一分钟绳，再看小说和洗澡，晚上 9 点半上床，读一会儿英语再睡觉。

最近她像只猴子，急急地做作业。为的就是看‘青歌赛’。现在要考试了，作业多是必然的。孩子认为‘青歌赛’没得看了，心烦很正常。

此时，家长千万不要顺着孩子的情绪走：“要考试了，作业是要多点。看什么电视？同学都在学习，你不想考试了？进屋做作业。”好了，人在房里，心在电视、电脑上，面前一堆作业，心里不痛快，作业还真不知会做到几点？

两年一次的‘青歌赛’，冬儿懂事后，我都让她看，让她参与发表观点。这里是中国最高的音乐殿堂，也是高级别的知识殿堂。许多大师点评音乐、讲解知识。孩子享受着音乐，学习着知识，何乐而不为。结束时间是晚上 11 点，是晚了点，可有的孩子作业还没有完成，一样晚。再说，只有几天，为什么不让孩子放松、享受一下呢？正好可以释放考试前的压力。

所以家长最先要学会的是宽容。对家庭的任何成员都要宽容，给孩子一个良好的生活、学习环境。现在孩子不懂，大了自然会明白。家长们要宽容、慈祥些，试一下，你自己先做到，自己先受益，这是家庭、孩子双赢的事。

为了孩子的成长，要学会巧妙地“管”孩子。

巧妙化解和孩子对立的情绪

刚才老朋友打来电话，边说边哭，说上初中的孩子不听话，和自己大吵，现在不知如何办?

“明知是错而为知”是现在初高中学生的通病。这也是人们常常说的孩子“青春期心理逆反时期”，有时表现得真的是很叛逆。加上，现在社会不负责任的宣传，将这种行为进行夸张、放大。让家长无所适从，老师无可奈何。

小学行为习惯好的孩子，到了这个年龄，会相对理性些，但也会时不时地给你家长来一下……要是从小行为习惯不好的孩子，到了这个时期，真是大人最头痛的事。所以我前面写的文章，家长们要好好看看。“从小培养良好的行为习惯”是多么重要啊!

家长如果遇上孩子无事生非、无理取闹，则一定不要顺着孩子的情绪走，要冷处理。毕竟是初中生，有了是非辨别能力，过了一会儿，就会对刚才的行为后悔不已，只是不好意思表达出来而已罢了。如果家长和孩子一吵，孩子内心尚存的一丝内疚一下就会两相抵消，教育无从谈起。

想起两个月前，为了去看位长辈，冬儿有事不能一起去。我和冬儿爸商量都不去算了。冬儿认为我们不信任她，不放心她一人在家，和老爸吵了起来，认为从小学这学那，一直都很听话，现在还在学最不喜欢的钢琴……感觉很委屈……我马上给孩子写了一封信，将此事平息了。现和冬儿商量，同意将信全文登出，让家长看看，是否能借鉴一下：

冬儿：亲爱的孩子，你好！

此刻说什么，你都会讨厌老妈的啰嗦，所以只有给你写封信，说说心里话，希望你能好好看看。

我自己被病痛折磨到现在，大半辈子了。所以不希望、更不愿意你长大了只有分数，没有健康，高分低能，病魔缠身的生活。之所以从小让你学各种各样的东西（学的都是球类和开动脑子的），主要是不停的体能和脑力锻炼可以让人身体健康；学到的本领能让人长大了在各种环境中更加自信；（学习的任何东西，虽然当时可能看不出来什么，但我坚信会触类旁通）更能在未来的工作中胜出一筹。老妈周围的许许多多人，包括你的爷爷、奶奶，没人能理解老妈当年对你的一片苦心。时至今日，他们才渐渐明白……

因为这不仅要付出老妈大量的时间、精力和耐力，而且还要投入大量的金钱。从你生下来到今天，除了和你玩，老妈从没有自己出去逛过街，主要是舍不得浪费时间。更没有为自己买一件衣服，想把钱用在你学技能上。穿的、用的大多是生你以前买的，再有就是后来外婆寄来的……

就算有的家庭承受得起金钱，也只会让孩子学习 1 ~ 2 个内容，绝不会 14 年如一日地坚持并付出如此之多，让你学和玩这样多的东西。最主要的还是一个未知而漫长的等待。只有张老师、吴老师教过许多孩子，看到许多孩子的成长，包括他们自己的孩子，才会知道，孩子的明天如何，是家长今天的所为和付出所赐。他们才会理解妈妈，才会常常鼓励当时学习上并不拔尖的你，才会让我在学校讲述你如何学习、锻炼两不误的点点滴滴。当然，你从小不停地坚持打乒乓球、练琴、画画、游泳、溜冰，等等，并能有毅力学到现在，同样付出了许多许多，吃了很多的苦，妈妈心里最清楚，所以才会一直支持你，陪伴你走到现在，同时想尽办法，让你学习上有动力。

虽然你样样都会，样样不是太精，但只要你学得开心，身体健康就行。如现在又学围棋、声乐等。的确，你能主动有毅力去学，我很为你自豪。

上个学期一结束，学校就确定你到瑞士去，全家欢欣鼓舞，这是你学习英语最好的机会。老师打来电话告诉我说，你十月去瑞士代表学校，代表中国小朋友，到了瑞士要发挥特长，展示中国小朋友的风采。想想，你暑假回黄冈可以再练练球和学歌，但你的钢琴没有什么好的中文歌曲可弹。所以才会在苏州下决心又给你买个钢琴，想让你自己练会一两个曲子，童老师还请了个钢琴老师，不是我们要你天天必须弹，是许老师领你们到瑞士后，你肯定要弹的。冬儿：你只能自己努力了。

老爸、老妈的长辈大多受尽苦难，没有时间和精力来教育我们。我们小时候生活在动荡、混乱、物质贫乏的年代，看到的大多是社会伤害大人心灵的事。故大多数人没受过良好的正规教育（我和你爸是长大才有机会在学校系统学习的）所以在教育你的过程中，我们和大多中国传统的家长一样，有时会摆出家长的面孔，不能很平等地对待你，可能会做错事，说错话，可能会做些本心不想，但无意伤害你的事。上天没有给我们重新来过的机会，但我和你爸爸会再次学习，和你一起成长。冬儿，请相信我们。我们会平等地和你相处，尊重你、养育好你，我们唯一的孩子。

你走过了14年的人生，可以感受到爸爸、妈妈对你的爱。乐你所乐，忧你所忧，喜你所喜。和天底下所有父母一样，我们做了我们应该做的一切。的确原本就应该。

让自己的孩子，受良好的教育，很好地成长，是生存在这个星球上的每一代人的责任。我和你爸爸会尽我们的能力，一如既往地去做。

希望我和你爸爸能活得长一点，回首往事为曾经伴随你开开心心长大而无悔。这是个漫长的，需要爸爸、妈妈和你三方共同努力，相互包容，慢慢克服三方身上缺点的一个艰难的过程。

前天晚上和你商量，想写写你小时候的事，放在网上……你开心地说："可以啊！老妈。我将来长大了也会对我的孩子好，很好地教育我的孩子，而且比你教得还要好。""为什么？""因为我长大了会比你更有知识，会用我们90后的理念来教育孩子。"一股暖流涌进心里。虽然妈妈没有明天了，更看不见你引以为豪的这一天，但希望的种子的确深深地在你心底扎下了根，而且还会影响着下一代。

我们知道你将来一定会是个文明（不说粗口、不骂人，这是尊重自己，有教养的所为）、懂事（站在别人角度，多为他人着想的所为）、心地善良（这是一个人最朴实、最基本的所为）的对社会有用的人。

妈妈体弱多病，不能正常上班。想出去一个人走走都不太可能。其实，非常羡慕上班工作的人，羡慕身体健康的人。平时病痛的厉害，心里很闷。所以非常想有机会和家人或朋友，特别是关心妈妈的人，一起聚聚，因为妈妈的病，见一次，少一次了。

这次到常州游爷爷家去玩。你要做作业，所以不能去。而我们没去不是为了管头管脚来管你，你可能知道，最近小朋友出了很多事，为了保护孩子，社区要求16岁以下的孩子不能一人在家。再说，外公外婆是不会放你一人在家的，我们也是一样的。所以你不去，我们也就不能去了。希望你能理解，老爸、老妈一直都是相信并认可你所做的每一件事的。但世上很多事不是以我们个人的意志所能决定的，你慢慢走来就会知道，……

妈妈想来想去，给你写这封信。你要好好看看，这是妈妈的肺腑之言。你长大了，有自己的主见，是件好事。希望看完把想法回写给我，如果认为我有不对的地方，爸爸有不对的地方，就说出来，我们改……

老妈写于2010年5月25日晚

感觉得出，冬儿看完信后，触动很大。虽然没有给我回信，但言语行动上有了很大变化，我和冬儿爸很是欣慰。所以巧妙化解和孩子对立的情绪，是初高中家长最要学的一门沟通技巧。

初高中的家长最难当。冬儿还算是很好的孩子，这次的事也不全是她的错，主要是冬儿爸说话方法有点问题。小学行为习惯好的孩子，到了这个年龄，会相对理性些，但也会时不时地给你家长来一下……如果从小行为习惯不好的孩子，到了这个时期，真是大人最头痛的事。所以我前面写的文章，家长们要好好看看。“从小培养良好的行为习惯”是多么重要啊！

如何让孩子考试前轻松复习（一）

之所以写这篇文章，是因为看到许多的家长们又开始急了，因为孩子们要考试了。

的确，期末考试临近了，复习开始了。而且现在也是孩子们最累的时段，此刻，家长们尽力要去做的，唯一能做好的，就是多想想办法：如何让孩子在繁重的复习过程中，休息好，到考试时，身心调整到健康，这才是最重要的。天天在那干急，没有一点用，还会把情绪传给孩子。

冬儿现在也同样进入考前复习阶段，每天回家让人一看就是很疲倦的样子。冬儿说太累了，腰都要累断了，比上班工作的人还要累。从早到晚上课、作业，除了上厕所，屁股就没时间从凳子上抬起来，老师如走马灯一样，这个还没走，那个就在门口等着了。所以很想马上去上班，或宁可在家烧饭给我们吃。

牢骚归牢骚，复习还是要复习，同时，饭前和饭后的 20 分钟电脑、小说是雷打不动要看的。接下来，作业完成就会有点晚，到晚上 9 点多钟的时候也有。我和冬儿爸不能帮到孩子复习，同样也不干涉孩子看电脑，主要是想让孩子调节一下脑子。

想想孩子的确是很劳累。如果是个成年人，睁开眼睛就要学习到晚上，那么也同样会叫累，同样会感到比普通上班要累很多。就如太多的人，不喜欢写东西，更喜欢体力劳动一样。谁也不喜欢比体力劳动要劳心费神很多的脑力劳动。何况是让一个孩子常年不停地，从早到晚地这样去做，一做就要做十几年。

所以我和冬儿爸非常理解孩子，同时，想尽一切办法在心理上帮助孩子：

（1）肯定冬儿的辛苦并转移孩子的情绪。此刻，再多的大道理，对身心疲惫的孩子而言，都会是不公平的，而语言的苍白更会伤害孩子。所以不能顺着孩子的情绪走。只是在吃饭的时候，肯定孩子的辛苦，转移一下话题，让孩子和家长多说说她喜欢的事。我和冬儿爸总是引孩子说她想要说的话，主要是为了让劳累复习了一天的孩子放松一下。

其实，无论是小学生还是初高中生，都需要家长们的理解，更需要家长肯定认可此时的他。所以一定不要在饭桌上提学校上课复习的事。冬儿最喜欢说历史上的事，还有许多无厘头的什么穿越之事。我和冬儿爸再不想听，也会学着听得津津有味，时不时地插上一句，让冬儿高兴一下……因为接下来孩子还有大量的作业要做，不能让孩子带着情绪开始作业，这样复习的效果肯定不会太好。

（2）给冬儿做颈肩背腰的按摩。平时还好，一到考试前复习阶段，孩子时常是一坐就是一整天，同时，低头写作业，真是太累了。长时间的低头并且姿势不正确，还会让小小的孩子过早引出颈椎和肩背腰病，所以这些天在冬儿开始做作业时，我会给她按摩颈椎和腰椎及肩背，她做她的作业，我慢慢地按摩。此时，冬儿会很舒服的样子，能感到她非常的享受和开心。过一会冬儿爸再接我的班，既不耽误孩子的作业，又让孩子感受到爸爸、妈妈对她的关心和爱，最关键的是能保护孩子的身体健康。这比什么都重要。

孩子完成作业后，看会儿电脑，洗漱完后，上床躺在被子里，冬儿爸坐在床上给孩子一边按摩，一边聊天，天南海北。过一会我接着来按摩，冬儿又会和我聊天一会，最后说："谢谢老妈，腰好多了，我睡了，你也早点睡吧！"我走出来，轻轻地带上门。

其实，每天走出冬儿的房门，都会很感慨：谁说我们的孩子不懂事？谁说我们的孩子自私自利？现在的孩子真是有孩子的苦恼，而且大一点的孩子，我们家长的确没办法在学习上帮到孩子，但在亲情上多给孩子一点，同样是在心理上帮到了我们的孩子，孩子知道爸爸、妈妈理解她，爱她。必然会心生感激，虽然心有苦恼，但会自己慢慢化解，想不学好都难。

所以孩子考试前复习的阶段，家长更要注重孩子的心理健康，让孩子走近你，尽情地倾诉苦恼，家长所要做好的就是想办法让孩子放松，轻装上阵。

关爱孩子的成长，是每个家长的责任。想要孩子好，方法可以多种多样，相信更多的家长，在考试阶段，为了孩子的身心健康，时时会想出许多办法来。

但有一点家长们要切记：就是不能无原则的爱。学习、考试都是孩子必须和必然在成人前一定要做的事。这是孩子成长的过程，没有条件。唯一的条件是在此期间加入了爸爸、妈妈浓浓的爱，让这个成长的过程更加温馨。

孩子要慢慢长大，考试年年要考，学习天天要学。所以孩子的考试成绩，凝聚了家长和孩子共同的心血。这不仅仅是考孩子，而且更重要的是考家长。无论好坏，都会让家长用心去反思。一年一年地带着你唯一的孩子慢慢前行。

所以这个考试的时间段，是家长们从孩子上学第一年开始，就要学会如何面对的时段。功夫在诗外……

如何让孩子考试前轻松复习（二）

有家长看了我昨天写的文，给我留条说："是孩子就要学习，我小时候考试也一样很累，复习时间最重要了，不给孩子加大量，如何考得好？你让孩子放松，万一考不好的话，让他将来要饭啊？到你家来吃？"我看了好笑也感慨。

这位家长提出了四个问题：是孩子就要学习；任何人小时候考试都会累；复习对考试而言，最重要了；复习就是要加量。

（1）是孩子就要学习。的确，每个人生活在世上，除了贫穷，几乎一代代人都会被送到学堂学习长大生存的本领，人类就是这样才发展到现在的。这是个根本就不用来讨论的问题。

（2）任何人小时候考试都会累。的确。每位学龄家长都经历过自己，还有孩子无数次的大小考试。考试前的复习对每个人而言，均太累了，无论是生理还是心理。

我因为知道自己小时候学习的不易，考试的劳累和无助，所以昨天才在博文中，反复告诉家长如何在复习的过程中，理解孩子，给孩子能给的爱，来减轻孩子考试前心理上的压力。

（3）复习对考试而言，最重要了。每位家长几乎都知道，孩子越到高年级，复习越重要。特别是到了初高中，有多门功课如地理、历史、思想品德、生物等内容要大量背记，还有化学、物理、数学等学科要记许多的公式。所以复习是很好的反复记忆学习的过程。

（4）复习就是要加量？昨天的博文中不知这位网友细看没有？我并没有要家长给孩子减少或增加复习课文的量。进入了复习阶段。学校每个年级到这时都有复习的要求和要做的试卷。到底量有多大？想来学校开了不是一天两天，基本的知识肯定并且会让孩子们反复掌握并记熟。

家长们在家，真没有必要再给孩子加所谓的量了。平时是可以天天几个五分钟，让孩子没有厌烦地学点什么？天长日久，一定能见效。

有家长说我想给孩子理解和爱，但不知如何做？其实，（1）迎门一个温馨的微笑。（2）给孩子一个郑重承诺：考得如何都不要紧，只要你努力了。（3）此时，孩子真有不会做的题，想办法帮帮孩子：请教老师、上网查找、求助朋友……（4）带着开心和爱意进入睡眠。上述这些无论帮到与否，都让孩子感受到来自家长精神上的支持。这就是爱和理解，是给孩子劳累了一天放松的最好方法。也是孩子们原本就太需要的东西。

所以给你唯一孩子尽可能的爱和理解，是家长在孩子生命过程中，最重要的事。而考试复习期间，不一味追求孩子学习的“量”，而是要加入更多的“质”，也就是对孩子的爱。让孩子平平静静度过每一次考试，才是家长们急需做的事情。

现在的孩子到底有多可怜？学习上有多大压力？网友介绍一文：有个就要到国外求学的高三男孩，不知何故？在一次英语考试前自杀了。他走时一个字也没有留下，无人知晓他到底是为了什么？他学习压力太大？他不爱他的父母？他自私？他没有情意？无论是什么？都和这个可怜的孩子一起随风而逝，有的只是人们的猜想和他的父母无尽的悲伤。

如果他父母能细心一点，对孩子要求低一点，理解孩子一点，在孩子考前多和孩子沟通一下，那么孩子会走这样的路吗？

死虽然是每个地球人类生命必然要走之路，但更多的人，无论是孩子还是成年人，选择的还是自然的生命状态。

人人会说热爱生命，热爱生活。其实，这是个太抽象的概念。

做父母的只要心怀宽阔、眼界高远。当孩子走累了能靠靠的大树，游累了能找回的港湾。孩子热爱这个世界、热爱生命、热爱生活都来不及，如何会选这种惨烈的方式并一个字不留地来诀别这个世界？诀别是因为太绝望。对谁？为什么绝望？

其实，有更多的孩子在努力地经历一次次的复习，经历一次次的考试，经历着同样可能失败的压力。为什么他们没有选择这种不归的方式，来抗议对他们而言不公的存在？原因当然有很多，但其中之一：家长与孩子和谐的生存方式，让每一个面对困难的小小生命知道，困难是和爸爸、妈妈一起来共同战胜的，孩子不是孤军作战。所以孩子才可能面对超常的困难。

伴随着孩子的一天天长大，家长的慢慢引导，大多的孩子走的肯定是良性发展的道路。不是人人能成帅，个个能当将的。只要平安长大，不成为这个社会和家庭的负担，对人对己有一分责任，就是个好人。所以家长不要为了孩子一次两次的考试好坏，做出让自己后悔一生或让孩子留下一生阴影的事情。人生没有假如。

有家长说：我的孩子没心没肺，考得好坏都不当一回事，所以考不好，我一定要痛打他一顿，让他长点记性，下次好好给我考。

现在的孩子，老师天天擂，家长天天说教、天天盯，考得好坏，接下来，老师和家长的态度，孩子都知道，更知道分数对他们而言，代表了什么？所以如果一次没有考好的孩子，自己很内疚，也怕面对。表面看，孩子考得好坏无所谓，其实孩子不是无所谓而是太有所谓。只是孩子考成这样很无奈，表现出来的就有可能是满不在乎，特别是男孩。孩子那是鸵鸟行为，很可怜的。家长在这时反而要给孩子更多的理解和爱。

就如博友鲁南玉米留言所说："时刻能感受到爱的孩子，一定会成为心中充满爱的人，一定是感到生活幸福的人。"说得太好了。这样的孩子长大了，我相信也一定是个给人给己带来快乐和幸福的人，而不会是个冷冰冰的学习机器教出的又一个学习机器。

最后切记和孩子"沟通"而不是"唠叨"。唠叨是让孩子最烦、最容易走极端的行为。

如何引导孩子开心作文？

前天晚上，老师打来电话，让孩子写一篇《瑞士之旅》的感言。冬儿原本为第二天能有时间多玩会儿，已将全部作业完成了。现在又要写，虽然心里不太愿意，但还是坐下来开始写。越写越烦……第二天早上9点半，我很好地引导了一下：她坐下来，越写越想写，后来一再提醒：收回来结束，字太多了。除了吃饭和中间看了两次小说以后，每次十分钟。到下午4点多，她才放下笔，不得不停下来。现在之所以把冬儿的文章发上来，并不是因为冬儿写得有多好，而是想和大家说说，当孩子对学习一时产生了厌烦时，要及时调整孩子的心态，让孩子自己走出烦躁的情绪，完成额外的作业。只要有心，是个家长都会的。

瑞士之旅

"咕噜，咕噜……"行李箱底的滑轮快速地在泛着金属光泽的地板上划过，高大的玻璃窗外满是繁星的黑夜依旧灯火通明，并且时不时地传来轰响的破空声。我望着两旁迅速走过的行人，看着他们或金或棕的头发和巨大的风衣，不禁有些神情恍惚。短短的数个小时，我竟已站在地球的另一端了！想来真是不可思议。明明下午才出境，晚上就到了！

苏黎世机场并不是很大，不过短短的几分钟就已临近出口，我按耐住异常激动的心情仔细地盯向出口。只见杰瑞米高举着两个气球来回张望着，还不时地与黑人女人交谈着（也许是他妈妈），左边的是jackie，她的身后站着金棕发的中年女子和一个高大的中年男人。哦！还有一个小女孩。我想那是她的父母和妹妹朱莉。在他们旁边还有一个家庭，但我并不认识。(说老实话，我觉得那个站在中间的女生是个大学生，她实在太高大了!）另一边的是迈克一家，还有Mrs Xue。

随着玻璃门的打开，我们立刻拉上行李走上前。Mrs Xue与我们握手后，便把我们领向各自的住家。Jackie激动地与我拥抱，朱莉也兴奋地上前拥抱，凯文和弗瑞德也是如此！(Jackie的母亲和父亲）

他们问我是否饿了？旅途如何？天知道，我今天起码吃了六顿饭（包括点心)！他们吃惊极了，实在无法想象我是如何把那么多东西装到肚子里的。其实，我没觉得这有什么大惊小怪的，虽然吃得是有点多，但我们平时除了三餐以外，吃些点心并没有什么奇怪的，不是吗？

突然，身后的杰瑞米大叫一声，我转过身去。小鲍正搂着杰瑞米作势要亲上去（想歪了吧！……亲脸呢!)。“啵”杰瑞米被偷袭成功了！嘻嘻……他看似痛苦地又“啊”了两声，大家一阵哄笑！小鲍更是笑得前仰后翻。我看了看手表九点多了，这时，Mrs Xue也说让我们都回去休息吧！一天的旅途也着实让人筋疲力尽。

坐在宽敞的豪华越野车里（我的个乖乖啊！苏黎世机场的停车场里的车可一辆比一辆新，一辆比一辆贵）Jackie和朱莉一人往我耳朵里塞了个耳塞放着他们各自喜欢的音乐。

伴随着重金属的双重奏，我望向车窗外浓墨般的夜色与沿途的树林，不禁感叹瑞士的环境果然保护得很好！公路下点点星火，时不时冒出“黝黑”的房屋。

一旁的Jackie轻轻地拍了拍我，顺着她手指的方向，一座夜色下沉睡的小镇时隐时现。“It's Winterthur.”Jackie兴奋地说道：“What? Where?”她的语速太快，我并没有听清楚。“Winterthur！My school is here…”看来，明早我会去那儿一同上课。

20分钟后，车子便缓缓驶进车库……（苏黎世与Frauenfeld好近啊!)

脚踩木质楼梯，从地下室上了一楼，眼前铺着宽大的地毯，前面是

jackie与朱莉的房间，右边是餐厅与厨房，穿过餐厅玻璃门，外面是大片的草地与花园。楼梯后面的长廊通往凯文和弗瑞德的房间，一个只摆了一张床的巨大卧室。卧室边上有个不小的试衣间（屋子就像迷宫般，实在搞不清楚具体位置），再向外就是大客厅和大餐桌。说实话，这些天我一直没弄懂房子的大门在哪里？因为可以出去的门太多了……

第二天早晨，吃过早饭后（有类似蟹黄的煎蛋、酸奶、牛奶等）穿好风衣、背上包、带上水（瑞士的类似中国的纯净水，有冒泡和不冒泡两种，味道很奇怪），迎着湿润的清新凉风，坐上了凯文的车（jackie家有两辆同款不同色的奔驰SUV越野车，白色是凯文的，黑色是弗瑞德的）去学校上学。朱莉则自己坐火车上学（jackie和朱莉在同一所学校）。天气异常晴朗，路旁的小道上零零散散地走着背着书包的学生。

瑞士的小镇不大，但都精致得很。到了Winterthur后，jackie就向我介绍起她的学校来。这所学校很小，全校师生也不过200人左右（从幼儿园到高中）。

下车后，和jackie走进一幢四层楼的建筑。此时，学校已陆陆续续来了不少学生，我跟着jackie顺着楼梯一直爬到四楼。打开玻璃门，走廊的第一间教室就是她的班级。在走廊上挂好书包和衣服后，我们走了进去。小鲍他们都来了！我愉快地问他们过得怎么样？聊了不一会儿，Jackie的科学老师就来了（教物理、化学、生物三科）。我们纷纷坐下。这是一间化学教室，在讲台右边的一排洗手台上摆满了试管。讲台后是老师的办公桌（每个老师都有自己的学科教室，办公桌也在教室里，和中国真的很不一样）。班上一共只有15个学生，听Jackie说也是学校人数最多的班级！……晚上，我与jackie在苏黎世逛了逛，并且在一家意大利餐馆解决了晚饭，虽然等了一个小时就吃了一道菜，但那道柠檬烤鱼真是美味（在瑞士的这些日子里，除中餐外，我觉得这是最好吃的一道菜），服务也很周到！苏黎世那可真是一座充满了浓郁的时尚与古典气息的城市！

第三天，Mrs Xue带我们去德国的Konstanz（博登湖）的花岛玩，顺便去参观当地的中学（Mrs Xue所教的学校）。一大早，我们乘上了列车通往Konstanz……当地的中学是一座100多年历史的古建筑学校，非常传统。在旁听过程中，不由得让我感觉欧洲人的自由随性（学生们自由发表言论，不需要举手站着一对一地说，想到了就说。那位英语老师很好奇，问我在介绍自己时，为何要站着，我说这是中国学生的习惯，真是有些尴尬!)。

在一家中餐馆吃完饭后（真想念中餐，中餐的味道就是好!)，我们便走向花岛，在市中心我们看到了几个玩行为艺术的人，有装铜像的（我们原先以为真的是雕塑呢!)，装玩偶的（拍照还要往他帽子里扔钱，我给了2欧元）等。Konstanz市的人很多，偶尔有些穿着传统服装的人走在大街上，听Mrs Xue说今天是Konstanz市的节日，所以人们为了庆祝都在盛装打扮。

沿着博登湖的木桥慢慢地走，阳光透过清澈透明的湖水，湖底的石子也一清二楚，直视无碍。湖面上到处是嬉戏的天鹅、水鸟和野鸭。我走下坡拿根树枝逗天鹅，天鹅气得拱起了翅膀，有意思极了！在爬完树，骑完马（虽说规定是12岁以下的小孩才能骑，但亚洲人普遍身材娇小，那位德国大叔根本看不出我们几个中国小孩的年龄，还以为我们是小学生呢！记得在从法兰克福坐飞机到苏黎世的途中，小鲍和两个热情的美国人坐在一起，她们以为小鲍才七八岁，一个劲地喂他吃巧克力，吃得他都要吐了！捂嘴偷笑)，喂完山羊后，我们直奔山顶的城堡，途中遇到了一位带小狗散步的女士，还和小狗玩了一会儿！总而言之，发生了不少有趣的事(路旁还有专门闻植物气味的木箱)。在城堡前的塔楼商店的门口，我们遇到了一位穿戏服的女士（身穿蓬蓬的紫色礼服，手上还拿着长柄白阳伞)，并与她一一合影！

啃了啃可乐冰棒，我们走进了城堡右侧的教堂。巨大的管风琴演奏着极其庄重、严肃、优雅的教堂音乐，我挺直身子坐在椅子上，望着穹顶辉煌的壁画。心灵有如被水洗涤过一般。浓郁的神圣气息充斥了内心……

带着一天的疲劳回到了家里，凯文带我们去一个香港人开的餐厅吃晚饭。很可惜的是，这些香港人不会说普通话（这些香港人出生在瑞士并没去过中国)！不过，这个餐馆的饭菜味道真不错，就是蒸米饭的时候，水放得太少，没蒸好……

周六，Jackie一家带着我开车去luzern看花桥。到了vierwald湖边，我们一起去电影院看了场三维电影，讲的是探险家在非洲的故事。但是看到一半我就睡着了，jackie也是，无奈剧场太黑，又很有让人入睡的气氛！

电影结束后，好不容易在花桥附近找了家饭店，选了一张露台的餐桌，脱下外套，揉了揉酸麻的小腿后坐下。一人点了个披萨，在等披萨的过程中，我教 jackie 他们如何用手势表达数字……披萨终于来了，味道一般般，不过饿了吃什么都香！下午，我们又在 luzern 四处走了走，还有幸看到瑞士人的传统婚礼……

周末，我们去了 Santis 看雪山，站在山顶寒风习习吹来，冻得我浑身哆嗦。从这儿可以俯瞰到瑞士东北部，德国还有奥地利。而身后则是延绵、壮美、秀丽的皑皑雪山！坐着缆车回到山下吃了点薯条，就开车去 Appenzell 吃当地有名的冰淇淋。一路上，到处都是青青的草场和农庄。各种各样的牛和山羊带着巨大的瑞士铃铛，丁零丁零地走来走去！车窗外，时不时地出现几个开着古董车的老年人或是快速驶过的青年摩托车队！

我坐在车上兴奋地舔着口感十足的香蕉味冰淇淋，车子正开往 jackie 的外婆家。Jackie 的外婆十分慈祥，但并不会说英语。（瑞士东北部讲瑞德语）她烤的曲奇异常美味（一片一片的非常薄）。她还送给我一块非常好看的紫水晶原石！

周一又到了，我与 jackie 坐火车去上学……

时间总是过得飞快，瑞士之旅在不知不觉中结束了。我有些伤感地看着送机的这些瑞士朋友们，Jackie 伤心极了！我也是，但天下没有不散的宴席，人总会有离别……

在瑞士的这段时间，我有很多感慨。瑞士人都很热情、礼貌、友好，也许他们的食物并不是很美味，但都很健康，而且每顿并不多吃，保护了自己的肠胃！瑞士的环境也特别好，到处都是树木和草地，无论是河流还是湖泊都异常清澈，空气也充满了自然的芬芳！可以说的太多了，如果下一次能再去的话，那么我一定要更深入地了解瑞士……

我和冬儿爸看了冬儿的文章，有点想让她能压缩一下，但被她拒绝了，一个字也不能改。她说她还有很多没有写……

冬儿爸的评语为优点：字多（这不知是不是优点?）；缺点：平铺直叙，没有提炼，不能高度概括。这是散文，而不是感言。妈妈的评语为优点：能坚持写下来就最好。缺点：没搞清写作形式。但无论如何，冬儿完成了。我和冬儿爸都很开心。

前面上传了冬儿的游记《瑞士之旅》，并作了说明：从开始的心烦，到后来我慢慢地引导越来越想写，最后刹不住，写了3600多字还余味未尽……许多的朋友看了说：冬儿为什么会写得这样好？问我是如何引导的？

冬儿这样的初中生不是小学不懂事。一直有好习惯，平时也能很好地完成作业，作文是如何写的呢？心中也有数，这个是加出来的总结，占用了她玩耍的时间，心里烦能理解，家长要宽容孩子的一时之气，慢慢引导孩子。因为带着情绪写作，质量一定不会高，当然，其他学科也是一个道理。

记得冬儿从瑞士回来的第二个星期，写过瑞士之行。当时，写了一张半纸，放下笔吃饭，我说能不能给我看看，冬儿不同意，说只要看了，肯定会有一大堆想法说出来，到时又要重写……我当时就保证不说。

但一看冬儿一张半才开一个头，这作文要写到什么时候啊？无意中就冒出一句："冬儿你们老师让写什么形式的作文？""老师说什么都可以。""但你这才开了个头，主题也没有？何时能写完啊？你只要开个到瑞士的头，说一件印象深刻的事，结尾感想一下就行了啊！""我是想按时间顺序写，慢慢就写出来了。你说不讲一句，这讲了多少句啊？"冬儿很不开心地看了一眼尴尬的我，一边咕噜一边又去看她的文章，看了一会儿，把作文纸揉成一团，开始重写……一会儿就写好了。"不许看！"她说了我一句后，玩去了。

晚上，冬儿睡了，把冬儿的作文和揉成团的草稿拿来看，的确后面写的真是比前面的紧凑，主题很突出，看得出冬儿还是听进了我的建议。但前面的草稿也写得很好，时间线路很清晰，文字语言优美，假如写下去，一定是篇很好的游记，当时悔得啊！真恨自己多嘴了……

所以晚上老师打来电话，让冬儿写篇瑞士行的总结，一下想起冬儿原来开了个头的游记，再一想不能多嘴，孩子想怎么写就怎么写吧！但冬儿对写文有很大抵触，如何办？冬儿开始打字，只打了几个字，嘀咕倒是一堆。我说明天写，现在睡吧！

第二天早上起来吃饭时，冬儿主动提出写作之事，开口就是烦死了，不知如何写？

我想了想说："记得你好像很早前写过一篇到瑞士的开头。"

冬儿急急地说："是啊！但你不是说不好吗？我现在忘记如何写了。"

冬儿爸说："只要是你的所思所想，而且是真实的就行了。"

我拿出冬儿瑞士带回来的礼物，一样一样地摆开让她看，开始她很不耐烦，后来看到紫水晶，拿到手里翻来覆去地看，又拿起杰奎琳家人的合照看了一会儿后，和我说："我知道如何写了。"

跑进房里找出带回来的瑞士地图，认真地在图上找她去上学的学校，还有许多玩过的地方，接着开始坐下来在电脑上写了起来，写了一会儿后，回头和我说："老妈，还是想按时间顺序来写……""好啊！你慢慢想，慢慢写。"冬儿写一会儿，到地图上找来找去，告诉我和冬儿爸，这是我去的地方，那是我去的地方。虽然我和冬儿爸都知道她去过什么地方，可两人还是一起伸头到地图前，兴致勃勃地听她说。她说一会儿，又跑去写，写一会儿又打开地图看……其实，我一点听不懂她和冬儿爸用英话说的地名和事，只能开心地夸："冬儿你可真聪明，用地图看着来写作文。"冬儿听了很受用，飞快地打字。

过了一会儿，冬儿回头说："老妈，看看我写的。"我一看，头开得真是好，内心描写也很到位，就一顿死夸。冬儿听我一夸，更是开心，双手在键盘上打得飞快……对着带回来的礼物，边打边看。想来触景生情，异国他乡朋友们的情意和礼物，打开了冬儿记忆的大门，让冬儿有所思，有所想，更有所写。

在中午吃饭时，大谈特谈她的构思和想法，还有到什么地方，如何好玩。后来，特别翻出一张和一个黑人游客的合影，很有意思。杰奎琳在帮冬儿拍照，他突然跑到冬儿的身后，伸出头，一条腿立在地上，人成了个大字，大笑地示意跟冬儿合影。冬儿开始很紧张，后来看到这位朋友滑稽友好的样子，冬儿笑得说不出话来，等等，一系列有趣的事。

看冬儿写了很长时间，冬儿爸让她玩一会儿，都不肯，只是写累了看了两次小说，每次十分钟。看时间不早了，写得太长，逼她收笔。叫了好一会儿，才收回来。我和冬儿爸认真看完后，不得不说，写得还可以……冬儿说："我太想写了，现在没时间，今后有机会，一定会再写出来。"

从不想写到现在的收不了尾，放不下笔，这中间内心世界到底发生了什么？只有冬儿才知道。但我和冬儿爸只是站在孩子的角度，想着如何帮孩子，让孩子真正感受到家长的关心，也是个关键的原因。所以孩子无论学习、生活，只要出现了困难且不是过分的想法，就一定要动动脑子帮到孩子，让她感到来自家长无限的爱。孩子定会感受其中，并同样会尽其所能，做好自己，让家长欣慰。

祝福朋友们

许多天没有动笔了，天冷身体不好，不能久坐，手痛是主要原因。当然，懒也是个不能原谅的理由。昨天，如意妈妈的到来，真让人感慨。特别是她走在杭州的路上，竟然能无意间偶遇杲儿妈，真是太不可思议了。无数远隔千里，素不相识的人们，因为孩子，因为缘，就这样走到了一起。茫茫网海真是神奇啊！此刻，又有了想写博的冲动。

在新的一年开始之际，附上冬儿写的一篇小文章《晨》。今天是 2011 年元月 2 日，是我新一年写博的开始。

晨

“哗……”窗帘被拉开，放眼望去，远处飘过的浮云还晕染着夜的银辉，朦胧的日晕在遥远的天际形成一道亮丽的虹穿过皑皑雪山，树林间洒下薄薄的一层金纱，沾满了晶莹露珠的辽阔牧场透着淡淡青草的芳香，领头的牛儿摇晃着巨大的铃铛，一声声透过重重山岭！这就是瑞士的清晨？我脑子清醒过来。

凯文笑眯眯地指了指一旁的木钟道：“Girls. It’s time to get up.”我看了看指针，才不过早上 7 点（早上 8 点半到校，坐火车只需十分钟左右）。“现在的确很早，但为什么不试试沐浴清晨的阳光呢?”凯文眨了眨眼，轻轻带上了门走了出去。我不解地望着一旁的 Jackie。她哈哈大笑了起来“凯文是说让我们起床后，出门散散步！”好吧！我真的很难理解这深奥的说话方式。

理了理不服帖的卷翘短发，顺手拎上外衣，登上靴子，牵着 jackie 推开了门。

整齐的小道上堆满了落叶，两旁高大的树木落叶纷飞。空气中弥漫着淡淡的凉意，深深地呼吸一口，沁人心脾！jackie 拉着我绕过了庭院，一直走到茂密的树林里。叮叮咚咚的小溪穿过树丛淌向森林深处。水清澈无比，阳光穿透繁茂的树叶在水波上泛起点点金鳞。

踩着湿润的泥土，交叉盘错的树根蜿蜒向远方，偶有几只色泽艳丽的小鸟在枝间跳跃着。我顺着 jackie 手指的方向望去，绵延的雪山前是大片大片的草原。风吹过后，仿佛金色的波浪缓缓地浮动，真是壮观极了！山上终年不化的积雪，在光的折射下，形成一道闪烁的光带！

湛蓝的天空一望无垠……自然的气息充斥了我的内心。这种感觉就像自然与人融为一体似的！

瑞士的晨包裹在蓝天、雪山、森林与草原之间。这是与中国之晨多么不同的景象。我的内心无比地感慨！

孩子如何学习玩乐两不误？

冬儿被推为市三会好学生先进个人。心里开心，在网上聊了几句。有个家长可能看了孩子的简介，实在是不理解孩子这样多的东西是如何学出来的？正常的学习功课作业用时多不多？有没有玩的时间？更不明白孩子为什么自信满满？故而问我，这个自信满满是不是我写得？孩子上初中我有没有在学习上帮她？

回黄冈见了许多老朋友，看到冬儿都非常感慨。聊着聊着说起网上有人不信有冬儿这样一个人……当时君妈就说："大姐，要不是我认识你多年，看着冬儿长大，我也不会相信冬儿会学好这么多的东西，同时学习上会有今天的样子。大家都在带孩子，为孩子也有付出，冬儿这样的实在是不可想象的……有人不相信太正常了。"

是啊。如果不是我和冬儿一起慢慢走来看她长大，可能自己也不敢相信会有今天……其实看着孩子在成长和求知的路上，一步一个脚印，从艰难的步履蹒跚，慢慢走稳，到现在轻松地迈步，小时候所付出的汗水和艰辛真正是常人无法想象。感叹孩子小时候的坚强和现在的淡定……

（1）冬儿在有限的时间，这么多东西如何学出来的？看过我前面写的《播下希望的种子》、《冬儿学会了坚持》、《上兴趣班一至五》的家长肯定明白其中的道理，没有看过的家长，看看就知道了。

（2）正常的学习功课作业用时多不多？小学六年：冬儿中午回家 15 到 20

分钟弹琴，快速心算5分钟、报听写5分钟、英语5分钟读课文。其他时间玩(因为这孩子从小不睡午觉)。下午打完球到家，吃完晚饭，作业最多到8点左右，其他时间都是看动画英语电视和走进科学（她最喜欢)、(四年级开始看电脑小说15分钟，做一门作业)、我和她聊天讲故事，晚上床不超过8点45分。初中：5点半到家，先看20分钟电脑小说，吃饭时和我们天南海北地聊天，饭后再看20分钟小说（她的话：让胃休息一下)。开始作业最多到8点（期中和期末考试可能时间要长一点)。整理好书包，拿好明天的校服，要带的东西。接着看电脑小说20分钟，弹琴15分钟，20分钟电脑小说，跳绳一分钟（中考要求一分钟150个)，洗漱，再看一会电脑小说到9点30上床睡觉。雷打不动。用老师的话讲：冬儿作业上没有吃饱，用时太少。

冬儿从小学至今，正常合理地做作业，都是最快的时间做完。重要的是不会给她加作业，她知道做完了就可以玩，这是每个孩子的希望所在，那个孩子不想玩？为什么说正常合理地做作业？我一直认为，如果孩子不会，做再多，还是错。如果懂了，就不要加重孩子的学习负担。比如：有个五一节长假，老师让做700道数学题。我一看都是很简单的加减题，就告诉冬儿："你听错了，70道。"冬儿一听就急了："我没听错，老师让抄下来的。"我说："你就做70道……"其实我明白老师也是好心，一天100道简单的加减题并不多，免得七天玩过了。但我更希望冬儿能在这宝贵的七天，开开心心地到处玩玩，积累多一点作文的素材。七天结束后，我给冬儿的老师电话，说了一下情况……所以正常合理的作业以外的另外，我不会让孩子去做。原因是：①浪费时间。②孩子做着没有劲，心里有抵触，一定不能提高效率。

（3）有没有玩的时间？"玩"在平常孩子的眼里，可能就是不作业，冬儿也是。但冬儿从小喜欢"玩"的是打乒乓球，游泳、打网球、做手工、看小说，读书，等等，下围棋、和学声乐是上初中时自己要学的。多年来最不喜欢的是弹钢琴和跳绳。但她知道必须要做。平时放学作业快，大多时间看网上小说为主。自孩子上了初中，尝到学习兴趣爱好的好处后，这些喜欢的项目，署假开始，自己天天跑去学。同时把假期作业和自学的内容，按照学校的要求，作了小小的调整，订了暑假计划表。把作业分了7份。看20分钟网上小说，做一门作业。基本到9点45都能完成。想想孩子也不容易，大热天在那挥汗如雨打球，从小到现在，没有停过。可她说就喜欢玩对抗的运动，打比赛赢了开心得要死。如游泳、围棋、网球等。所以说冬儿玩的东西多，玩的时间要比做作业时间长多了。小时候我给她安排，大了自己安排，总之是合理安排的结果。

（4）孩子为什么自信满满？孩子上了初中后，除了学习，能经常参加学校和市里的一些体育运动并有好的成绩。时间长了，同学们都很羡慕。加上冬儿和同学们关系非常好，从不骄傲。用冬儿一个同学妈妈的话来说，就是非常大气，非常淡定的孩子。再加上冬儿的学习几乎总是全班第一。所以这个孩子会非常自信。

（5）这个自信满满是不是我写的？孩子上初中我有没有在学习上帮她？

可以肯定地说：孩子幼年到小学毕业，我把“自信满满”无意识地、深深地印在了孩子的心灵深处。到了初中，“自信满满”会从孩子心底慢慢泛出，越来越强烈……

除了小学，我是一心一意帮助冬儿，和她一起慢慢成长。到了初中，刚开始还有点担心，时不时问一下。现在学习上没有管过，也没有办法管。第一冬儿在学习上自己都安排好了，她说上课认真听讲最重要，回来就能很快做完。第二很多知识我们根本不懂，无从管起。

所以冬儿能学习玩乐两不误，关键是合理地安排了有限的时间。当然，冬儿还只是个初中生，现在才刚刚迈出她人生的第一步，她要走的路还长，现在说什么都为时过早。但冬儿走的每一步都很扎实。希望并相信冬儿会越走越稳，越走越好……

第四章

如何帮助孩子解决未学产生的新问题

如何帮助孩子适应新的学习环境？

有个小学高年级家长和我说：孩子上六年级，下半年换到新学校，非常孤独，回来总是和家长吵，要转回原校。家长道理讲了一大堆，好话说尽，口水说干，孩子就是不听，逼家长给转回去，学习成绩也一落千丈。家长是换单位，不可能再回原来的城市，现在马上小升初了，家长自己也忙了，看到孩子这样心烦得不行了，一筹莫展。让我给拿个主意。

这个家长说了两个问题：孩子小升初前能不能转学？孩子出现了问题应如何解决？

（1）孩子小升初前能不能转学？

这位妈妈的话，唤醒了双子几年前的记忆。冬儿也是六级下半年转到苏州来上学。当时我为了养病，另一个原因也是想让冬儿离开黄冈严酷的应试教育。上网查了一下，苏州的素质教育如火如荼。想当然地认为，苏州的教育一定是素质高于应试。

离开苏州多年，记忆中的苏州什么都是最美好的，因为那里有我最亲的亲人。每年带冬儿回苏州看望父母，老父老母带上冬儿，这个园林玩到那个园林，游玩金鸡湖时看到的也是周围的现代大都市气息，因而冬儿脑海中的苏州，除了我和冬儿爸从小灌输的小桥流水人家，雨巷中一衣旗袍慢慢走来的丽人，就是假山真石间的各式亭台楼阁。最让她向往的是花园一般大都市的干净和美丽。因为冬儿小时候到过珠海的家，周围就非常美丽。

冬儿听说要回苏州上学，开始非常开心，但言语中还是有点担心怕没有朋友，没有玩伴。和冬儿上网查了要去读书的学校，发现中午在校吃饭，校网上有几十种中餐。就安慰冬儿，我们住的地方，是市中心，学校中午有如此多的饭可选来吃。

和冬儿分析：苏州的小学作业会比黄冈的小学作业少一些。你表姐在黄高，每天要学习到晚上 11 点才能睡，苏州肯定不会这样。再说，你过半年就要进中学了，就算提前入中学，中学一样是没有多少朋友，要自己慢慢地去结交。冬儿爸更是说了太多的美好东西：大都市的学生有礼貌，老师水平高。生活环境好。学习技能条件比黄冈优越，还有许多大型音乐会和体育赛事……

冬儿听听有理，兴高采烈地一起回苏州……第一天和外婆一起送冬儿上学，这个学校入学英语要求高，主要怕孩子到时跟不上。英语老师让冬儿读了一段英语，说不错，就同意入学……教务主任带冬儿到处参观，冬儿看到这漂亮如园林一般的学校，厕所还撒了香水，非常高兴。特别是听说一个班只有 35 个同学，全校只有 400 多个孩子，更是吃惊。因为她们原来学校的多媒体班最少 56 人，平行班更是多达 90 人，一个年级就有七八百人。每个平行班挤得上厕所都要几个人一起动……厕所的味道熏得要吐。看着冬儿很开心，我和外婆也放心地走了。

下午放学后，冬儿跑出来的感觉不对了，不停地问我：“老妈你搞错了没有啊？这个学校是不是苏州最差的？”我不解地说：“不是啊！这是个中心小学，很好的。”接下来的几天，冬儿都不开心：学校的午饭只有一种，还是冷的，无法下咽。每门课的作业量多得吓人，语文作业中的阅读理解必须是标准答案，冬儿几乎都做错了。要大量做一些简单重复的数学习题。英语倒是没什么，就是每星期要背一篇《新概念》二册的课文，虽然冬儿原本就会，但每天要做到很晚，孩子睡眠少了很多，又没有玩的时间，想来肯定心烦。

星期天带冬儿去学琴，（外婆一个朋友开的钢琴学校）冬儿爸开车没地方停，坐公交车来来去去半天没了。找了好久才找到个最近的乒乓球室，可东中市在修路……车不让进，走就要走很远的路过去，浪费了太多孩子在星期天可以玩耍的宝贵时间。真没想到现在的苏州变成了这样？是个生活如此不方便的城市。冬儿这半年下来如何过啊？和冬儿爸后悔的啊！不知如何办？

冬儿的问题不仅是兴趣如何坚持？而且最关键的是要这个学如何上得下

去？接下来，如果处理不当，孩子心里抵触，则学习成绩必然滑坡。更有可能让一个阳光灿烂、开心健康的孩子，从此消沉，和家长的美好愿意背道而驰。不仅搭上了孩子宝贵的时间，而且还堵住了孩子前行的通道。这才得不偿失。

所以小升初的时间段，让孩子转学，不是不行。但做家长的一定要各方面了解清楚，特别对就读的学校和周围的环境要有个大致的了解。不然孩子一脚进去，面对的不是家长所说和孩子自己想象的，必然会有这样那样的问题。接下来，再想用说教，说服一个不知所措的孩子，真是不太可能。所以接下来如何做？

（2）孩子出现了问题应如何解决？——帮助孩子适应不同的生存环境。

冬儿小升初前转学来苏州后，带来了一系列问题。当时如果处理不当，孩子心里抵触，学习成绩滑坡是小事。更可能让阳光、开心健康的孩子，从此消沉。和家长的初衷背道而驰。这才得不偿失。那么问题如何解决呢？

从此，冬儿每天背个书包上学，一脸的不开心，天天回来发牢骚：这么多的作业，还要不要人活了？做对了，还批错，老师什么水平啊？我是急在心里，表面不好作声。想想苏州的孩子都这样，冬儿可能只是不适应。赶快和冬儿爸找熟人快点给冬儿装宽带，想她作业完成后，上网看会儿小说，休息休息可能会熬过这一段。

过了近三个星期，有一天为了阅读理解，冬儿终于爆发了：“还说苏州大城市，学生有礼貌，一点礼貌也没有，上课顶撞老师。学习又差，简单的五年级数学都做不出，还粗话连篇。老师水平比张老师、吴老师差远了。数学简单得要死，做得烦死了。语文老师板书都写错了，‘添’字少了一个点。什么水平啊？阅读理解必须是标准答案，这样还要语文老师做什么，背书就是了。作文一定要写在草稿上，再抄在作文本上，也太幼稚了吧！能一次写好，为什么还要抄一遍？（冬儿在五年级时，张老师就不让孩子作文打草稿，主要培养有能力的孩子提高写作水平）。这样冷的天，饭不仅难吃，而且还是冰冰冷的。而老师的饭却很好，不当学生是人。生活环境比黄冈差远了，学琴、打球没有一样方便的，上个街又远，路上到处堵车，尾气排在空气中，污染严重。什么大都市啊？大乱市。老妈能在这种地方养病？只有多生一些病出来吧！为什么要回到这种地方啊？”一边说一边大哭。

我吃惊地看着冬儿，一时无语，心里非常难过，想想冬儿说得没有错。虽然领教了这个城市带给家人生话上许多的不便和麻烦，但肯定不能用“既来之、则安之”这种没用的鬼话来安慰一个心烦意乱的孩子。

赶快跑到外面，给冬儿远在黄冈的张老师和吴老师电话，向两位老师求助……张晓鸿老师过了一会儿打来电话，和冬儿聊了很长时间，看着冬儿收住眼泪，开开心心和老师聊天，一颗悬着的心放下了。冬儿挂了电话高兴地说：“张老师真好，还想着我。”“是啊！你是个好孩子，转学时张老师就舍不得，打电话给你是想你了。”“是啊！张老师还讲了个故事给我听，总之是为了让我慢慢地能习惯新的生活……”“真的啊！老师想得太周到了，比老妈强。明天老妈到学校看看中午你们吃的饭，不行就回来吃。非常抱歉，老妈没有了解清楚你现在的状况。”“没事老妈，你又不可能什么都知道？就是你和体育老师说说，看能不能不让我做仰卧起坐了。这里的同学一年级就开始做，我从来没有做过，体育老师当我懒，这几天做得腰好痛。”“好的，好的。你做完作业看会儿电脑就早点睡吧！”孩子就是孩子，冬儿马上开始开心地埋头做作业。

晚上辗转难眠。黄冈可怕的应试教育让我下决心回苏州，想冬儿的中学能轻松一点。没想到三个星期了解下来，倒吸一口冷气。苏州的人口快速膨胀，五年间，从不到600万变成了1200万。师资和教学水平远远不能满足外来人口的需要，即使学校硬件可以，软件根本无法跟上……从现有的课本内容看，因为冬儿基础好，就是这半年不上课，也没什么大问题。关键是初中只有几所好学校，太多的学生升学竞争，冬儿一个外来生，小学毕业上初中如何办？

先想眼前吧！第二天一大早，到医院化验了冬儿的尿常规，一看血尿三个加号……这才想到冬儿真是个了不起的好孩子，仰卧起坐引发了肾结石，血尿加重，腰肯定会很痛很痛。她在如此的心态和环境下都没有说出来，可能是看到我也心烦，真是太对不住孩子。一定要调整好心态，来帮孩子。

赶快到学校找了体育老师，递上化验单，请老师酌情考虑孩子的情况……快到中午看到孩子的饭都在班级门外的一个大桶内，下课孩子自己去拿。我帮着递了一个，拿在手里只有一点点热。这才三月份，冷饭吃到肚子里对健康肯定会有影响。走在出来的路上，看到老师们的菜的确比孩子吃得好很多，心里真是很感慨……外婆在校门卫处等了我一上午。

接下来和门卫讲好，几天都是到校站在走廊上等，只要下课铃一响，快点找语文和数学，还有英语老师（教务主任）沟通。开始体育老师很不耐烦，说我们惯孩子。意思是这个化验单还不知从什么地方弄来的……但为了冬儿只有反复说明，锲而不舍，真是白眼看尽，最后感动了老师。

与老师商量好，冬儿每天中午回来吃饭。体育课不能剧烈运动。语文作业中不会的“阅读理解”，冬儿爸买来答案让她抄。作文先一气写在作文本上，我再帮她抄在草稿上带到学校……数学简单重复的题都是我来做……和老爸到外公的老干部活动中心打乒乓球，钢琴让老师少布置点家庭作业。外公、外婆也一起来帮冬儿，外婆说得最多的就是帮冬儿抄啊……反正尽一切力量来帮孩子，让冬儿有玩的时间。后来，虽然语文老师几个月没来上课，这个老师代一下，那个老师顶一下，但冬儿习惯后就几乎自学。

黄冈的数学老师吴文涛也一直时时来电话关心冬儿……张老师也一直来电话。就这样冬儿慢慢走出了不适应的学习和生活环境。当然，这中间有太多的笑话和故事，但冬儿终于顺利完成了小学的求学之路。

苏州比黄冈放假早半个多月，赶快带冬儿回黄冈。冬儿又回到原来的班，正好黄梅季节，天天下雨，但冬儿坚持上了一个多星期的课，和同学们开心玩耍，一起学习，一起毕业考试，结果还真可以。我和冬儿爸非常欣慰。

后来，冬儿上初中，刚开始就没有什么不适应。同学当她外地人，听不懂苏州话，当面说她（其实她听得懂），不和她玩，她无所谓。班主任老师很喜欢她，还怕她受到打击，她倒是一点事也没有，坏事变成了好事。

所以孩子无论是上小升初，还是转学。来到一个新环境，没有相识的同学和了解自己的老师，不适应是太正常不过的了。就是一个成人，来到新的地方，新的工作单位，同样会很长时间不适应：（1）欺生。（2）利益的驱使，相互倾轧。（3）生活不适应。

千万不能因为自己刚到一个新地方，各方面都不顺，拿个同样不习惯一切的孩子出气。想想自己的不容易，再来多想想孩子，又不是孩子让你来，反而孩子现在出现的状况，是你大人一手造成的。所以不是反复说教，让无助的孩子更加茫然。而是理解孩子，了解孩子，才能想出多种办法来帮到孩子，这样才能让转学来到新环境的孩子，生活学习慢慢适应，顺利过渡。也是家长必须用心才能做好的，你是家长，你不动脑筋？不去帮？不去做？谁会来做？不帮就是毁了孩子。

可能有人会说：你有时间，可以帮到你的孩子。其实，我看病打针，比上班还要忙。不想做的理由人人会找……

冬儿后来上的是普通初中，不是苏州的四大名校，现在学习还可以。家门前五分钟就有一所名校，为什么冬儿没有上？冬儿爸反而每月花1800元租房，让冬儿一定到这个新开的普通学校来上？下面会说到孩子小升初如何择校？

孩子小升初如何择校?

朋友来电话和短信，诉说孩子将要面临小升初，为了备考，天天睡很少的觉，可怜得要死……现在不知如何给孩子选择学校?

前面写了冬儿六年级下半年到苏州读书。现在回想起来，当时的确面临家长们一样焦虑的问题，和冬儿爸考虑了好几个月，在一片反对声中，把冬儿送进苏州新建的一所普通中学。三年下来，回过头看，当时的决定是对了。下面说说我和冬儿爸择校的基本原则，家长们可以参考：

(1) 安全第一。包括：周围环境；上学路途。

原本城里几乎都是独生子女，家长包办太多。但初中生不是小学生，自己去上学是个基本行为，也是孩子必须做好自己的第一步。但现在各地城市不是我们小时候的规模，到处扩建，城市间距拉大，人口膨胀，路上到处是横冲直撞的电瓶车。电视里天天报道家长孩子出车祸，一个孩子出事，几家人遭毁灭。

所以和冬儿爸考虑择校的第一要素：安全。没了安全，一切都是零。

①周围环境：学校如果在大马路边，交通要道边，孩子自己上学不知哪天就会出事，这里面来不得半点侥幸。

先说说苏州有五所名校，四所私立，一所公立。师资和教学水平相对于其他普通中学要好很多。家长让孩子上初中，这几所学校几乎是首选。虽然要三万的择校费，但有家长就是借债也让孩子上，竞争激烈得让人吃惊。

草桥中学：是所很好的百年名校。外婆朋友的学生在其中学做领导，让冬儿提前英语面试，看到冬儿原有的成绩和技能，非常喜欢，同意入学。当时，一起面试的孩子和家长排成长龙，到处是人，家长焦虑，孩子紧张……想想真是可怜小小读书郎，可怜天下父母心。此校离我们家只有两站路，但后来被我们否了，因为学校处在最繁华的十字路口，门前还在修地铁……环境不行。

②上学路途：名校平江中学就在我们家马路对面的学士街里，就是走路过去，也不过五六分钟。但走近路上学，路口没有红绿灯，汽车一辆接一辆，非常危险。过去一点，虽然有个红绿灯的十字路口黄鹂坊桥，但是个最挤的交通要道之一，时时堵车。孩子们放学的时段，和冬儿爸去路口观察了几天。汽车还好，就是电瓶车在人堆中到处乱钻，亲眼看到几个孩子被撞，或重或轻。孩子一人到校很容易出事。虽然学校打电话让冬儿报名（全市孩子的学习和其他情况都在网上，各校一查就知）但这所学校也被我们否了。名校十中也是这个情况，上学路途不安全。

接下来就是立达和木渎。

（2）如何选择名校？

最重要的是了解自己的孩子，不能拔高孩子的能力。

①立达中学和木渎中学都是省级名校。

立达中学在市内，学校软硬件都非常到位，师资和教学水平全市一流，可以说是全市最好的学校。同时，也是全市学习成绩最好的孩子汇集之地，相当一部分是有权有钱子弟。

木渎中学是所公立学校，地处郊外的太平山脚下，同样是所非常优秀的学校。这里山清水秀，师资和教学水平与立达几乎齐名，只是生源来自全省和原吴县的当地居民的孩子。

②了解自己孩子的水平，不要选最好的，要选最合适的。

和冬儿爸打听到，立达中学的许多孩子太优秀，老师教学非常活。冬儿是平常的、中等偏上一点的学生，如果看她的兴趣爱好，那么学校肯定会收。因为这个学校的素质教育，全市最好。但冬儿一个外来学生，如果进去学习上在班里垫了底，肯定会产生很大自卑，可能这三年学习压力太大，反而无法学好。一个青春期的孩子，如果学习不好，就会寻找其他的生存方法。在这种优越的环境中，虚荣攀比等等样样会来。这不是以家长的意志为转移能改变的，到时再来后悔就没有一点用了。

木渎中学虽然路远，但可以住校，能锻炼孩子独立的能力，因为生源有好有坏，冬儿如果学习保持在中等，在繁重的学习压力下，这三年心理上会好过一些（我一直不希望冬儿在班里学习上冒尖或垫底，这对孩子的成长都会带来很大的负面影响）。这里的学生相对朴素些，孩子的成长，品德是最重要的。

正好木渎中学在招省内学生，就是要参加一个很难的考试，和外公、外婆一起，带了冬儿赶过去报名，也算玩了一趟。这个就做了预备。

在此其间，和冬儿做过多次交流，发现这样大的孩子，根本就没有自己的主意，因为太多的信息量，让一个孩子无法，也不可能来判断和决定到底要上什么学校。家长一定要担起家长应担的责任，帮孩子选他合适的学校。

在这和家长们说说真心话：小升初就读什么学校？家长一定要帮助孩子拿主意。不能让孩子进了初中，可能是由于师资或其他原因，学习不是太好，有了起伏，就来说孩子：谁要你当时选这个学校的啊？我让你上那个学校不肯上，一点话不听，看看现在学校是这样的……让个孩子雪上加霜。

冬儿最后还是来到了一所新建的，硬件基础设施虽然全国一流，但师资和教学水平根本没有可比性的普通学校，后来的三年能不能保证孩子走好？都是未知数。当时和冬儿爸如何考虑的？

记得冬儿他们快要毕业时，学校开了个家长会，发了一本升学册子：讲解入读初中的要求：两个小时听下来，人就晕了。这条件，那条件，冬儿可能除了学习，其他的一样也不沾边。上中学是按户口所在地分配到普通中学就近读书。你不想读普通的，只有择校。

冬儿虽然生下来户口就在苏州城里，如果按片划，只能读最差的二十二中。如果择校，那么除了五所名校3000元赞助费，还有许多普通中学，相对二十二中要好。普通中学三年8000元赞助费。

没过几天学校通知家长到校：和冬儿爸赶去一看：操场上到处是各中学咨询的摊位，真和做生意没有两样。因为能在全市报名前先招到好的生源，又有赞助费可收，所以许多普通学校使劲地吆喝。和冬儿爸拿了太多的宣传单回家，看来看去却不知如何定？前面说到冬儿爸先从五所最好的学校开始，一圈找下来，从安全和比对考虑，先否定四所中学后，让木渎中学作了预备。

（3）如何选择普通中学？

①普通中学的特色班和优秀班。

苏州许多学校虽然是普通中学，但办学各有各的特点，四中有个航空班，从初中开始就培训空姐。十六中有个国际象棋班，从这走出太多品学兼优的学生。彩香中学的体育生同样优秀，还有景范中学、五中，等等。

虽然是普通中学，但特色班和优秀班配备了全校最好的各科老师，还有同样优秀的班主任，所以就这种班的整体而言，升学率和五大名校比并不差，有的可能还要超出。

如果孩子小学成绩在学校中上等，除去安全或家庭条件不是太好（其他要交 30000 元择校费）外，那么这种普通中学的特色班和优秀班应该是首选。

家门口的十六中学有个国际象棋班，这是马路对面一条小巷中的学校，算是个各方面比较优秀的普通中学。但学校在大兴土木，学习环境很不好。带冬儿去报了个国际象棋班，算是在普通中学也作了个预备。

②普通中学的普通班。

冬儿爸无意间在网上发现一所新建的胥江中学，家里一个亲戚也来电话讲述该校的优势……第二天过去一看，市图书馆分馆就在校园内，校内有个综艺楼，里面有网球场、大型电影院、室内运动场、绘画室、钢琴室等应有尽有。操场上是塑胶运动跑道，还有天文地理馆，宽大的教室走廊和先进的卫生设施，四层独立的餐厅让人感觉是走在大学里。教务主任介绍：学校的硬件条件在全国初中是一流的。最重要的是学校闹中取静，边上有个很大的小区，生活配套设施很全。

问了一个非常重要的问题，有没有特色班，生源如何？肯定回答：没有，每个班都会请最好的老师，生源是择校生和地段生，每班平均搭配。

想想这个学校真好，回来就在网上给冬儿报了名。第二天，学校来电话同意冬儿入学。

但面临三个问题：第一，新建的学校教学水平会如何？因为没有可比性。第二，路途离家非常远，接送会有很大的麻烦。第三，没有特色班，孩子的学习会不会受到影响？

第一，新建的学校教学水平会如何？

当时考虑，国家花费近两个亿建一所初中，虽然教学等软件条件没有可比性，但硬件一定不会很差。第一届学生毕业的成绩肯定是这所新办学校最要重视的事。

第二，路途离家非常远，接送会有很大的麻烦，还浪费孩子时间。

原本打算冬儿初中后，停止家长接送。孩子早就应该自己上学了，但路上安全同样不能忽视。所以当时就在小区租了房子。一下解决了两个问题：一是五分钟就能到家，节约了孩子宝贵的时间；二是能独立上学，对孩子成长有好处。（开学后，冬儿有个同学骑电瓶车下学回家，被撞到下巴脱落，掉了几颗牙，缝了很多针，住了很长时间的医院，后来一直由家长接送，想想都后怕。）

第三，没有特色班，孩子如果和太差的学生一起，学习会不会受到影响？

胥江中学没做广告，建了快两年都没听说。网上只介绍学校的硬件。如果不是上网查找，则可能冬儿真就会和这所学校擦肩而过了。之所以吸引来到这所学校的真正原因之一，是校长写了一篇“开学寄语”。双子和冬儿爸盯着电脑一气看完这篇满含深情的“寄语”，感慨万千：“每个孩子都是一颗花蕊，到了秋天都会开出独特的花……”这样的校长，这样的理念，这样的学校定然是个会在三年间，将一颗花蕊变成独特的花朵的地方。虽然没有特色班，但双子和冬儿爸相信孩子一样能学好。

由于老师说没有特色班，当时也没动脑子，就带冬儿回了黄冈。想着好不容易小学毕业，孩子要打球、游泳、下围棋。黄冈原来班里的同学组织夏令营，要到厦门游玩，冬儿也一起参加……

回苏州开学后不久才知，学校有两个所谓的好班。冬儿在六班，也叫平行班。相对好班的生源，平行班要差很多……相对好班的师资，平行班刚开始也有一定的差别，现在几乎一样了。

冬儿在这三年的初中生活，学习起伏很大。慢慢走到今天，现在相对平稳，有太多的故事要讲，更有许多学习上的教训可言……现在不好说，等她毕业了，再讲给大家听听。

和将要小升初的学生家长说一下，在给孩子选择学校后，无论有无特色班，有无快慢班。切记给孩子玩耍时间的同时，让孩子复习一下小学的功课，开学后学校一定会考试分班，哪个学校都不会例外。

总而言之，名校、普校不重要；好班、差班更不重要。重要的是，理解孩子，学习上帮不到孩子，心理上帮。自己无法帮，请教老师来帮。家长一定要有比小学更加良好的心态，和孩子一起走好这承上启下，青春期开始相伴的三年。

小升初孩子开始学习上不适应如何办？

1. 了解初中孩子生存的现状

其实孩子从小学到初中，陌生的环境，陌生的同学，的确每个孩子都必须适应这一切。冬儿六年级下半年突然来到苏州，中间不适应的经历都有，所以比同班的小朋友提前适应了这一切。但在学习上是否适应，也是在刚开学时，家长要关注的事。

现状：（1）小学在班里拔尖的学生，进入初中，基本集中在培优班，所以小学时学习上的优越感，在这个环境就荡然无存了。（2）有孩子从一年级开始到小学毕业都是班干部，到了这种好班，什么都不是，样样无法参与，许多孩子一下会非常失落，真正尝到了什么叫强手如林……心理压力陡然增大，有了包袱，前行必然会累。

记得冬儿初中，双子参加“家校管理会”，有个培优班的孩子爸私下说：年级八门第一和五门第一都在孩子班上……孩子从小要强，学习好，是优秀班干部，现在无论何事都轮不上她，很郁闷。我们家长能做的只有让她看开点，……当时就问他：“孩子刚上学时有没有告诉她这样的事可能发生？”

“没有啊！又不知道。谁知初中培优班的孩子成绩这样好，太厉害了……”双子无语地看着他。后来，冬儿到过这个好班两个月，与这个孩子成为好朋友，冬儿说起，真是很好的朋友，阳光大气，为人厚道……当然，功课在班上只能是前十左右。

如果孩子进了这种班，还希望能如小学排在前几名的要求，对有些孩子而言，就是要求太高了。在培优班，能保持中上等已是不错的成绩了。可能很多家长不了解，所以不知道。

有的家长能理解，安慰加帮助，孩子会从不适应到找到学习上的自信，慢慢跟上学习。有家长不理解啊！你小学学习多好啊！现在为什么这样了？最后，孩子在抱怨与唠叨中，自暴自弃……

所以在初中开学之时，好班的孩子学习上两级分化严重。刚进学校时的姣姣者，可能毕业时垫底。中等偏上的孩子，可能慢慢适应，越来越好。这就是孩子知道努力，加上家长的智慧所致。

所以家长要提前了解初中的学习和生活环境，与小学相同和不同之处。最重要的是一定要把了解的情况与孩子充分沟通。

2. 初中的现状让孩子充分了解，心理上做好准备

记得和冬儿爸了解了每一所学校后，都回来与冬儿交流很长时间。但定了胥江中学后，最重要的就是告诉冬儿：初中各校的学习尖子可能会分在一个班，如果进了这种班，那么一定要有心理准备。可能会出现以下几个问题：

（1）学习上肯定不可能也不会是前几名。

假如在班上能考在前面，是偶然加机会的成分在里面，因为大家都是好生，学习能力和水平差距不大，所以只要更努力，才能过好每一天。如果考得不好，则也不要气馁，更不要心烦，因为同学之间哪怕相差十几二十几名，想来水平差别不多，分数不过几分之差，没有关系，慢慢赶……冬儿初中虽然没有遇上落后的事，但在高中时，因为提前打了预防针，心理落差几乎没有。

记得初中进校后，冬儿分数一直考得很不理想。但她非常奇怪，为什么分数不高，名次在前面？难道这个学校的学生都很差？后来才知道进了个平行班。

（2）班干部等位置不会轮到你，所以平常心就行。

冬儿小学只做过一个图书管理员，最高的级别是数学小组长，所以对当干部没有感觉，从来不感兴趣。

班主任老师看冬儿学习可以，让她做学习委员，做就做，她没当回事，回家也不说。只是按老师的要求去做而已，更对这种事没表现欲望和兴趣。所以老师为此与双子交流过，希望冬儿能再外向、积极一点，认为这种慢吞吞的性格将来要吃亏。

双子玩笑说："内向、外向都是遗传，这个世上老实人吃亏一半，便宜一半，冬儿爸一生厚道，也没吃大亏。将来只有再说了，如果从事研究工作，那么这个性格可能是好事，能静下心来做事……

（3）人为的歧视要学会坦然面对。

苏州外来人占了总人口的六成。但这所学校本地学生占多数，刚开始到校，冬儿进的是普通班，本地差生多，当冬儿是个外地人，半大孩子没教养，无事生非用苏州话骂她，冬儿虽然懂，但总装没听见。

特别是第一次秋游，同学们都两人一组地玩，唯独把冬儿冷在一边，班主任怕冬儿受伤害，叫上冬儿一起晒太阳聊天，回来后给双子打电话：感慨冬儿一个小学刚毕业的孩子，知识面如此广博……同时，讲述了当天孩子们的行为，让双子安慰冬儿。转脸讲给冬儿……稚气未脱的冬儿说：没有感觉啊！大家都刚认识，相互不理很正常，不用大惊小怪。老妈不用担心，我会交到朋友的……冬儿自信平和的表情和话语，让人太欣慰。的确，后来冬儿班的同学，与冬儿都成了好友，就是学习最差的孩子，也与冬儿很好……

这是很多孩子必须经历的事，是成长的一部分，没了这些生活的元素，孩子长大后去面对，可能更不知如何办？家长不用担心和纠结这些……

所以家长在孩子小升初时，要做足功课，进初中后，更要及时了解学校和孩子的现状，理解孩子刚开始学习成绩如过山车的行为，带着孩子顺利走好初中三年……

3. 家长的作业

下文是冬儿刚上初中时的一个学习片段，让将要上初中的家长看看。

孩子放学回来，高兴地说："这次月考数学和英语还可以，保持在前几名……"可只字不提语文。我望着她欢天喜地的小脸，欲言又止。在做作业时，我想看看她的试卷和作业，可她捂着本子和书包，不让我看。样子让人好气又好笑。

晚上，等冬儿睡了，我把她月考的语文试卷拿出来一看，才 36 分（总分 50 分的试卷），难怪了。从头到尾仔细看了一遍，几乎都错在阅读上，许多非常简单的题都做错了，答非所问。其实，阅读理解一直是冬儿的弱项，这个原因，我在前面多篇文章中均有所述。阅读理解想拿高分对冬儿而言，不太可能，但错如此之多，几乎扣光也要找找原因。

赶紧把她原来的周考试卷和全部的导读卷子拿出来，一张一张对照课本全部看了一遍，和她做的答案比对，这才发现问题出在下述几个方面：

（1）没有认真审题就下笔。例如，要求一句话概括文章段落的中心思想，她会很啰嗦地写几句。又如，要求回答句子用了什么修辞手法？她连最简单的拟人都没回答。这些显然不是不会做，而是审题粗心所致。

（2）没有对文章进行精读就匆匆下笔。如《山塘雨》中要回答的10、11题；《夏日原野上的追赶》一文中的20、21题。答得不完整可以理解，但答得文不对题，肯定是没有认真精读。

（3）每课导读的预习做得不认真，敷衍了事。其实，提前预习的确是个很好的学习方法，非常重要。学校老师用了大量的时间，在每门学科的每一个章节讲授前，都要让学生们做一张相关的导读预习卷，旨在让学生学习新课前，对所要学习课程的内容有个大致的了解，并独立思考。这对学生们学习和理解新课的内容有很大的帮助，然而孩子还没有认识到这一点，可能认为反正老师上课要讲的，所以导读的题目就可做可不做。

找到了问题所在。然而，如何让孩子接受我偷看了她试卷的事实？同时，认可我的想法，并在接下来的学习当中注意并改正这些毛病呢？我考虑了一天。

第二天，等孩子放学回家，在吃饭时，我和孩子聊起了她月考的试卷。果不其然，她大声地抗议：你侵犯了我的人权，侵犯了我的隐私，没有我的同意，为什么看我的试卷？我告诉她，上次家长会上，语文老师要求家长尽可能地了解孩子平时的学习和作业情况，特别是导读部分……同时，我肯定了她的学习态度，承认没经她的同意看试卷是不对的，再慢慢和她分析试卷丢分的原因……

渐渐地，孩子的敌对情绪缓和下来，和我聊了起来。告诉我考试时并不是没时间审题，的确是粗心了，有的文章没仔细地对照问题要求来做，有的只看了一半题目就很快动笔，等等。我告诉她考试的目的是为了查看你平时接受和掌握的知识有多少？这次考得不好没关系，但一定要知道错在什么地方？为什么做错了？再考时才不会犯同样的错误。她认可了我的意见。

这几天，孩子在做语文导读预习时，非常认真，不太理解的内容和我一起讨论……望着孩子天真稚气的小脸，小大人一样认真的学习态度，感到非常欣慰。

分数是衡量孩子某个阶段学习状况的标准之一。在试卷上，大致能够反映出孩子掌握了多少学习内容，分析到孩子在学习中产生的问题和下一步如何解决问题的方法。而孩子如果哪科分数考得不高，则大多不会回家说考了多少分？更不会主动拿出来给家长看。个中原因我们做家长的大多知道。

初中的孩子不是小学的孩子，自尊心比之小学更强。如何在不挫伤孩子自尊的前提下，让孩子产生问题主动和家长交流？如何真正地和孩子成为朋友？如何帮助孩子克服学习上遇到的困难，让孩子身心健康地成长。这是摆在我们家长面前的一道十分艰难的题目，也是每个家长在未来的几年，需要有足够的耐心、百倍的爱心配合学校老师必须去完成的使命。

孩子和家长如何过好寒假?

昨天和初、高中的家长们，议论了一个话题：“初三的孩子和家长如何利用好假期?”

高中家长专门作了经验介绍，真是谢谢了。非常感人，更是感慨。其实，人人知道初三对孩子和家长太重要了，但如果没有高中和初三家长的身临其境，通过想象是无法真正感受其中的。

的确，中考是孩子从幼儿到青少年读书学习九年的一个里程碑，几乎决定了孩子接下来求学所走的道路。特别是如苏州，高中学校很少的地方，孩子考500多分，有可能普通的高中也没得读。只能上中专或技校。它的难度对孩子而言，与考大学是同等的，它的压力，对孩子而言，可想而知。

所以许多的家长在孩子越来越迫近中考之时，比孩子还要着急，我有个邻居的孩子，去年初三毕业。因为学习不太好，妈妈在去年寒假时，给孩子请来家教，自己天天陪读，做好后勤，开学了还是家教一路走，家长累，孩子烦。老师说基础太差了，都不想再教了。妈妈急得要发病了，又多请了几个家教，一样只有300多分。爸爸知道了一顿死打……最后还是上了一个中专结束。

我和冬儿交流相对其他孩子可能比较多，同学这个如何？那个怎样？我都要问问？主要是没话找话，让孩子回家放松。的确从冬儿的言语中听出，现在的初中孩子，学习、性格、能力、行为和小学的孩子完全是两个概念。

这个时段孩子的情况，所谓听话的孩子凤毛麟角，不和家长天天顶嘴就算好孩子了。

此时的孩子说懂，不是太懂；说不懂，又什么都懂。青春期、独生子女、学业的加重，加上文化商人为了利益最大化，不负责任造势，推销各种书籍和考卷，压得这时的孩子，真正是要多叛逆有多叛逆。所以家长面对这个年龄段的孩子，用孩子小时所用的方法来养育孩子，不可能奏效，说教更是耳边风。

寒假原本是和中国传统的，一年一次最大的节日“春节”一起度过。此时的人们或走亲访友，或全家团聚，或旅游观光。家里更是人来人往，好不热闹。

如果不管三七二十一，如我邻居，在寒假给孩子恶补功课，大人好心是为了孩子中考有个好成绩。可让个上了一学期课的孩子，在这样一个欢天喜地的日子里，天天补习、复习功课，那么孩子心里会做何感想？补习效果会如何？

他们平时的学习能力和行为有这样几类：（1）理解能力强，基础扎实，学习认真，平时在家加码（多做试卷、多做题）。（2）理解能力强，基础扎实。行为上调皮捣蛋，所以学习上只能跟着课本。（3）理解能力强，但基础不好，跟不上学习进度，这是小学没有好习惯（2 和 3 类的孩子几乎都特聪明）。（4）虽然理解能力一般，但基础扎实。这类学生几乎都是小学的好习惯带到了初中，虽然天赋不高，但一样能跟上课本走。（5）理解能力一般，基础不好，有的还在行为上调皮捣蛋（这类孩子大多从小自卑，老实听话。没有引起当时家长的注意，或侧面的淡化和强化处理，长大了走向性格的反面）。

所以在这 20 多天的假期里，家长最好根据个体不同孩子的实际，看看如何让孩子过个有意义春节的同时，有针对性地给孩子做一点学习上的安排。毕竟开学就是初三的最后一学期，中考就要来临。但如上邻居的孩子，在寒假恶补是最不可取和要打问号的。

因为在这个假期中：第一种孩子，理解能力很强，基础扎实，学习很好的孩子。寒假补习其实就是炒冷饭，没有任何意义。不如让孩子过个有意义的，对孩子来说能有很好回忆的假期。第二种孩子，理解能力强，基础扎实，行为上调皮捣蛋的孩子，大多偏科，最好如高中的家长们所说，帮孩子一起有针对性的补漏查疑。

第四种孩子，理解能力一般，但基础扎实的孩子，有良好的学习习惯。则可以选弱一点的课目，复习一下。因为向上冲一冲，到开学再复习，可能会有个出乎预料的好结果。（这种孩子在初中还是大多数，这类孩子小学的好习惯，就是作业大多能准确和提速。这两样习惯在小学养成，可能在初中三年的平时，带来很好的学习效果。因为提速能在家很快完成每门科的作业，同时有时间做自己爱好的事或一点课外扩展题，用时不多，并有充足的睡眠和健康的体魄。

三年下来，虽然理解和记忆不是很强，但一直在循环学习，更重要的是中考前大量复习的试卷，要的就是准确和速度。这样一来，在中考时同样能考出比较好的成绩就不足为奇。所以中考对理解能力一般的孩子，初一的平时就开始了，后来的家长们一定要注意这事。

第三种和第五种孩子，无论理解能力强，还是理解能力差。因为基础不好，跟不上学习进度，想在这个寒假一二十天，让孩子一天不休，死命复习。有多大作用不敢说，对孩子来说，学习苦不堪言，开学再冲刺会不会有力就更不得而知了。所以只要选择性的将各科的基础知识补习一下就行了，恶补高难课程肯定更搞不懂……因为，此类孩子大多最后都是走向了高职高专。（但有男孩开窍晚，后来居上者）

所以真想孩子中考有个好成绩，进一个理想的高中，平时的学习才是最重要的。寒假期间，无论怎样，家长都要给孩子留出对他有意义，能让其开心玩乐的时间。让孩子张弛有度，身心健康地进入最后一个学期的冲刺，来检验三年的学习。

家长如何帮助孩子应对中考

冬儿初中毕业，就要踏入高中的门坎。想想三年初中，冬儿一路走来的不易，实在有太多的话要和朋友们说了。就从冬儿考上高中开始倒叙吧！

先说说冬儿中考前如何择校并如何应对中考的，让后面中考的学生和家长作个参考。

苏州的初中毕业生政策和黄冈不太一样，从历年的考试和高中招生比例看，600 分以下的孩子几乎没有上高中的机会（政策范围降 20 分的列外），开始听了我都不敢相信自己的耳朵。后来才知苏州城区中考 10000 多名考生，高中一个班有 35 人，十多所高中，只能接纳 1/3 的考生。

苏州高职高专或中专学校的数量远远超过高中学校的数量，所以 600 分以下的孩子，大多只能进高职高专或中专。其实，这不是坏事，反而让学习中等的孩子提前进入技能学习，对孩子将来的成长和就业有很大的好处。

朋友们都知道，考试有太多的不确定性，而更多的家长们都希望孩子能上大学，因为考进高中是上大学的主要途径，但如此高的淘汰率，中考竞争的残酷可想而知了。

最奇怪的是孩子们中考前十几天要先在网上填报高中，共报三个志愿，三个择校，并在 6 月 1 日晚 24 点截止（中考全都是网上录取的）。三个志愿就是三个层次，627 分以上的基本上是四星学校，615～600 分的是三星一类和二类学校。如果孩子考分达到第一志愿，则皆大欢喜。考分达不到第一志愿，可交

30000 元选择第一志愿（也叫择校），分数从高到低录，但不能低于学校的最低分数线 20 分。

如果第一志愿差 20 分还多（如孩子考了 620 分，所报第一志愿学校的分数线是 641，那你就是交再多的钱也不能读），只能上低一等的第二志愿的学校，以此类推……

孩子的考试有太多的偶然性，所以填志愿和赌博没有两样，没有此经历的家长和孩子是想象不出来的。如果志愿填得太低，分考高了很吃亏，则进不了好学校。如果志愿填得太高，虽然平时考试可以，但要发挥得不好，则只能进低一级的学校。因为优先第一志愿，所以低一级的学校要是全报满了，只能进更低一级的学校，对一个平时学习很好的孩子，高中三年的自尊心和自信心都会受到很大的打击。所以中考时的孩子们，和高考生一样，只有一次机会。家长纠结，孩子更纠结。

赌博式的高中志愿填报，在越来越近的中考时段，给孩子心理造成的压力，大到家长无法想象的地步。苏州和大多地方一样，在中考前，全市有一模、二模、三模考试，老师说从一模到三模的一个月时间里，大多数的学生都能增加 30～50 分。因为一模相对平时要难很多，就是说一模 600 分的孩子，只要平时基础好，再复习一个月，到了三模，若发挥正常的话，则考 640～650 分是不成问题的。这时，就不用太担心孩子了。但如果一模、二模没有发挥好，特别是平时学习中等偏上的孩子，家长此时也和学校一起压孩子，不停地唠叨，让孩子努力点，再努力点，后果是很可怕的。冬儿原来进过一个好班（后来出来了，前面有写），班里许多优秀同学实在是被压疲惫了，最后考的成绩和冬儿相比，真的是差很多。

冬儿考上高中后，我和冬儿爸进行了长时间的探讨和深思，孩子上个学为什么如此不易？如何为孩子减压让孩子轻松考进高中？什么样的孩子才能上高中？

下面先说说择校：

（1）择校。

冬儿初中上了普通中学的普通班，而且是第一届从这个学校毕业的学生，升学率根本没有可比性。一模前，全家就一直在讨论上什么学校。苏州中考的总成绩今年是 730 分，除了 50 的体育分以外，知识总分是 680 分。苏州四星级高中有十多所。最好的是苏高中，但苏高中的分数线是660多分。从冬儿的平时成绩看，肯定考不上这所省级高中，所以想也没想过。

和冬儿爸商量很久，择校还是先考虑交通、环境和住宿。初中时，就时不时地和冬儿交流，最后决定高中三年住读。住读有很多的好处，以后讲……

接下来，冬儿爸开始一个一个地跑四星级学校，一圈下来，老城区的一中（628分）、三中（620分）、十中（641分）、六中（自主招生），全被否了。

①这几所学校门前交通太拥挤了，若有点急事，则根本无法处理。②学校都是几十年了，有的上百年，没地方提供就近的住宿，学生宿舍太远（有的要坐车过几条街道）。孩子的时间都浪费在路上了。

还有几所四星级高中：新区的苏州实验中学、新区一中、吴县中学、园区的苏州中学和星海等。

冬儿开始想上苏州中学园区分校（这所学校2011年的录取线是641分）因为这个学校和冬儿上的初中一样，学校是新开的，环境优美，住宿条件优越，师资力量很好。但离我们新区的家有几十公里，太远了。所以园区的学校也全被否了。

新区的苏州实验中学是所很好的四星级学校，在苏州口碑可以。冬儿中考前的体育考试，就在这所学校，她为此特意到处走走，仔细参观了这个学校。后来发现学校是集体澡堂，离学生宿舍很远。回来说几十个人一起洗澡，很不方便，而且冬天洗澡一路走过几十米，头发很湿，风一吹可能会感冒生病，想想她说得有理，就否了这所学校。（这所学校的录取线是648分）

剩下的四星级学校只有新区一中、吴县中学可选了（新区一中2011年的录取分数是634分，吴县中学的录取分历年都比新区一中低7分左右）。这两所学校环境都可以，学生宿舍的设施也很齐，打听下来，师资也差不多。再比对冬儿的平时成绩，第一、第二志愿就在这两所学校了。可是能不能考上还得靠冬儿努力了，差一分的话，也只好30000元等着向外掏……还不一定能读上，所以孩子中考的战备，从进初中的第一天就开始了。

（2）如何让孩子放松迎考？

一模前，冬儿学校搞了个学生自报三次模考成绩预测表，冬儿拿回这张表，晚上做完作业，玩了一会儿电脑，开始填表，一门一门分析……早上起来问冬儿填得如何？冬儿神情无奈地说：“没法填了，第三模加起来690分了。”

我和冬儿爸看了一下冬儿递来的表，都笑得说不出话来，因为她每一门都想当然地加个几分，越填越高，这样加起来到了三模，就到690分了。

冬儿爸笑着说："有志气能填到690分固然好，但填表一定要切合实际，并且这一个月要努力，不能看小说了，中考到最后每一分都会不容易。"冬儿讪笑道："不知不觉加到690分了。老爸工科生就是不会动脑子，我这又不是真的，为什么又不让看小说了？"我赶紧打岔道："只要努力就行了，上学吧！"

学校虽然是好意，希望学习好点的同学最后冲一下，但这样的填写非常搞笑，肯定会无形地给孩子很大的精神压力。也许有家长会说：有压力才会有动力。

在这提醒家长们，但凡平时学习认真，自觉努力的孩子，到了中考前的最后一个学期，家长在家的作用，就是做好后勤。这个后勤不仅仅是让孩子吃好、睡好，而且让孩子的精神放松，才是家长后勤最重要的一部分。本来学习好的孩子，就是平时努力的结果。所以千万不要逼孩子学习。因为这个时间段：赌博式的高中志愿填报，让学校会尽一切能力，老师会想一切方法，来提高孩子的成绩。学校狂轰滥炸的两个"一切"，全市三个"模考"，对平时学习不太用功，功课稍差点的孩子，真是会有很大的帮助，用个土话："赶鸭子上架。"这样的轰，真有可能给赶上了架，考试可以提高几十分。

最后的这顿乱轰，学习不好的同学可能一次考得比一次好，"架"上的人有可能越来越多，这样的结果，反而给本来就在"架"上的好孩子，带来很大的精神压力和心理负担。会不会把我"轰"掉下来啊？考不上高中如何办啊？最后压力大到无法想象，还真考砸了。记得学校最好的两个班之一的"五班"，也是冬儿去过两个月的好班，里面许多平时学习很好的孩子，最后考得只能是家长花钱买进了高中，就是压力太大所导致的。

其实，冬儿在考前的最后一个月，小说还是照看，星期天和一个大学生一起玩玩，但看得出孩子同样也有很大压力，因为睡得很晚，总说很累。特别是二模成绩出来，虽然冬儿的成绩长了一点，但其他的同学追上来了。这一天正好我和冬儿爸一起到校参加各所高中来办的展示会。结束后，来到班里开最后一次家长会，老师在递给我们冬儿二模成绩单时说："有个同学的总分还超过冬儿了。"这是第一次有同学在班里超过冬儿。所以冬儿在看到我们时很难过，我说："冬儿考都考了，没事！你先回家吧……"

坐下来，听每位任课老师的讲话，两位老师的讲话引起了我的特别注意，先是历史老师：他面对全班家长，看着我说："这次同学们努力了，全班考得都可以，冬儿考了49分（满分50分）。在这和家长们说一下，我在最后这两个星期，只能照顾差生了，用功的孩子只有自己努力了，多做一点难度大的题。"再是数学老师（这是最后一学期换的老师）：她说："这次数学考到115分以上的三位同学（满分130分），基础一分没有掉，冬儿考了119分，基础题全对。所以基础很重要，接下来要大量做基础题，难度大的题不能做了……"后来，其他的老师再说什么，根本没听进去，就是坐着发呆，隐隐约约感觉，冬儿的分上不去，问题是不是出在学习方法上了呢？

走在回家的路上，和冬儿爸聊了很久，老师这样的教学思路，会不会影响到冬儿接下来的考试成绩？因为冬儿本来基础就好，不练大题如何考试？

冬儿爸最后说："回家问问冬儿……"到家后，冬儿连晚餐都做好了，一桌菜，烤鸡香的啊……和冬儿爸都想笑，也有点心酸，孩子这是二模没考好，在讨好我们啊！想想孩子学习本来就是件辛苦事，考试又有很多不确定性因素，孩子也没考多差，只是一个同学考过了她，压力就大到这样，接下来如何轻松学习啊？孩子也太可怜了。

饭后，和冬儿聊起数学，冬儿马上说："这个数学老师总让我们做基础题，做得烦死了，原来的田老师上课总让我不用听，做大题目。因为基础题占了90分，大题占了40分。现在二模下来，一道大题要做20分钟左右。三道就可能花掉60分钟，要是平时不多做，到考试时，时间会来不及的，分数上不去……""你不做数学基础题，每天自己做几道大题行不行啊？""不行的，老妈你看看回来晚上作业，每课都有一张试卷，要做到很晚，没时间。再说，你要是不做，第二天的每堂课都要讲试卷，被老师发现了，不得了……，现在老师关心的是差生，我要想想办法了。"

看着无奈的冬儿，我和冬儿爸无话可说。睡在床上，辗转难眠：冬儿进这个普通学校是不是进错了？从好班回到普班是不是回错了？如何帮帮孩子？如何让冬儿轻松迎考啊？

过了几天，三模刚考完，分还没有出来，冬儿回来含着眼泪说不想上学了，要自己在家复习：数学，天天炒冷饭；语文，在那泡蘑菇；思想品德的老师连来都不来。每天就是做试卷、讲试卷，太浪费时间了，睡得又晚，白天打瞌睡，又没自己梳理功课的时间，这样下去肯定考不好……快点让冬儿冷静一下，先吃晚饭，这顿饭吃得好长好长。我心里翻江倒海，表面不做声，让冬儿慢慢地一门一门说：哪一部分是弱项？在家如何复习？计划如何进行？时间如何安排？能不能坚持？一个多小时听下来，在心里反复对比，感觉冬儿不是一时之气，是经过了长时间的考虑，所以说得很有道理。就让冬儿制订一个考前一个多星期的复习计划，重要的是时间上一定要安排到"分钟"。

冬儿其实很了解老妈，只要她说出理由来，老妈一定会同意。所以看到让做计划，知道有戏，人一下放松了，很快就做好了计划表。接过来，仔仔细细地看了一遍，非常合理。主要是感觉睡眠有了保证，还是那句话："健康第一，孩子体力透支，没了健康，强度更大的高中如何上？"所以同意冬儿从明天开始到考试，不上学，在家复习。

自始至终，冬儿爸都没发表意见，现在看看真不上学了，着急地说："最后冲刺关头了，不上学，老师讲的重点没有记下，到时如何考啊？"慢慢和他讲道理，希望他尊重和理解孩子……最后冬儿爸同意了。后来，冬儿在家复习发生了许多笑话，也有很大压力。

（3）孩子出现考前厌学如何办？

之所以写这个中考的深思系列，就是想和后来的妈妈们说，应试教育太无奈，初中孩子状况太多，许多是这个社会强加给孩子们的，家长真不能太急，出了问题只有想办法。

冬儿做好计划表后，知道妈妈肯定会同意不用再上学了，明天不用交作业，所以让我帮她复习历史，中间打了两次球，每次十分钟。晚上 10 点整，洗漱完后上床睡觉。

冬儿睡了，我和冬儿爸睡不着了，心里直打鼓：明天到校如何帮冬儿请假？老师能理解吗？孩子在家真能复习好吗？又找来冬儿的计划表，仔细研究，如果真按表上所排时间来复习。根据冬儿平时的学习，想来问题不会太大。因为看到冬儿排了一个 8 点 30 分，40 分钟做两道数学大题，如果这样坚持到考试时，就能做十几道大题，数学两大块问题不会太大。再者，刚才冬儿复习历史的效率很高，一本书复习三个多小时，基本能巩固……每天写一篇作文等……所以想想在家复习，可能效率的确会比学校高……最后不多想了：车到山前必有路。

第二天一早，冬儿起来按计划开始背英语课文和单词，吃早饭……我和冬儿爸带了个大包来到学校。其实许多担心真是多余的，自寻烦恼。班主任张老师太了解冬儿了，听说不能到校，让写个请假条，带着我们将各科老师都找到，非常顺利地拿到了每科的试卷，说好每天下午放学后来拿试卷让冬儿在家做，第二天早上到校交试卷，给各科老师批改……到班里将冬儿的学习资料和课本等全部装包带回家……

回来后，冬儿开心得跑进跑出，帮老爸将大电视机搬到卧室，自己把复习用的书和资料，分门别类，放在电视台面和地板上，长长的三大排，并粘好标签，这一整理用了近两个小时。冬儿伸了一下懒腰说："接下来把浪费的时间补回来。"听了很是欣慰。

就这样冬儿开始了自己的复习之路……第一天，冬儿复习很认真，每一门功课中间，都有十分钟的休息时间，可以听听音乐，看看小说，打会儿球。老师给的试卷也在睡前都做完了，9 点半上床。睡前，让我陪着说了一会儿话，兴奋地说："在家复习效率高多了，我的同学肯定很惨，作业得做到晚上 11 点可能也做不完……"

为了不影响冬儿爸，找个朋友每天送我到校拿试卷。虽然学校离家步行十来分钟就到了，但我不能一人前往，原因大家都知道。接下来，开始在校找老师给孩子批改作业，一共七门课，这位老师批改完，找那位老师，楼上楼下爬，老师如果上课，则只好在门外等。这些老师真是很负责，试卷认真批阅，错的地方都写出来，让冬儿一看就知是粗心还是不会。一圈下来，近两个小时才能到家，接着告诉冬儿：老师说了什么？错在什么地方？复习的重点是什么？晚上冬儿把一天复习的情况简单和我说了一下……

此时，正是雨季，想想冬儿看着每天忙进忙出，雨水一身，累得半条命没了的老妈，定会更加努力复习……

冬儿在家第三天的一个傍晚，因为看到物理老师，多说了几句，很晚才从学校回来，进门就感觉气氛不对。冬儿无精打采，抬抬眼皮："老妈回来了。"赶快问厨房烧饭的冬儿爸："冬儿怎么了？"

"还说，冬儿看电脑小说，叫也叫不住，这样考试还能考好吗？"

"谁说我看多了，我是接着复习了两门功课，时间放在一起看的……"厨房、客厅原本连在一起，冬儿听到老爸说她，也直着喉咙嚷嚷。

“冬儿，如果成绩达不到你所报考的学校，那么我们还要花 30000 元买你进去，钱是小事，你要是这样的态度，在家复习考不上高中，对得起谁呀？你妈冒着这样大的雨还给你去拿试卷……明天到校上学去。”冬儿爸真是很生气。冬儿更是气得要命，吼道：“我什么时候不好好复习了？看看电脑、小说，休息一下不可以啊？”

“吃饭了，吃饭了……”我赶紧打岔。晚上，因为冬儿复习历史，所以和冬儿一起搞了两个多小时，又说又笑，冬儿把不开心全忘记了。

睡觉前，冬儿爸顾虑重重地说：“到了这个关键时刻，冬儿还是没有一点压力，小说照看，玩的事一样不少，这样肯定考不好。”

“你当冬儿没有压力？孩子从开学到现在，老师天天‘擂’。家长几乎总在说，每个孩子压力都很大，冬儿是全班第一，更是各科老师‘擂’的主要对象，老师对冬儿的期望值太高了，但最后几天又只能照顾差生，孩子明白这样的后果，才会逃回家来自己复习。冬儿表现得不着急，是她自己会调节，并不代表她心里不急。最后几天，为什么不能让孩子开开心心？很多担心真是多余的。”

冬儿爸不接话，满脸的心思去睡了。的确，他原本就不想冬儿在家复习，迁就我迁就习惯了才同意，真要考不好，口中虽不说但心里肯定会抱怨我，这如何是好啊？后来一想，这也太自私了，光想着自己。冬儿考得好坏本来就是个未知数，更不是用来证明我和冬儿爸谁正确的？目的都是想孩子好……明天和冬儿谈谈再说。

早上睡在沙发上起不来，因为昨天被雨淋了，睡得又太晚，心脏病犯了，不能到校拿试卷了，打电话老师晚一点拿……冬儿按时起床，背完英语课文和单词，吃完早饭，开始做数学题……突然，听到冬儿的桌子“咚咚”地发出一连串很大的响声，扭头一看吓一跳：冬儿低着头，一只手抓着头发，一只手握紧拳头使劲“擂”桌子。

“冬儿，冬儿你怎么了？”

“老妈，我脑残了，这题想了半天也解不出来。”

“你做过没有啊？这题是不是很难啊？”

“不难，做过同样的例题，很简单，就是想不出思路。”

“冬儿，你现在做的每一题都很难，不要急，慢慢想。”

“老妈，要是考试时，突然脑残，做不出来，怎么办啊？考不上高中怎么办啊？”说着说着，抬头扭脸说：“真不想考试了。”看着冬儿脸上的泪痕，心里那个难过啊！

孩子这是中考压力太大，在家复习心里没底，加上老妈天天到校拿试卷，淋雨生病，开始顾虑重重，怕考不好对不起人，所以引起了严重的焦虑。昨天，和老爸争吵之事，只是压在孩子身上的最后一根稻草，把孩子给压跨了……出现了心理障碍，眼睛看着题，思想不知在什么地方？十万个怎么办在心里翻腾啊！

赶快说了几句解决根本问题而不是安慰的话，一下子就打开了冬儿的心结，开开心心迎考。

（4）孩子如何走出焦虑？释放考前压力？

由于太多人为制造的各种压力，慢慢堆积，在开考的前几天，终于把冬儿压得心力交瘁，无法静下心来认真复习。

此时，讲一些大道理，再用鼓励加教育的废话，让一个焦虑加压力的小小灵魂平静下来，根本不可能。唯一必须做的就是：赶快解决孩子的焦虑，释放孩子此时此刻的压力。

本来全身疼痛躺在沙发上不能动，看到冬儿这样，一下翻过身来，招手叫冬儿：“冬儿，冬儿你不用急，这次考试就当是一次小测验。考不上高中也有高中读，老妈给你在市外国语学校高中报了名。这所学校不参加全市中考，所以无论你考多少分，都不要紧，6 月 27 日你们分数出来那天，可到该学校报名。”

“真的啊？你什么时间给我报的名？为什么没和我说啊？学校水平如何啊？”

“那天到你们学校开家长会前，在高中学校的参展会上报的，没和你说是因为三年要交 90000 元，其中两年在国内读，一年到国外读，费用有点贵，想想你会考上普高，才没说。冬儿，你真要是感觉很累，怕考不上高中，就读这所学校，这所学校和你填志愿的学校一样好。你平时成绩在那放着，他们看了你的资料当时就要你了。90000 元的确贵了点，不过没事。出国读书一年，可以学外语，多难得的机会啊！”

“真的啊？老爸知不知道？他怎样说？”

“知道的，老爸和我一起给你报的啊！他没说什么。老爸多爱你啊！怎么会为了钱来说你呢？你不用太在意这次考试，开心一点啊！”

“谢谢老妈，谢谢老妈！不和你说了，我做作业了。”孩子就是孩子，一通百通。冬儿马上兴高采烈地埋头做作业……过了一会儿，说：“老妈，我算出来了，一点不难……”

望着开开心心，低头做作业的冬儿，真是思绪万千……

给孩子报这所外语高中，原因有二：①开学没多久，冬儿脚扭骨裂了，带病一直在上学，而且不停地练习不需要用脚的运动项目，就是想多加分。到了六月，阴天下雨多，冬儿总是脚痛，走路都有点困难，所以怕考试前和考试时引起意外，万一不行做个后备。②参加高中学校参展会前，冬儿的一模成绩，其他都还好，偏偏思想品德开卷竟然不及格，所以预防万一，因为考试有太多不确定性因素了。

最根本的原因：多年的经验，让我对冬儿所必做之事，都会想好下一步，有备才能无患。没和冬儿提起。主要担心冬儿知道有条后路，不认真复习，到时还真考砸了。所以在这提醒后来的家长们，孩子必须而且要做的事，都要想好下一步，只有防范了，到时才不会因为突发事件而束手无策。

现在，冬儿突然出现这种茫然而不知所措的表情，深深地刺痛了我，化疗生病也没这样难过，孩子无助而无奈的眼神，太需要来自老爸、老妈的帮助了。

如何帮？空洞的说教苍白无力。唯一的办法是让孩子搞明白：家长给了最坚强的后盾。后盾是什么？让孩子知道万一没考好也有书读，也有好高中进。孩子如果知道了这些，还会有什么压力？有什么焦虑？

所以才会脱口而出上面的一席话。冬儿听了真的一下放松，作业的速度明显加快……物理老师想冬儿最后做点大难题，考试时能应对，所以告诉我，给我的试卷很难，冬儿能做就做，不行就算了，而此时的冬儿再难的题，也没叫过难，不会就上网查，翻资料，说得最多的就是：“我再想想……”试卷总是能按时完成交给老师批改，自己制订的复习计划一直在坚持……

冬儿爸很长时间没明白冬儿为什么会突然那么开心而认真地复习，歌声每天不断，并且计划越来越合理，复习、玩乐两不误……后来知道了冬儿的压力同我和冬儿的交流，眼睛有点湿润……

事实证明，担心孩子有了后路，不好好复习真是多余的。看得出来，冬儿知道爸妈为她着想，报了不用考试的好高中后，心生太多的感激，接下来的几天，除了认真且有计划的复习以外，有时间还做些西式点心给我吃，帮我洗澡，带我散步……

冬儿考试前一天，请了一位同学来到家里，和冬儿一起复习，我把前面选好的许多作文题目，用了两个多小时，让她们就手里现有的素材来套，两个孩子真行，几分钟之内，题题几乎都能套进，不带跑题的（好坏在其次）。第二天，两个孩子一起到考场考试，一起回家，不用我们接送。这个同学开开心心，四天都在这里，后来都不想回家。冬儿也因为老妈又给她找了个伴一起考试，一起玩乐，而对老妈感激不尽。

19 日考完试后，冬儿成了主力军，开始打包和冬儿爸一起搬家（为了冬儿读初中，冬儿爸在此租了三年房子）。到新家后，大包、小包堆得到处都是，我头都晕了……

冬儿稳稳地说："老妈不用着急，看我的。"她还真细心，花了几天时间，一间一间房地理，东西分类整理得井井有条。其间，每天还背一篇《英语新概念》第三册中的课文……当然，电脑、小说没有少看。

所以用行动而不是语言，最重要的是读懂孩子的心，在心灵上和孩子产生共鸣，感动孩子，给孩子最大的关心和爱，来帮助孩子走出困境，孩子必定同样会用自己的行动来好好地回报家长。

（5）冬儿考上高中了

前面说到冬儿从 19 日考试结束，就开始等待 27 日出成绩，举家搬迁，忙了两天，家里非常平静，冬儿帮忙整理家务，看小说，一天背一篇《新概念英语》（三）课文……

第三天，冬儿的外公、外婆打来电话：苏州中考题的答案刊登在苏州各大报纸上了，让去家里拿一下。冬儿爸带冬儿去看外公、外婆，因为中考冬儿一直没有前去探望。外婆下午打来电话，问冬儿看题，错多少？有多少把握能考高中？这才想起冬儿回来没提此事。只好搪塞道："还没有看完……"放下电话，下意识地问："冬儿，你核对答案没有？能考多少分？外婆在问……"

"为什么要核对啊？考都考完了，忘记了。主观题怎么知道对不对啊？谁知老师如何批改的？不看，不看，考不好算了。"冬儿一副死猪不怕开水烫的样子，看着小说，头也不回。想想冬儿说得在理，考分没有出来，急什么啊？

全家人各忙各的，所以没有太在意冬儿……

过了两天，早上无意中发现冬儿的床上放着《苏州晚报》，想想这孩子会不会晚上在偷偷核对？特别是电视里说：26日晚上12点一过可以查中考分数……冬儿26日晚上郑重地说："老爸，12点一过，就要帮我查分啊！千万不要忘记了。"

"不会，不会，一定查。"冬儿爸晚上睡觉很晚，所以满口答应。

想想不对了，半夜查什么分？睡在床上无法入眠：看来冬儿表面无所谓，心里在打鼓啊！

这才想到个很严重的问题，孩子的考试，真是牵动着全家几代人的神经啊！也难怪：1/3的高中升学率，不仅孩子急，家长急，而且亲朋好友也同样急啊！这孩子能没有压力吗？考试有压力，考完了等分数，又来了个标准答案，你说孩子都考了几天，许多都忘记了，为什么还要去看做得对不对？不能让孩子放松一点啊？从冬儿此时的表现看，这几天孩子肯定压力不小。

记得湖北有个报道：一个孩子高考，在答案出来前，他自我感觉考得还好，标准答案一出来，傻眼了，认为自己做错很多，想了几天，越想越难过，这读了十几年的书，吃了太多的苦，最后考成这样，对得起谁啊？公布分数的前一天，崩溃自杀了。留在世上的最后几个字是：残酷、煎熬、无能。

这无知的傻孩子说走就走，留下了含辛茹苦，养育十几载，中年丧子，晚年孤独、伤心可怜的父母。最残酷的还在后面：分数出来后，孩子考得非常好，高过了一本分数线。你说孩子冤不冤啊？这个提前报"标准答案"是不是在杀人？而且杀人于无形。社会为什么要一轮又一轮给寒窗苦读十几年的孩子这样多的精神压力啊？有人会说孩子太脆弱了，现在的孩子能不脆弱吗？多年读书都教会他们了什么？考不上高中、大学，意味着什么？考生能不知道吗？

中考有压力，考完了还要给孩子压力？想想冬儿算好的，我和冬儿爸没有给孩子什么压力，但来自社会、亲朋好友的"关怀"，同样压得孩子坐不住。

第二天一早，冬儿还没起来，我走进房间："冬儿，分数没有出来，电话打了很多都查不到。问过电信局和老师，可能要到下午或晚上了，你多睡会儿，没事的。"

冬儿"嗯"了一声，转身又睡。

后来谁也没提，真就都忘记了……下午 5 点多，冬儿的一位同学的电话，打破了平静："小熊，小熊，分数出来了，就是查的人太多，打不进去。"冬儿赶快用手机查询，拨了几个都进不去，冬儿爸用他的手机拨了很多次，也进不了……我正坐在卫生间解决内急，顺手拿起我的手机，一拨，居然打进去了。根据提示，一步步进行……分数一门门地报了出来，冬儿跑进卫生间吃惊地看着我，因为我报得太快了，自己根本不知报了什么？只记下了最后的总分：644 分。

有点不相信耳朵，可冬儿开心地说："老妈，我算了一下，总分是644 分。"

"会不会我报错了。"

"没错，你报的每门我都心算了一下。总分是 644 分。"冬儿很兴奋。我和冬儿爸也喜形于色。冬儿爸又拨，想证实一下，可打不进去了。

不知为什么？我会不信自己的耳朵，心里有个声音：是不是听错了？一拨又是通的，赶快跟进，644 分一落音，心放了下来。冬儿笑死："老妈你真行，就拨两次，都是通的，我同学在家拨了很长时间都拨不通，帮帮我的同学。"

"好！好！把考号给我。"一拨真又通了……全家人笑得啊！冬儿说："老妈就是福将，一生这样，马到成功。"

看着笑声不断的冬儿，感慨万千。中考终于在冬儿 644 分的考分中落下了帷幕。

从第二天开始，冬儿说不学英语了，要彻底休息几天。天天看小说、打球，想想孩子考完了一直到分数出来这些天，不是打扫卫生，整理房间，就是学英语。的确分数没出来，孩子真可怜，自觉得让人心疼，这也是分数出来后我才想到，前面真是糊涂啊！

虽然冬儿考得不是非常好，但能有这样高过学校 10 分的成绩，统招进了自己填报的高中，也让我们十分满意了。

因为冬儿过年后，不小心脚骨裂，虽然坚持上学，但体育中考 50 米短跑不能参加，故改了抛铅球，开始抛 5 米不到，老师说腰部力量不够，为此，每天晚上睡前做仰卧起坐，增加腰力。没在苏州上小学，从小没做过，开始做一分钟十个不到，练得肾结石犯了，当时心痛得不让她练了。可她说要拿下这个铅球的 10 分，腰力一定要增加。所以在 5 月体育开考前，练得达到一分钟 32 个。冬儿说这种分，不动脑子，就是体力，一分也不能掉，要不很冤。听体育老师说，冬儿练铅球，只要不下雨，每天下课就练，还带许多同学一起练，一点一点的，越抛越远。最后，体育中考抛铅球，抛了6.5米，拿了满分10分。还跳绳160个，也拿了10分，当时不知她是如何走回来的，一瘸一拐倒在床上睡了两天。

后来在考试前又生了病，虽然没有上医院，但还是影响了一些，最后依然得回家复习……

所以冬儿能考成这样，我和冬儿爸真是感慨而欣慰。

冬儿对事物坚持和永不放弃的毅力，整理家务的条理性，对同学和朋友的包容性，学习、玩乐两不误的自觉性，让人感觉冬儿真的长大一点了。

当然，冬儿才上高中，要走的路还很长，而且肯定还会有太多太多的问题，在等待她自己面对。但我和冬儿爸相信，这个朝气蓬勃、阳光灿烂、沉稳大方的孩子，定会慢慢走好她自己的路。

如何让孩子们走好初中，在应试的压力下，调节孩子的心理，才是后来的爸爸、妈妈要好好思考的，想尽一切办法都要做好的事。

如何帮助孩子走好刚开始的高中之路？

面对现实的高中，理解孩子

昨天晚上，冬儿回家吃饭。（开学的头一个星期。）饭桌上的冬儿，谈笑风生，非常放松。在与她边吃边交流的过程中，强烈感受到冬儿对高中学习和生活已经习惯了，感到虽然和刚上初中一样非常劳累，但她知道了高中这个累的过程是个必需的，就是必须放下一切不满，正视面对高中学业才行的心态……

半年了，此时才有些许的安慰，的确，一切比想象的要好很多……此刻看到开心帮助我做饭的冬儿。不由得想写高中开始至今，越走越好的冬儿。让后来的家长了解一下现实中真实的高中生活，如果你们的孩子将来上高中，虽然现状非常无奈，但只有让孩子从小提前介入知识点，并一直不间断地强身健体，此时，才能和孩子一起面对，才能慢慢走好。

记得去年冬儿在上高中前军训时，第一个星期回家，叫苦连天："早上6点前就要起床，中午不让回寝室，只有30分钟不到的时间在教室趴一下，晚自习（开学时有测试）到晚上10点才能回寝室，晚上10点半熄灯，六个人半小时洗澡如何来得及？天这样热不开空调，不开电扇，如何睡觉？这个星期一共没睡到30个小时，长这样大，现在才知道没觉睡是多么痛苦的事……这个学校太恐怖……"

"那晚上10点半熄灯，你们如何洗澡啊？你睡上铺，没有灯光如何上下床？"

"只好摸黑洗。好在有同学带了手电，可以照着让我上床。不过我们商量好了，三个人下午5点半洗，三个人晚上10点后回来洗，大家都抢着先洗，我就最后洗，慢慢地洗，很安心。再说了，这样热的天，先洗了也白洗……"冬儿是个非常善良的孩子，不最后一个洗，才是奇怪了。

当时，想冬儿心烦可能是因为睡觉少了，因为小学晚上9点前睡，初中晚上9点半睡，就是考试也最多10点睡，中午从来不午休，现在30分钟的午休如何睡得着？而且每天晚上11点多睡，早上5点多起，就算是大人也受不了，何况是一个正在发育生长，睁开双眼就要不停学习的孩子。

睡觉虽然是件大事，但如果没有灯，不小心从床上摔下来，则可真就掉得大了。所以给孩子买了个可用口咬的手电，好腾出双手来上下床……第二天，又特意到学校看了看，这才发现阳台晾衣服的架子太高，孩子只能站在橈子上晾衣服，而阳台栏杆又太低，孩子一不小心有可能冲出去，从四楼翻下去，冷汗下来了……赶紧买了个晾衣撑杆送去……

第二个周末，一脸倦容的冬儿除了带回一包书，还带回了一堆脏衣服（除了内衣、裤、袜以外）……冬儿可怜巴巴地说："我太累了，太困了，作业多得晚自习也做不完，最后一个洗澡，又没灯，摸黑洗衣服也洗不干净……这些脏衣服带回来反正也是我自己用洗衣机洗，其实现在家家几乎都是全自动洗衣机。学习忙都忙死了，为什么还要我们在校用手洗？多浪费时间啊！难道不洗衣服，生活就不会自理了？自理的目的不就是要学会合理地安排学习和生活时间吗？"

想想冬儿说得对，生活自理的目的，不是为了让孩子学做体力活，而是要让孩子学会怎样生活。但发现了一个问题："冬儿，你们晚自习时做作业怎么会做不完？是哪一门？做不完怎么办？"

"做不完有多种原因，所以只好带回寝室做啊！"

"是不是同学们都做不完啊？晚上10点半熄灯，又要洗澡，怎么有时间做？"

"大多做不完，数学最难。自带充电灯做啊！我们班许多同学是原来本校初中部的学生，初中的平时作业多得都要做到晚上11点多。他们了解学校高中的情况，所以会自带灯做作业，也太能吃苦了。想想我初一、初二混着过，初三才用了一点功，和这些同学比，我初中太幸福了，也浪费了许多宝贵的时间，早知高中是这样，我早点学高中的知识就好了。这所学校直升上来的许多同学都是培优班的，他们高一的主课大多在校或在假期补习了，所以好像学起来比我轻松，老师讲得好快，我听也听不懂，只能自己慢慢看，所以做作业的速度就会很慢。对了老妈，给我在网上买个灯和能放在床上的小桌子。这几天，我都是借同学的灯用的。”

听得我头都大了，目瞪口呆。真不明白，冬儿数学在初中很好啊！为什么会出现这种状况？越想越不是滋味……初中毕业后，给冬儿高中学校的老师电话，问要不要给冬儿补一下数学，说没有必要，想当然地认为老师说的一定不会错，此时孩子因为上课听不懂不会做，只有自己慢慢琢磨，觉也没有睡，这不是害了孩子吗？……

而晚上6点到10点都做不完作业？这些孩子要做多少作业啊？眼睛如何受得了？这才想起开学时，一个寝室看过去，六个孩子只有冬儿一人没戴眼镜……

接下来的两天休息中，冬儿做一门功课玩一会儿电脑，打一会儿球，弹一会儿琴，吹一会儿长笛。其间，与冬儿一起在网上选了一个充电灯和小桌子。冬儿还帮着做饭和洗衣服等……星期天要上晚自习，冬儿愁眉苦脸地上学去了……

一个月时间不到，冬儿回家都是熊猫眼，哈欠连天，但一到家就会开心地叽叽喳喳，可星期天快要晚自习到校前，就会无缘由地烦躁。想想孩子太可怜，一天只睡不到六个小时，每天应付九门课的作业来不及，睡眠严重不足，而接下来的一个又一个星期等待她的是：除了没觉睡以外，还有没完没了的学习和作业，不厌学才怪。冬儿这样“口比脑子慢”的孩子，是生理和心理都达到了可能承受的极限啊……太难为孩子了。

高中三年才刚开始，学校为什么由着孩子拼命？用充电灯、小桌子在床上做作业？没人管？三年下来，眼睛会是什么样子先不说。腰腿肯定发育不好。一天睡几个小时，会严重影响到孩子一生最重要的发育阶段的生理和心理健康。

健康和分数比，谁重要？学校不是开了一天、两天，怎么会不知这些，怎么会不了解孩子的苦恼？一圈打听下来，除了苏高中，其他学校都这样，更有甚者一个月只让孩子休两天。

这真是搞倒了，为了不让冬儿吃应试教育的苦，千辛万苦带她从黄冈回苏州。没想到苏州这几年人口剧烈膨胀，为了保证学校教学质量和水平，有个高升学率，吸引更多优秀学生到校，太多学校都是从外地应试教育地方请来的老师和校长，为了所谓的责任，应试教育更是变本加厉。

家长无法改变学校和社会，但如何帮到自己的孩子走好这三年啊？说心里话，太多的家长到了小学四年级后，就不会也不太可能在学习上帮到孩子了。

（1）孩子们的学习内容越来越深；（2）孩子青春期最烦家长教，就是家长教得对，如果不得法，那么孩子也不会来理你的茬；还有……所以不能在学习上帮到孩子，只有借助外力及时找到孩子产生的问题，同时在心理和生理上想办法帮助孩子。

昨天有家长留言，认为冬儿聪明、优秀、听话，教育起来不累，而自己的孩子不优秀、不听话，所以头痛。看了有点哭笑不得。其实从双子写博文到今天，一年多跟看双子博文的朋友都知道：与大多的孩子一样，冬儿是个很平常，又有许多问题，并且也要面对无法逃脱的应试教育的孩子，而双子更是无所不用其尽，想了太多方法，才帮助冬儿艰难地走到今天。

当然，许多优秀的家长有更多更好的方法来教导自己的孩子，双子之所以讲述养育冬儿的教训，就是想让家长能深层次地了解独生子女成长过程中的内心世界，并在此基础上，无论孩子每阶段出现什么问题，只要家长面对现实，用心学习，找一点帮助孩子的方法，相信你只要付出了，帮到了，你平常、普通的孩子定会在少走弯路的同时慢慢走好。

冬儿这样的慢孩子，能磕磕绊绊从淘汰了2/3的同学中，走在高中学习的路上，并越走越有信心，最重要的原因是什么？

下面说说：借助外力及时找到孩子学习产生的问题；从心理和生理方面理解和帮助孩子。

（1）及时找到孩子产生的问题。

冬儿这样的孩子，因为高中学校教学的现状，太多的时间全用到语、数、外学习上了，这也是学校的要求，因为江苏高考只考语、数、外，加物理和历史。总计480分。其他四门都要在高二的小高考中一次通过，不通过则没得高考，所以高一和高二的学习就是赶进度，太累人了。

一赶进度就出现了冬儿从上高中开始，对学习不知所措，出现了一向很好的数学，作业慢慢做虽然也能做出，但时间上来不及完成的事。

了解了现状后安慰冬儿，并与冬儿一起，找到一个数学研究生老师请教。才知道冬儿原来的初中学校，因为是个新学校，加上没有高中，初中的老师唯一希望孩子们能在中考有个好成绩，所以数学中的许多需要在高中进一步拓展的知识，老师没有时间，也无法延伸和强调，只将初中所学内容、所教公式让孩子背出，所以孩子对数学所学的内容再熟，对公式也只是知其然而不知其所以然。

而到了高中，许多的公式要用推理算出，是个发散思维的过程，每一题都需大量的计算，如果当年初中老师没有提醒和告知可能上高中的孩子："将来高中时一定会引深这些内容……"一个初中孩子根本不会也不可能去注意这些小细节，所以原本连接的知识点，就这样人为地断开了……孩子到了高中，没有提前预习，听课必然不知所以……

听了这位老师所讲，醍醐灌顶，冬儿就是这样教出来的孩子，虽然冬儿有良好的学习习惯，上课认真听讲，可听不懂，又跟着老师赶进度，向前跑，你让她如何能，如何会用最短的时间去推理太多的大题啊？浪费时间成了必然。

不过这位老师测了冬儿的数学后，说："基础还可以，习惯了高中的学习方法，一定会跟上。"听了很是欣慰。

接下来，冬儿在数学学习上做了几件事：一是把初中的数学课本和辅导教材全部找出来整理思路；二是提前预习；三是用电脑上网找答案；四是请教老师和优秀同学。后来，冬儿真如数学研究生老师所讲，数学慢慢地跟了上来，越学越有自信。

从这件事上也可看出，家长如果不是从事高中主课老师这个职业，则的确如我前面博文所写，学习真就帮不到你的孩子，但与孩子一起请教老师，找出原因，是对孩子最大的帮助。

（2）从心理和生理上帮帮孩子。

高中的家长，既然不能在学习上帮孩子，那只有从心理和生理上帮帮孩子了。

①如何从心理上帮？

在上高中时，从第三个星期开始，到了星期三下午放学的5点10分，我准时出现在冬儿的教室门口，和冬儿一起到食堂吃饭，冬儿开心地给我也买一份，边吃边聊：生活、学习、同学……

从交谈中能感受到冬儿真是长大了，对同学很宽容，对事物都能冷静分析……最后总是感激地说："老妈，我没事，不用担心。虽然学习累，但大家都这样，习惯了就会慢慢好起来的……"这样的聊天太多了，冬儿每次都放松地与我说笑，并送我出学校大门，让我回家路上当心。有时，星期五晚上回家接着聊……

之所以到学校看冬儿，当时想能让孩子感受到老妈对她的关心和爱，感受到老妈对她的理解，而且接收到这样一个信息：学习慢慢来，有三年时间，健康第一。想来孩子在心理上一定会好过一点，星期三对冬儿来讲也就成了一个期盼和心理释放。

可随着时间的推移，每次聊天都会产生不同的想法和无限感慨，并有太多的欣慰。原本是为了宽冬儿的心才去看她，为了让她放松才引她聊天，没想到冬儿此时根本没有过多地提及她自己，反而讲述更多的是她的同学、老师……

听得出她完全从另一个角度了解同龄的朋友，从中明白了自己的幸福。同时，我们家从小对冬儿"人生观的"培养，让她能在此时宽容和理解同学，并且还会来宽我这个老妈的心……对古人的头悬梁、锥刺骨有了自己独到的而深刻的见解，所以这个学期从开学到现在，冬儿的一切都还算习惯……

可能有家长会说，如何有时间每星期到校一次，来帮助和调整孩子的情绪？其实，只要家长用了心，一定会想出比双子更多更好的方法来帮助孩子开心……开心才能读好书。虽然到校对平常人可能是个很小的事，但对双子而言就是个很难的过程，而晚上回家更是让全家人知道了都不会放心的事，所以去看冬儿都得瞒着所有的亲人……一个母亲啊！为了孩子，再难也要做。

双子在这提醒一下：小学一年级，初中一年级，高中一年级的开始，家长一定要更用心地帮孩子来适应这个特殊阶段。孩子的心智和能力都处在生长的过程，因为家庭和社会环境不同，会有很大差异，从特殊阶段的表面来看就是不太聪明了。此时，不能否定孩子：什么你在读幼儿园、小学时都很聪明啊！现在如何这样了？你要是不努力，就是个要饭的料；或用抱怨这种鬼话："你为什么这样的笨？同学能行你为什么不行？累什么？大家都一样，吃得苦中苦，方为人上人。”来教训一个不知所措的孩子，更是最最愚蠢之举。

家长家长就是在家里生家里长啊！孩子在最困难、最需要帮助之时，如小树苗一般，只有在家的温暖怀抱中，才能慢慢生长，成为大树。把孩子推出了温暖的怀抱，心理上天寒地冻，这孩子不要说生长了，可能种子刚冒出芽，就被“冻”死了。

②如何从生理上帮？

在学校看冬儿，中间专门找了与冬儿一起来到这所学校的初中同学，见面与我说的第一个字，就是：“累”，太累了。作业难不难？“难”，好难，多得做不完。困得啊！没觉睡。听了更知道冬儿的不容易。

所以星期三到校后，在晚上回来时，一定会把她的脏衣服拿回家来，帮她洗了，让她多一点时间睡觉。可能有家长会认为不妥，会惯坏孩子。双子认为这是个非常时期，家长一定要在生理上帮助孩子多睡一会儿，健康比什么都重要。

事实证明在心理和生理上帮助冬儿了，与冬儿一起慢慢走好这太重要的高中刚开始的半年时光，冬儿从第一学期的期中开始，语数外三门主课虽然考分不是太高，而六门副科全都在 90 分以上（满分 100 分），地理还考了 99 分，并且让老师太吃惊的是，数学后来越考越好。

冬儿到了第二学期便习惯了一切，有了必须放下一切不满，正视面对高中学业才行的心态……所以根本不让我到校，反而一回家就帮我做这做那。

现在想来不是我帮助了冬儿，而是冬儿帮助了我，因为她用自己的行动给我带来了太多的灵感，让我能面对网上的所有朋友，所有后来的家长，告诉你们，什么才是家长要做的？

期中考试后，许多任课老师都说，冬儿是个非常平和、成熟、淡定、懂事的孩子。

孩子高中进了普通中学怎么办？

前些时，在网上与几个家长聊天，说起孩子没有读到重点高中，有个家长内心非常纠结，因为陪读了三年初中，最后孩子的结果让她很失望，只能进一所普通中学。本来大家听了安慰一下结束。昨天一好友，原本孩子小学毕业非常优秀考进黄冈中学初中部，今年中考没有考好，用钱也买不进黄冈中学，只好花了几万元，进了一所普通中学，孩子在校读书直到现在，心里没有一点底，所以打电话给双子解郁闷……

这才让双子想起前面网上的那个妈妈……下面说说：优秀孩子进普通中学行不行？家长如何才能不纠结？

（1）优秀孩子进普通中学行不行？

记得冬儿的大表哥，当年考进黄冈中学初中部，但三年后中考差几分才达黄冈中学的分数线，虽然进黄冈中学也行，但家长要出30000元。

孩子的家门口，是黄州一中，是一所普通中学。他中考分数进这所学校，反而不用出钱。在家人乱七八糟的讨论中，这孩子自己坚定地选择进了这所普通中学。当然，他的分数，在这所学校是高分，作为优秀学生分进了一个好班。

这孩子非常聪明，当时的想法是：宁做鸡头不做凤尾。虽然家里出这30000元钱并不困难，但初中三年平时的成绩在班上也只算中上等，就他的成绩进黄高，学习上最多是个中等，没有老师会来注意和关心他这种学生。接下来的三年学习，考不进好的大学，这30000元钱就是很大的心理压力。

而这所学校好班的老师配备肯定是学校最好的，学生也是学校最重视的。他个人的优势在数学，虽然其他学科参差不齐，但如果在这所学校努力一点，则说不定真能考所好大学……

最重要的是学校在家门口，不用住宿，每天回家不浪费时间，睡眠肯定能得到保证……

就这样在一中开始了三年的高中学习。湖北省和全国一样，每年组织奥林匹克数学、英语、化学、生物等竞赛，孩子因为数学比较好，在老师的帮助和推荐下，参加湖北省的数学奥林匹克竞赛，孩子牢牢把握了这次太难得的机会，得了个二等奖。

孩子自己明白，如果在黄冈中学，名额有限，参加湖北省数学奥林匹克竞赛的机会，是不会、也不可能轮到他的，因为优秀学生太多了，他这样的学生在黄高，最多中等……但一中不仅给了他这次宝贵的机会，而且还在这三年，重点培养他们，老师无偿地给他们补课……

孩子在高考的前几个月，参加了北京化工大学的自主招生，而奥林匹克数学二等奖，成了他进这所大学的敲门砖……

就这样孩子通过了学校的考试，学校答应他，考过湖北一本分数线，就进他们大学读书……这所大学在湖北的招生分数，历年都高过一本 30 分以上……

高考分数出来后，孩子一分不少、一分不多，正好考在理科一本分数线上：549 分。虽然是个中等分数，但还是顺利地考进了北京化工大学，并且大学四年，在校重点攻他的弱项：英语。最后，考上了中科院化学所的研究生……而和他一起从黄冈中学初中毕业，直接考进黄冈中学高中的同学，高考比他高了 20 多分，没进重点大学的人，也有很多……

这孩子的成长有很大的运气成分在里面，但他的自我选择和把握机会的能力，的确让人佩服。机会是留给有准备的人的，这话一点不假。优秀孩子的小升初，初升高的关键考试，无论考得好坏？都有可能改变他们的命运。

但从冬儿大表哥的成长道路来看，中考分数不高，他没有受家长的影响，也没有被周围人的主意所左右，坚决地进了一所普通中学，他的选择改变了自己的命运，并因为正确的选择，在学校老师的帮助下，将命运紧紧地抓在手中，路才越走越好……

后来考上重点大学，四年认真的学习，认真的付出，才是最后考进中科院的前提……当然这是孩子的过去式，并不代表孩子的将来……

冬儿的同学远儿的哥，也是冬儿大表哥的同学，初中毕业，比大表哥高几分考进黄冈中学高中，且进了一个好班。三年时间，基本是给好学生在垫底，几年前快毕业时，与双子有过一段长谈，孩子非常要强，也想学好，但这个成绩谁会注意你，关心你？所以孩子很苦恼，家长更不知所措……后来考了个二本黄冈师范学院了结……要知道在初中，他的成绩好过冬儿的大表哥啊！

所以中等偏上的孩子，重点高中没读上也未必是件坏事。反而，考进普通中学，有可能坏事变成了好事，上什么高中真不重要，重要的是高中时，孩子的生存能力和自我认知能力，面对学业的烦累表现出的坚持，才是他们走向人生的基石……

（2）家长如何才能不纠结？

①家长要有一颗平常心，不要被脸面和虚荣心蒙了眼。

如何才能不纠结？家有小升初、初升高的家长，最重要的就是放下自己的脸面和虚荣心，不要被社会所左右，才能少纠结或不纠结。

北大一毕业生找不到工作，最后卖猪，人人皆知……

其实，他并不是一人奋斗，而是和他学历不高的老婆一起，放下脸面和虚荣心，脚踏实地、目标明确：为了生存来卖猪，才从事今天所谓的，让很多学历很高的人大跌眼镜的职业，但起码他能自豪地说："养活了自己和家人。"

为什么要提这个？就是要家长明白：你如果不是老师，无法教导你孩子的学业，那么就从心理上认可孩子：有个好健康、好心态……同样能帮到孩子走好自己的学业的路，或走好人生的路。

你如果是位老师，或所谓的名人，或多读了几年书，则可能帮到孩子的学业；如果对孩子要求很高，则孩子给你长一时之脸，考进重点初高中；如果学出个书呆子，只知道死读书，将来毕业后，眼高手低，找不到好工作，同样无法过好他的人生。

这种事的确大有人在，更不要说生命中有太多不定的变数了。

其实，上述种种现象：都是脸面和虚荣给害的。特别是中国的中西部，读书是孩子最大出路的地方，只要家有学童的家长，同学圈子，朋友圈子，相互见面：你孩子考多少分？你孩子在什么学校读书？成了常态。

而这相互的询问，会给家长带来无形的压力：孩子学习成绩很好，考进好学校的家长，自豪全写在脸上，当然希望孩子能更好，有个好前程，给自己脸上再贴点金，所以对孩子要求更高；孩子读的普通学校，成绩中等的家长，比不过人家，脸上挂不住，不知如何回答，只有回家逼孩子：人家谁谁的分考得多高啊！能进好学校，你为什么不努力、不用功啊？

肯定没人问：你孩子身体可好？品德如何？所以双子问人都是折中：你孩子可好？

其实，孩子是自己的，因为左右脑发育早晚和兴趣的原因，读什么学校都是自己的事，与他人何干？但很多家长拿孩子一小段一小段的生命过程，当了自己一生的追求，特别是多读了几年书的家长，更是认为孩子应该比他人的孩子聪明才是正理，所以比得过他人的孩子，虚荣得暗暗得意，比不过就认为丢脸。其实，也是虚荣心的另一种表现……这纠结就会出来了。

最可怕的是，脸面和虚荣成为家长教训孩子冠冕堂皇的理由：为了孩子你的将来，你要如何如何……虽然孩子学习很好，但人品虚荣自私，那才是家长一生的败笔，又有何将来呢？

人活在这个世上，最重要是一颗平常心，活好自己。脸面要不要，肯定要，但这个脸面不是拿来给他人看的，是做对得起家人，对得起社会，对得起良心，对得起孩子的事的。只有这样，孩子才可能认可你，反过来做对得起你的事。此时，你必然会有脸面，这个脸面叫收获……

记得冬儿小学毕业，给她选了所离家很远的普通学校，每月 1800 元在校旁租房子，原因有四：一是安全，不用过马路。二是硬件设施好，各种室内球馆、图书馆。既可以健身，又有书看。三是新开的学校，第一届学生，为将来招生的生源打基础，肯定会重视孩子……四是上下学不浪费路上时间。双子同学当冬儿学习不好，没有被好学校录取，安慰双子，双子一笑了之……

其实，冬儿之前被一中、四中等名校，十六中提前录取，都在家门口。让冬儿读这所从没听说的胥江中学，又在外租房，认识的人感到莫名其妙。

双子与冬儿爸不为所动。冬儿进了这个普通中学，不知有培优班，进到普通班。后来，冬儿到好班两个月，又逃回普通班。当时，好班的几位老师还来劝，这样做，毕业时，一定要后悔。事实是冬儿在普通班顺利毕业，考分还高过好班很多的学生。如果双子不同意冬儿回普通班，那么会不会有今天的冬儿？还谈什么脸面？

所以家长面对孩子的升学或成绩，一定要有一颗平常心。只要想到，中国最落后的地方，也有人考上大学，再说本科又不是唯一的出路……孩子的成绩和学校不是拿来给你家长的人生贴金用的……

②重点也好、大专也罢，都有精彩的人生。

冬儿的表姐，也就是双子姐姐的孩子有严重的心肌炎，从小学开始，每月都要打一针进口的长效青霉素，一直打到前年，20多岁时心脏瓣膜才长好。因为这个缘故，肯定不能离开苏州到外地读书，在考高中时，读了个普通中学，学习成绩还可以。在高中毕业考大学时，三年高中读得太累，四年大学怕心脏顶不下来，从小喜欢画画，高中时学了美术，所以报考了苏州工艺美院，因为所学专业前景发展很好，在专业实践时，她学得比较深，人又肯吃苦，实习之时，被一家公司直接聘用，没有毕业就走上了工作岗位……

一边工作，一边进行专业学习，工作之余，跑很远的路，到学校学习上手就能使用的计算机大型软件技术、动漫等……

几年过去了，中间炒过几次老板的鱿鱼，现在工作非常稳定，环境很和谐，是公司的重量级人物……每年的假期，如年轻时的双子，一只背包，几个朋友，游山河，走天涯，全国跑个遍。这样工作和生活，孩子的人生之路一定会越走越稳，越活越精彩……

而她高中毕业，考进大学的同学，书比她多读一年不说，由于各种原因，到现在很多人的工作都不太稳定。

说起此事，外公总是感慨：这个孩子的选择是对的……当然，很多同学走得也不错。

双子有一潘姓朋友，天赋很高，学习非常好，性格使然，老师的话："太聪明了，做题从来不写过程，总是一步到位，说也不听……要错全错，一分没有。"没能考上大学，后来，当兵第三年考上南京某军校……双子在病重时接过他的电话，当时都大校军衔了……

的确，上大学、考研、读博是很多家长给孩子的规划，也是很多孩子的生活向往，但更多孩子，因为各种原因，走上了各自不同的道路……重点也好、大专也罢，只要选择能适合自己的，并且不停下努力的脚步，脚踏实地地做人，相信人生同样精彩……这样地想问题，家长何来纠结呢？

考进高中的孩子有哪几种？

中国的应试教育，让家长无奈，孩子苦恼。家长无奈是因为心里没数，孩子一有事就会急死。如果深入其中，了解其中，就不会害怕或少害怕。

家长要知道，但凡能进高中的孩子，大多是淘汰了1/3的同学后，一路杀进高中，所以必然、偶然都可能……有一点，就是孩子的心态和从小的学习习惯和方法一定能帮到孩子。下面写写：考进高中的孩子有哪几种？

（1）初中学习刻苦，但左脑发育中等（智力），用时间拼分数。这样的孩子中考分数很高进了很好的高中，家长骄傲，孩子自豪，老师的期望值高。但这样的孩子，高中没有后劲。高中学习进度一下加深，功课增多，孩子时间分配不过来，顾此失彼……

冬儿高一班里的很多同学，进校分数都很高，但每天学习到晚上12点多，反而分数越考越低……这样的孩子有的很要强，不然不会学到晚上12点多，所以此时肯定非常沮丧，因为没人能帮孩子找找原因……接下来再学，更是心累：老师和家长的失望如山一样压在孩子的身上……孩子高二分班，考文、考理都累……

（2）初中平时学习一般，很偏科，但左脑很发达。这种孩子中考最后三轮冲一下，考进高中。我前面的博文中写的高三的小珊就是这一类（左右脑对高中学习的影响，在前面《慢》中有写，有时间的家长可看看，了解一下你的孩子）。

因为到了高中，初中偏科，基础不好，增加新课的同时，还要捡起初中的内容，所以学习同样很累，而且到最后心累，没有信心……

这样的孩子，选科选对了，用点方法自信上来，最后高考一定不会太差……

（3）左右脑发育平衡，小学学习很好进初中。这种孩子几乎集中在学校的培优班。培优班为了中考，从初一开始，作业要比普通班多近一倍，每天的作业压得孩子会走两个极端，出现多种情况：

①乖乖女、乖乖男，慢慢习惯了这种填鸭式的学习。没得玩，没电视、电脑看也无所谓。但这将是个情商低、智商高的群体，他们将来的人生未知数太多。

②聪明好动，调皮捣蛋。培优班再压也无法压住充满激情，自由自在的性格，兴趣爱好广泛。喜欢的认真学，不喜欢的作业都不做。这样的孩子大多是男孩，偏科非常严重。

冬儿在南京的表弟，数、理、化、英语都很好，其他学科差得让人不相信，政治作业从来不做，考试只有几分，家长管不了。这样的孩子真不用担心，冲一冲肯定能考进高中。

高中肯定同样偏科，可一旦明白过来，学习成绩很多都会反超上来……这种孩子，智商、情商都很高，主要是反感应试教育，专做与家长、老师对着干的事……家长对这样的孩子要有耐心，相信大一点会好起来……明天的中坚分子大多出在这样的孩子身上……但也有可能被应试教育压向了所谓希望的反面……

③同样优秀聪明，兴趣爱好广泛的孩子，因为培优班作业量的增加，两年不到学了三年的内容，提前每天大量的中考试卷，让孩子心理疲惫了。可能真到中考时，发挥失误的很多，出现了视觉疲劳……

冬儿在初二时，因为学习可以，学校点名进了培优班，两个月后逃出来，而培优班很多优秀的孩子，中考没有考过冬儿，家长花30000元买进高中，不是冬儿比他们聪明，而是冬儿心理上没有他们累……

这样的孩子，上了高中后，与初中学习刻苦，左脑发育中等，用时间拼分数的孩子，是完全不同的概念。他们智力不差，有自己的学习方法和习惯，只是恨死这个应试教育，累死三年，还考成这样？沮丧加懊恼……

家长此时如果能理解并心理安慰之，来帮助孩子慢慢消化心理和视觉疲劳，孩子会渡过这个难关。虽然中考没有考好，但高中年龄大了一点，心理成熟一点，反而可能会努力加巧学，走好高中……如果家长唠叨：我花了几万元送你进高中，你一定要在高中好好努力，考个好大学，或学校的高压，则孩子会因为无望而心累，可能会走向家长、学校不想看到的反面：极端……

（4）左右脑都发育平衡，初中学习很轻松，兴趣爱好广泛。高中虽然同样累，但稳扎稳打……这样的孩子是少数，因为有思想，思考会更多，更在质疑现在的所学，会多问几个为什么？能不能走好三年高中，同样是个不定的变数……

所以家长要了解你的孩子，了解你孩子是个什么类型，初中如何考进高中？高中的现状是什么？高中是住家还是住校，住家还是住校的利弊在什么地方？只有真正了解孩子的现状，了解孩子的生存状态，才可能有的放矢陪孩子走好高中之路……

高中文、理科分班如何进行选择？

冬儿为什么要选择理科？自冬儿小学高年级到高中，学习上没有多管她，主要是不懂。但健康和心理一直是关注的重点……特别是全面了解江苏的考试方法后，对冬儿高中选文或选理，没有想过，更没有要求冬儿到底学什么？

原因是江苏的高考方法很奇怪，共考十门。而选文，高二下学期考掉物理、化学、生物和除历史外的一门文科。选理，同样先考掉历史、地理、政治和除物理外的一门理科。计算机是高二上半年考，高三参加高考是五门。十门中的一门不及格，就不能毕业，没资格参加高考。这样的方式孩子无论选文或选理，表面看高考五门比其他省份的孩子少考一门，但付出更多，门门要考，这是第一关……

记得湖北好友的孩子，学文科，从高一开始，她妈说：“高考不考的理科内容都不用学，真不及格学校也能给毕业证……”所以孩子从高一开始就是三门主课加文科综合，所以高考很轻松，考进北京重点大学……江苏的孩子五门副科都是高考内容，全省统一考，如果都达 B（这是第二关），主课总分过了一本线，选修主课两门其中之一不能达到考生人数 15% 的 A，或考生人数 5% 的 A^+（这是第三关）同样不能读一本学校，只能读二本学校，用人头而不是分数，来计算考生 A 或 A^+的比分，这个比例很不合理……所以江苏孩子要过三关，而不是外地的孩子的高考一关，所以江苏考生学习压力大更多，可想而知，学什么都不容易（但考不好，读专科，就业机会可能比之其他地方的孩子多……）

（1）选文科：很多学生初中理科没有学好，打算到高中拼一下背功；这个行为不可取……江苏考生：理科副科门门要考，外地考生：理科副科虽然不用考，但生物和地理中很多需要逻辑计算，而文科需要大量的背记，如果基础不好，那么太多的内容，可能因为时间不够而无法记下……所以打算学文科的孩子，初中各科的基础一定要先打好……尽量让背记内容在理解的基础上，在小学和初中消化一些……

（2）选理科：有学生理科学得还行，而文科要背记的内容可能记不下，所以选择了理科。理科学习到了高中，更多的重思维，轻背记……

（3）认为理科将来求学和毕业分配相对文科机会更多一点，所以选择理科。

（4）文理基础都好的孩子，选择什么都行……

冬儿黄冈幼儿园的一个老师的女儿，选择理科，目的就是理科机会多一点（当时不明白考不好有什么机会?）后来学得是一塌糊涂，竟然上了个三本学校，在苏州根本不可能，也没有这样的机会给孩子……所以江苏的考生，选择什么都很累……

冬儿选择理科，主要是因为兴趣。分班前，我们一起到网上查各专业来对比……文科一圈排下来，冬儿说："这些科目将来所从事的工作，太多阴谋，如《甄嬛传》中的人，会活得太累，我喜欢简单的生活。律师还有点喜欢，因为初中参加法庭辩论，思路快、语言逻辑还行，虽然发言慢一点……可电影中的律师尽说谎……我不会说谎，虽然喜欢，但不想和搞阴谋诡计的人在一起……"话虽然太偏激，但也反映出一个现实……

理科一圈找下来，建筑、生物、物理、化学、数学、地质、军事等学科，其中有很多分支专业她都喜欢……冬儿爸和我从来都很尊重她的选择，所以理科的选择成了必然……

与冬儿爸背后议论了一下，冬儿的文理科水平差不多，虽然冬儿更喜欢史地等人文学科，但冬儿是个厚道孩子，学理科说不定将来真能静下心来做点事。所以冬儿决定学理科后。我们与冬儿进行了长谈，告诉她，凡事都有它的两面性，任何专业都有利弊：

如文科也有很多的人，平凡努力，一生成绩不菲：季羡林先生、傅雷先生……当然，他们是文学研究之人……

而理科中的建筑学分支很细，绘画设计要有想象的天赋，这个职业对女孩来说，动脑动心，很累很苦。

同样生物、化学、数学、物理等学科，将来无论从事理论研究或实验研究，最重要一点：必须沉下心，耐得住寂寞，经得起清贫，坚持、努力、等待缺一不可，并且可能耗尽一生，没有结果……

再有地质、军事等，个人体能，团队精神，集体思想，吃苦耐劳，都要求很高……

总之，无论选择什么专业，将来从事什么职业，都可能从开始的喜欢到接下来的瓶颈时期，就如成人的婚姻一般，城外的人想进来，城内的人想出去。但只要坚持一直向前走，不停下学习的脚步，如滴水穿石……10 年，20 年，熬也能熬到从事行业的前沿……

最后，我语重心长地说："冬儿你一定要记着：生存和喜欢是两个完全不同，但又紧密相连的行为方式。在未来的人生中，两者能合而为一最好，但太多的事实证明，生存好了，才能去做喜欢的事。如美国的巴菲特、比尔·盖茨，香港成龙，成功后才能行善。没有经济基础的人，有心无力……当然，我们不是要你成名、成家，只希望你开开心心，但开心的前提是不用担心生存……

所以无论文科理科，生存是第一，学习就是为了将来更好地生存，在这个基础上，个人爱好才可能得到充分体现……真正走上工作岗位，刚开始一定会是非常琐碎，从最底层做起，更可能被人呼来喝去，所以脚踏实地才能走好开头……如你表姐，从一个普通的员工做起，现在有经济基础了，才能呼朋唤友，云游四海……

学习什么专业不重要，重要的是一颗平常心，高中各科学好，才能选择喜欢的大学专业……"

冬儿点头道："老妈，我懂，我会学好理科……而将来选择职业，先学经验和生存，但不管做什么，我都一定不轻易跳槽，如果知识不够，边学边做，最重要不给自己太大的压力，好好活……有经验和机会就自己创业……"

听了很欣慰，当时认为冬儿的脑子，学理科比文科可能会累很多，困难也会很多。但她的性格，既然选择了，想来，虽然不会学得最好，但肯定不会学得最累……更不会学得很差。

而且她上面一席话，虽然没有豪言壮语，但反映出对人、对事最基本的生活态度。相信她将来肯定不会眼高手低，好高骛远……

后来才知，高中理科学习，智力和学习方法，习惯还有能力，是能否学好的主要因素，也是冬儿高二后我们从她的成绩和表现，以及与她的时时交流中才得知。所以小学、初中孩子若能有个好习惯和好方法，则高中能否学好的基础就打好了一大半……

第五章

青春期，陪孩子一起走过

提前了解青春期的孩子

有个朋友六年级的儿子要买自行车，家长和他订了协议，每天必做的事：学校的上课纪律、回家作业等……如果做好了，就给买。同时，一个星期奖励20元钱。反之，如何如何？反正协议有许许多多的条款……我看得眼花，也看不清楚。但从协议的内容可以看出，这个孩子上课不听老师讲课，到处说话，作业丢三落四，不能完成……想来老师告到家里。家长愁肠百结，到处找寻能解决孩子出现的问题的方法？百般无奈才出此下策。

忍不住打听了一下：原来孩子小时候很听话，现在为什么会这样，家长也不明白，其实太想和家长们说一下，有这样行为的孩子，是到了青春期。

下面说说：

（1）能不能通过奖励加协议，签合同的方法，让青春期的孩子听话？

我虽然养育的是个女儿，但和冬儿一起长大的是两个大她一些的表哥，所以男孩的成长我也了解一些，并知道如何去做。因为我是个有心人，为了冬儿能顺利地长大，想办法为冬儿创造了良好的生存环境。

记得很早以前就和朋友说笑过：法律的太多条款是为占人类99.99%的安分守己之人所定的。此话怎讲？家长们向周围看看，平常普通的人，大家是不是都被叫做：遵纪守法之人。那为什么还要用法律来约定人们的行为呢？的确，一个社会的公共次序，必须得有公约来维护，平常的人们是不会跑出这个公约所定的准则的。这是个常识，但不是每个人都会去想想是为什么的？

一个读了近六年书的孩子，肯定知道学校制定的一切规章制度。而“上课不能说话，回家作业必须完成”是个上一年级的孩子都知道必须去做的事，在校必须遵守的纪律，也就是学校的“法律”，六年级的学生能不知道？（做得好差在其次）

①如果上课时有人说话：一是，打断老师讲课，同时有小朋友们可能听不清，影响学习效果。二是，相互说话的学生，自己肯定不知老师在讲什么？课后如何做作业？

②回家作业必须去完成，更是为了复习学过的知识，更好地掌握运用。如果有了上面的行为，则如何能完成作业？所以这些都是一个学生理所当然必须遵守的最基本的准则。

其实，孩子到校的第一天，已和学校无形中签订了一个长达六年的协议，就是孩子在校必须遵守规则，努力学习，老师必须尽心尽职教好学生。

上面这位家长好好想想，老师在校反复强调了近六年，学生在校守了近六年的理所当然的准则（协议）。现在快毕业了，孩子开始“违法乱纪”。家长再用一纸“协议”书，通过物质奖惩的方法，让孩子在家遵守，这可不可能？

记得在冬儿三四岁时，教冬儿过马路一定要等绿灯亮了，才能通行，可能的后果都说到了。有一次和冬儿过马路，看看两边没有车，就想带冬儿跑过去，冬儿拽着我，死也不肯，说是红灯……当时非常感慨，想想只要让孩子明白什么事能做，什么事不能做。再小的孩子也必然会模仿和遵守。这就是社会公共契约的力量。就如一个小儿上学就知要交作业和不能上课说话一样，是件必然的事。

但如果马路对面有个公厕，几岁的冬儿要如厕，为了孩子不尿在身上或地上，有可能抱着冬儿飞奔过去……那么后果是孩子知道特殊情况下可以通融，公共契约成废纸一张。这有点像家长和老师无原则地原谅孩子所为一样。

上面这个男孩肯定会在和妈签的“协议”中找到通融之法，让协议成为废纸一张，家长真是被拍左脸又打右脸，苦恼多多啊！因为现在反过来了，不是家长了解孩子，反而是唯一的独子，没有兄弟姐妹可倾诉心中的烦恼之事，为了自己的利益，只有变着法子揣摩家长的心思，比家长还会打“擦边球”。这样的协议最后会成什么？想也想得出来。

我在博文中用了大量的篇幅说过独生子女的现象，请有时间的朋友看看，才能来了解你的孩子。

现在的孩子都是独生子女，从小在蜜罐中长大，物质对他们而言唾手可得，这样的奖励加协议的方法，时间长了，能不能打动孩子？但可以负责地告诉家长：如果真是上述这样青春期的孩子，则这个契约肯定没用。

真能理解这个家长的无奈之举，想通过契约的形式，让孩子做好自己本该做的事。但如果没有用又做不到，则家长怎么办？其实，一个六年级青春期没头没脑的男孩，如果真无法做到家长、学校的要求，又太想得到他想要的东西，那么同样会用他自己的办法得到，这才最可怕，也才是家长要去动脑子想想的事。

就说长大一些的冬儿，如果一直是认真履行社会公共契约，就会无论出现何事，这个事有多尴尬，都会想办法自己解决，定不会破坏“红灯停”这个必须履行的契约。反之，就会想到通融，违反社会公共契约。像这样成长的孩子，家长和老师应该看到太多太多了。

但过马路时是红灯，有件实在太特殊的事，如对面走来一个摇摇晃晃的，没有父母帮助的幼儿，冬儿一定会冲上去帮助，红灯、绿灯都不会管了。在冬儿四岁多时，见到过妈妈为了救一个电梯上翻下来的孩子而奋不顾身……本能和善良的天性肯定会让冬儿去做她认为正确的事。所以本能和天性这两个东西最不好说。

就如从小听话的孩子到了青春期，会出现了许多本能的、正常的，但在大人眼中就是不听话的问题。天性的善良和好习惯可能帮到孩子慢慢度过青春期的本能。反之，就可能是个问题孩子。

所以孩子到了这个时段，家长也跟着孩子长了几年，经历相对于低年级的家长要多些，经验、办法肯定也会多些。孩子出现了问题，无论小时候养没养成好习惯？此刻，只有针对个体不同的孩子，同时孩子能接受的方法来及时调整，看能否解决孩子出现的问题。这就要家长用智慧啊！

我一直相信，只要家长用心，运用全部的外力和内力，一定能帮到你唯一的孩子。家长如果明白了解这个时段的孩子，上面的问题就不是问题了，因为问题的根本在于，他是“青春期”的孩子。

（2）青春期的孩子如何办？

前年冬天，应冬儿老师之约，曾经和冬儿同学的家长们交流。父母们在一起大倒苦水……我深有同感，说笑道："一年级的家长两头走：或急或得意（这和孩子上没上过学前班有很大关系）；三四年级的家长最操心；五六年级的家长最心累；初中的家长三重心：心焦、无奈加麻木。"

①五六年级家长为什么心累？

因为五六年级的孩子要面临小升初。这时的学习状态和学习成绩，对升学考什么学校关系重大。所以此时的家长的心大多绷得很紧，希望孩子在学习上能认真一点，努力一点。可这时有很大一批低年级学习中上等，在家长眼中算是"很听话"的孩子，不知从什么时候开始？上课不认真听讲，和同学上课说话，回家作业不完成。男孩喜欢上网玩游戏，女孩喜欢上 QQ 和人聊天。学习成绩不升反降。老师找到家长告状。而且谁也说不得，一说就和家长吵，什么难听说什么。家长心里委屈得无处说，小时候引以为豪的孩子到什么地方去了？这样下去如何得了？

家长不知道面前是处在青春期的孩子。这个时期的孩子，的确让家长太不理解了，小时候叫做什么就做什么，多听话啊！现在为何这样了啊？真是莫名其妙。由于人们生活水平普遍提高，孩子营养过剩，所以无论男孩女孩，青春期都提前 1 ~2 年。

太多的家长，看到孩子不可理喻的行为，想都不会往青春期这块想。更不知孩子让人头痛的行为，实际上是一种生理现象的表面反映。只知道孩子太不听话了，有的家长被孩子搞得焦头烂额，无心工作。

细心的家长会猜测孩子的行为是不是青春期的表现？但现在的社会无原则地放大和造势，让许多家长对半大不小的孩子就如豆腐掉到煤灰里，吹不得来拍不得，无可奈何中，心里难免愤愤不平：谁没有过青春期？谁没有长大？谁没有读书？为什么现在的孩子青春期是这样的？更不能理解孩子为什么如此叛逆，把家长当成了敌人？

高学历的家长开始谆谆教导："书中自有黄金屋。现在为什么家里生活好？就是当年我如何努力学习的结果……"蜜罐中长大的孩子，没有感受和体会，如何知道说教出来的"黄金屋"？不屑一顾是必然的。家长大为恼火："现在为你提供最好的学习条件，要什么有什么。你为什么就知道玩游戏？为什么不努力学习？为什么如此不懂事啊？将来你一定会后悔……"

低学历的家长更是要求孩子："你爸当年不努力，现在开小店。没本事帮到你的将来。只有自己努力，好好学习才行。这么多年养你长大不容易，一定要听话。”孩子听得耳朵老茧出，更是不理会。家长气得叫道：“好小子！有你的！就知道玩电脑、玩游戏，是不是想走你老子的老路?”打了，骂了，全来了。

有一天，冬儿爸陪着在院子里散步，与冬儿同龄的一个六年级的男孩，被家长打得跑了出来，一个前面跑着回嘴，一个后面追着大骂。一看就知孩子又闯祸了。这个爸爸还是个很高学历的家长……要不是给孩子气过了头，肯定不会做出这样的事。

这样一些家庭，无论家境好坏，孩子虽然表现行为不一，但结果必然一样。所以家庭时时就如战场，烽烟不断。真是大人伤心，孩子生气。

家长此时要为孩子上个好学到处找关系，又想孩子是否能在最后的时刻好好学习，冲一下，考分高一点，自己考上好学校，现在孩子这样，家长心里那个急啊！可以说有的家长急得夜夜无眠。又不知怎么办?

②家长为什么心焦、无奈加麻木?

不久的一天，冬儿因故未能吃早餐，我赶往老师办公室给冬儿送去。一位同学的家长正被老师请来，讲述孩子在校的不良行为。家长哭诉自己生活多么不易，孩子如何不听话。听到一个关键：孩子没日没夜用手机看小说，家长要孩子交出手机不成，就请老师帮忙。正好这个初二的高大男孩被叫进来，老师说：某某某，你把手机交出来。孩子愤怒地瞪着家长：“为什么？不。”我一看不好，上前一把搂住高我一头孩子的肩膀：“你在学校多次玩手机，老师正在责备你妈为什么要给你手机？……”孩子的情绪缓和下来：“爸妈常常不在家，我有事要和爷爷联系……”

老师巧妙地说：“我有工作电话，你有事找我，给你电话打。”我轻轻地说：“孩子，认不认识我？有事在校老师会帮助你，在家大人会帮你。你的手机先给老师，真有需要再说好不好?”男孩虽然不情愿，但还是掏出手机交给了老师。

回家的路上，这个家长送我。我委婉地告诉她：在与老师沟通时，提出要回手机的要求，在当时的情况下，多么不合时机，儿子多么难堪，所以肯定会拒绝。更讲述了青春期孩子需要家长如何帮助……这个家长不停地讲述自己的不容易，丈夫如何需要自己在工作中的帮助，孩子多么不理解…….

最后我打断她的话："工作重要，孩子更重要。关键时刻，不能放孩子在爷爷家，你们夫妻这样辛苦也是为了孩子的明天。孩子没了今天，何来明天？让个愣头愣脑的小子，来理解你们，他没有经历你们辛苦的生命过程，如何理解得到？没你的帮助，你丈夫的事业塌不了。但没你的帮助，孩子的天可能真会塌。相信丈夫的能力，你有病，就当养病在家一年。帮帮孩子，给孩子家的温暖。实在不行就让孩子寒假跟你们去做生意，让他知道父母的不容易，看他能不能从中想一想他的明天？"

这个家长最后看着我无奈地说：随便他吧！我们是尽到了心，用了所有的方法。

可以看出此时的家长是多么心焦、无奈加麻木。我一路走一路想这个家长为什么不能平静下来了解你的儿子啊？

回家后和冬儿爸很是感慨，青春期孩子的家长不易，孩子更不易。天天的学习，做不完的作业，升学的压力，加上生理上正常的反应，和心理上无法得到的理解和温暖。孩子，尤其是个男孩，肯定会在这个时间段，一下子找不到北，学习上起伏非常大，行为上一定就是个不听话的孩子。

其实，每个生命过程在他特定的时间段都是独特的。你的孩子不是你生命的翻版，他生长的每一段，更不是你的缩小，他只能是他成长环境中摧生出来的独特生命。

家长如果没有融入孩子一起成长的过程，喜他所喜，忧他所忧，那么根本无法感受并体会到青春期孩子的生理和心理动态的内心世界。更有许多的家长没有去动脑子想想此时的孩子为什么这样？如何在孩子出现问题时及时和老师良性地沟通？一起帮到孩子。

家长如果不懂、更不知、不会去学着和孩子一起感受这个特殊的时间段，并尽一切来帮孩子，宽容孩子（当然不是溺爱），那么学习中等的孩子肯定很难走好这一段。真就应了一句老话：不是楼上楼，就是楼下搬砖头。

小学低年级和高年级的家长们，你们一定要从现在开始，了解这个年龄段孩子的成长过程，并多学点知识，提高自身的素养，将来才会见怪不怪，和孩子一起慢慢成长。

换个角度看孩子

怎样才是真正帮助孩子?

很多家长给双子留言、电话:大家一起交流孩子出现的问题,还有家长的困惑……双子非常理解并感谢这些家长的信任……

虽然小学孩子可能产生的学习和生话问题,双子基本在《与孩子一起成长(一)》中和博文中都已讲述,只要认真一点看,变通地去举一反三,则有可能帮到你的孩子。但电脑博文形式的冰冷而反光的文字,让很多家长眼睛受不了,可能无法定下心来认真看看双子所写内容的真正含义。就如双子现在的眼睛,看一会电脑就受不了。

选择给双子电话和留言,想找捷径来解决孩子问题的家长大有人在。但更多的家长知道,双子无法也不可能有万能的方法来帮到孩子。给双子电话或与双子进行交流,不为其它,只是希望有个能理解自己的人,来倾听自己内心的苦恼和困惑,帮助一起分析孩子问题的根源……

双子愿意并希望听到你的诉说,因为无论能不能解决孩子的问题?相信你只要说出来,心里好过一点,反而会从另一个角度去理解孩子,或许这样的选择,自己就能帮到自己,找到帮助孩子的方法,这才是双子再累也会接听电话和回复留言的真正原因。

更是双子下面要说的事：换个角度理解孩子。不是让家长重新认识孩子（这是一句空话），也不是想当然的换位思考，这个换位思考是你真正和孩子换个角色，学习上帮助孩子化整套为零，利用边角，技能上自己先学一下，这样你才可能来帮到你的孩子，为孩子创造玩耍时间，孩子定会心生感激做好自己的事。

所以了解孩子，智慧的帮助孩子，才是家长在孩子成人前，要做的功课。

下面说说：（1）学习上如何换个角度？

其实，学习技能也好，学校学习也吧，家长、老师对孩子的态度，决定了孩子最后的走向。此时孩子能依靠的只有他的爸妈……

与双子交流的家长，说得最多就是孩子作业时间来不及。这就要讲到一个实质的问题，如何依靠家长的帮助？也就是家长只要换个角度，就能让孩子真正有树可依，有山可靠。

好友安安妈到家来玩，看到才上高二的冬儿，晚上8点前作业就做完，开始看电脑、玩……认为不可思议，她孩子只有小学五年级，虽然学习很好，晚上作业还是要搞到晚上9、10点，高二冬儿这样快作业完成，真不敢相信。

其实想来网上的家长不会有几个能信冬儿的事，但这是个真实的存在。双子告诉安安妈，晚上8点作业完成还是晚的，7点45左右做完最多。

说心里话冬儿这样的学习状态，内心最不安的是双子和冬儿爸，担心这样的赶作业，质量到底如何？但高二学生的家长，平时根本无法了解孩子的学习，只有考试才能看出一点问题，但也不是绝对……所以

不能因为冬儿作业完成快而指责她、或给她加码学习任务，这对孩子不公平，而且作业快是冬儿从小的习惯，小学初中都是。

与冬儿交流：“老妈，在学校除了体育课，我上厕所都在背东西，累得我啊，回家只有小半作业，当然快了，让我玩玩，不要管我…….”听听冬儿所说，也不无道理，有道理就不能说孩子。

冬儿从小记不下汉字，不会背书、更记不下英语单词……但为什么会（只能是会，不是很好）很多技能的同时，后来，学习还行并且做作业也快？

前面说到孩子如何依靠爸妈的帮助：这个就是双子从小帮她学会了学习上利用边角，化整套为零……

双子与安安妈对话中听出，她孩子作业慢，最主要是没抓孩子的边角时

间。就教了安安妈一招学习上化整为零的方法，说来大家听听，也是帮助冬儿最有用的方法之一。

如冬天晚上睡觉前要洗漱，三四年级前冬儿的洗漱都在厅里，茶几上放三个盆，边刷牙，边洗漱，边看电视或做其他她喜欢的事。家长不要怕水溅出会把地板搞坏，地板与辛苦学习的孩子相比，能算什么？

更不要怕惯坏孩子……孩子学习非常辛苦，又没时间玩，玩是孩子的天性，如果家长能帮孩子打水洗漱，节约孩子的时间，孩子会感受到家长的帮助，是想利用边角时间让他多玩一会，定会心存感激。时间久了，也同样会习惯去找时间来利用。冬儿为了回家作业少做，总是利用乒乓排队的空时做作业，这样回家就会少做，多看电视……

高年级自然不会在厅里洗漱，更不会让家长来帮，但习惯了利用这个边角时间，就如现在的冬儿，上卫生间都会背课文或记英语单词……一分钟都不会浪费……因为冬儿小时候胃下垂，便秘，上卫生间的时间，从小教她利用……

夏天晚上要洗澡，双子坐在外面，冬儿边洗边与双子交流，天南地北……到了初中高中，这个时段更重要，平时复习地理、历史、政治、背英语单词，都是利用这个时间段……

不要小看这样的时间段，天长日久，对冬儿而言，最难最记不下，最浪费时间的背课文、背单词等都在这个时间与冬儿爸或双子对话中记下了，反而节约了大量的正时来玩、看电脑小说……这就是学习上化整套为零，行动上利用边角……

也就是家长对孩子的了解不能停留在口头上，而是实际行动。让孩子感受家长知道他真正需要什么？如果孩子慢，不是让孩子快点就会真快点，而是换个角度，帮着孩子慢慢习惯一种方法，当然前提是家长一定要坚持，让孩子尝到这种方法对他有好处，他必然会想办法效仿，并形成条件反射的习惯。

其实要想帮孩子的方法太多了，与双子电话的家长一定深有感触……但家长一定不要认为中国的孩子就是帮得太多，才会死读书，才没有西方孩子能干。

孩子死读书不全是家长的责任，是中国大环境的原因……

什么是中国大环境？现在有种现象：孩子学什么，家长老师大都会理所当然的认为，一定能一定要学好。只要家长或老师认为不好，就要说孩子：人家小朋友能学会，学好，你为什么不能？

个体的孩子与孩子能一样？……再说谁也不知人家孩子技能或学习如何会很快学习？原因是不是：有的孩子家庭条件好，一对一教？或人家的爸妈本来就是老师？（冬儿学校一最牛高二女孩：爸是学校重点班的数学老师，妈是语文老师，你说能比吗？）或原本所学的内容，正巧孩子左右脑子一部分发育完善，接受能力比你孩子快……

比如学校的学习：很多家长和老师都会这样认为：上课听不懂？不会？一定是不认真、不努力、不专注……

其实听不懂就是听不懂，可能老师说得太快，可能吵吵闹闹没听清，可能真是脑子发育跟不上，原因很多，没有为什么，只有想办法了解孩子的现状，帮孩子。

前面《孩子为什么粗心作业慢不专心？（左右脑）》这个系列，双子用了五个篇幅来详解，没看过的家长，有时间请到前面看看，了解你的孩子到底是左右哪个脑子更发达？如何换个角度，了解你的孩子行为不是你或老师所想，才能来帮到孩子。

记得冬儿刚上初中时，进普通班，一个星期考一次，叫周考。冬儿除了数学，语文和外语都只有30几分（50分卷）。第二星期还是这样，当时还认为冬儿才上学不适应，或有点粗心，在前面最早的博文中有写《家长的作业》。后来找过语文老师，老师说这次题很难，冬儿考的可以。

双子不理解为什么题要出这样难？打击孩子。谁知期中考试冬儿的英语只有68分，语文也很差，并知道冬儿这样的成绩全班第一。

当时非常吃惊，详细询问冬儿：原来语文老师是学校办公室主任兼任，平时忙到看不见人，英语老师是刚毕业的硕士，讲课声音小得像蚊子叫，同学吵闹管不了，不知老师在说什么？复习内容根本不考……

马上到校网上查冬儿的分，这才知道另两个好班同学考的非常好……找到教务主任，这个汪主任竟然说："学生所用试卷是立达学校的，很难，68分很好了。"

双子问道："为什么另两个培优班的学生能考出90多分的成绩？""人家学生基础好啊。"听得莫名其妙，冬儿初中进这个学校是作为优秀学生而来的，何来基础不好？

只有不客气地如实讲述了解的师资配备情况，汪老师赶快说：“我们也了解，下个学期会换老师……”。回家鼓励冬儿，自己好好学，学校下个学期要换好老师了……盼到下个学期开学，冬儿回来嘟嘟哝哝很不开心……一个老师都没换。

双子想冬儿大了一岁，自学能力可能会提高……就让冬儿自己多做试卷，冬儿说：“完型填空，如果不会不懂，做再多也没用。”想像得出冬儿有多沮丧……

双子又不懂这英语，不知如何帮孩子，只好利用边角时间给冬儿讲讲史、地的小故事，让孩子心理上轻松开心一点。

期中考过，冬儿的英语和语文分数还是老样子，孩子回来自己生气……不得已，双子电话校长，把冬儿的情况全盘托出……

这个校长，是从特殊学校而来，非常有爱心。孩子们都喜欢她，学校有二十四个兴趣小组，同学们的才能都可以在学校展现出来……她听了双子所说，请双子耐心等待，一定了解后解决。过了没多久学校来电话，感谢双子的同时，请给学校时间来解决，双子感慨的无言以对……后来听说把冬儿进校一年的学习成绩全部找出，与培优班的学生进行对比……这才有了冬儿能进培优班，并两个月又逃出来的经历。

后来果然冬儿普通班的英语老师换成同时教培优班的孟老师（同学们叫她犀利姐），教得好啊，对同学严而有爱，语文老师也换了，接下来生物、物理、化学老师都非常优秀，史、地老师也很好。这个班毕业时，英语在平行班中排名第一，其它都不差。

如果双子不换个角度了解这些，不去横向对比其它班的学生，同时实事求是地做家长要做的事，与学校沟通，并尽最大的努力帮助孩子，反而认为孩子不努力，就知道玩？那冬儿后来初二到初三如何过？最后的结果是什么？

冬儿儿刚上高中时，因为听不懂老师所教的内容，老师说冬儿思维太慢，脑子发育有问题……冬儿小时候老师如果这样说，双子可能信，高中了还这样说，打死双子也不信，找了个老师一测，果然原因不在冬儿……

这要说说小学生、初中生‘阅读理解’，双子一直想帮，但帮不到冬儿，因为书上给出的唯一标准答案，双子为了冬儿，虽然做了很多，但错多对少，没本事想到出题人的脑子……更就不难为孩子，冬儿考试能做多少是多少……

所以真正的了解孩子，内心才能生出智慧帮助孩子。

前几天有个家长给双子留言,：双子说的暑假每天描红练字的方法，孩子练了一个暑假不管用，孩子字还是写不好，气死了，有没有其它方法？

这个家长说了两件事：你讲的给冬儿练字的方法没用，练写字能不能速成？孩子笨的让人生气，有没有其它的练字方法。

（1）你讲的给冬儿练字的方法没用，练写字能不能速成？双子帮冬儿的方法，都是多年坚持，从来没有速成，就如一个慢慢长大的孩子，一边育一边长，行为方式时慢时快。

而且练字的博文是冬儿读高一时，双子写的。冬儿用这个方法练了 10 年近二十个假期……这和一个假期比，是个什么概念？

写汉字与学习语、数、外一样，本来就是学技能，但凡是技能只有长期坚持，渐渐加深内容，并调整孩子心态慢慢来……一个假期孩子能把字练好？

（2）孩子笨的让人生气，有没有其它的练字方法？其它的方法肯定有，但家长是这样理解孩子学习技能，想来任何方法也没用。

还是这句老话：养育孩子是个慢活。学技能更是个长远的事。如果不信？你家长自己试试一个学期能不能做到字练的很好？多为孩子想一想，不要你认为自己的字难看，在工作中拿不出来，就一定要孩子一个暑假写出比你写了几十年还要好的字，不可能啊，你写不出好看的字，是不是笨得让你领导生气？

技能这个事，一会半会能不能学会？老师的教法，孩子的接受能力等。会让个体不同的孩子，最后学习的效果肯定不一样。如果孩子学又不明白，说又说不清楚有苦无处说，肯定恨死要学的所谓技能……这样的心态如何学好？

冬儿小学：A：学习上的要求、B：各种技能训练，双子都试过，只要双子做不到，冬儿肯定也很困难，所以一定会想办法来帮冬儿，而不是盯着孩子硬来。

记得冬儿开始学琴，很难很难。前学后忘。双子有一天不打针，拿出冬儿刚学的，自认为最简单的曲子，弹了一个下午，左手与右手一起行动，眼睛还要看着谱子，一脑三用，还真是很难的事，最后终于弹会两条，虽然非常兴奋，但深感冬儿学琴的不容易，想想不是走专业一定不能对孩子要求太高。

过了一天有两个年轻的朋友来玩。双子马上献宝一样弹给朋友听，谁知刚学会的最简单的曲子，要弹竟然忘记了，弹的乱七八糟，自己都不好意思，更是理解小小的人儿，小腿没有凳子高，弹琴两腿一吊 45 分钟，眼睛盯着琴谱上的一个个小黑点，双手左右开弓……还要不能有错，还要不能忘记，是件多难的事啊！

后来只让冬儿在家弹琴 15 到 20 分钟，无论如何不能让孩子学到恨死这个技能，最后不弹了。

如果双子不是先学弹，如何会知道原来弹琴太难了，如何来理解冬儿，所以一定换角度，先自己试了，才能理解孩子，幼年无法表达清楚的孩子，更是家长要重点关注的……

所以平民百姓家长你没有能力和金钱来帮到孩子出国留洋。没办法帮到发育慢的孩子脑子，只有换个角度，为孩子做一点力所能及的事情，想一些切实可行的方法，才可能为孩子明天走好打个基础……

所以换个角度来看孩子的问题，换个角度来做家长真正要做的事，换一个角度了解和理解孩子的难处，换一个角度明白孩子存在问题的合理性，家长一定不会急或少急，而孩子定会带着你所能给予的爱和理解，慢慢走好他的人生……

怎样才是真正地帮助青春期的孩子？

什么是青春期的孩子？家长不要想当然地认为，谁没青春期？我也是从青春期过来。

这样简单面对孩子青春期是对孩子这个成长阶段特点的不了解，如果不能正确面对和理解孩子，孩子时时爆发与家长的对抗就不足为奇了。如果不及时改善，疏通……严重到一次又一次的误解，争吵以及不理智地彼此伤害，肯定会碾碎家长的期望和梦想……更会碾碎孩子的明天……

如果你是半大孩子的家长，则请从现在开始，重新认识你小学高年级、初高中的孩子吧！因为他们不仅是半大孩子，而且更是特殊的青春期的孩子。

下面说说：青春期孩子在功课学习或技能学习，或当生活中有压力时，如何想办法让孩子宣泄压力，释放情绪，让孩子轻松前行……

（1）小学高年级青春期孩子的现状？

高年级的内容深了，学习节奏加快，或青春期到了，慢孩子的学习肯定出了问题，家长不知孩子真不懂、真不会，没了解到孩子不会的原因，并且没及时跟上去帮助孩子，反而抱怨、唠叨……. 孩子的表现只能是，越来越不知道如何去学，导致前面的旧课没有消化，后面会更加不懂了。孩子在这个高年级的分水岭阶段，基础没有打好，走进初中更是找不到北……

老师不知孩子产生问题的根源，没经验的老师更是理所当然地天天批评孩子，请家长。

虽然家长的能力有大小，不能分析和理解孩子表现的本质原因，但认同老师的看法和要求，一味给孩子压力和指责，甚至暴力，想第一时间改变孩子当前的不正常表现，是很多家长都在做的事。

想一想，高年级青春期的孩子，不明白更不知道学习内容为什么不能理解？不知接下来到小学毕业会经历怎样的日子？这样的行为对孩子公不公平？

当然，不排除孩子长大一点后，慢慢自我认知的完善，变得好起来。但做父母的真要好好反思：

在孩子小学的最后阶段，需要你帮助的阶段，你是否耐心地向孩子伸出温暖的手，在孩子接下来不懂不知，无助的时候，你是否温柔地面对孩子，同孩子一起分析出他的困难，给孩子时间和空间去提升能力，慢慢前行？

（2）初高中的孩子现状？

小学学习基础好或较好的孩子，升入初中后，此时听不明白或不懂，可能会问问同学或老师，如果一直坚持这样的学习习惯，则相信慢慢地会跟上老师和班级同学的节奏。

基础有些差，但主观上希望能提高自己学习的部分孩子，虽然面对初中越来越繁重的学习，但可能方法找对了，好习惯慢慢养成了，这也能让孩子走在中间且慢慢向上。而有的孩子虽然想学好，也很努力想跟上学习进度，但时间有限，方法不对，习惯不好，最后的结果肯定是心有余而力不足：想跟，跟不上；想听，却听不懂。这样的孩子，学习着实是个很艰苦、很痛苦的过程。

有的孩子努力了一段时间，发现越来越累，越来越没成效，自暴自弃就会出现，或上课看小说，或睡觉，或沉溺于网络，或把注意力放在与异性交往和学校之外的事上。

一旦孩子从这些不用学习的事情中，尝到暂时放松的“甜头”，要心理上重返课堂就是非常困难的事了。

有些地方初高中很多孩子住校，家长如果不注意观察孩子在家里的变化，那么初高中的老师太忙，不会也不可能细致地给家长反映孩子在校的情况。

此时，家长只要听到、看到孩子在学习、生活方面不如过去，或自己看不惯，或不符合自己的要求，或分数有了起伏，一跳三丈高！尤其不善与孩子沟通，或对孩子青春期的成长特点不理解的家长，可能会冷嘲热讽或者强硬管制，让本来自我意识强烈的青春期孩子产生严重的逆反：要他做什么，他不做什么！最后，好好的一个孩子成绩就下来了……

青春期的孩子，不仅需要家人关心和帮助，而且更需要老师的帮助和理解。但是，未必每个孩子都能幸运地遇到能理解他的老师。孩子出现这样、那样的问题后，老师假如不是热情帮助，而是采取放任自流的态度，那么这孩子就只好听天由命了。

如果太多家长和这样的老师一样，冷漠面前是个青春期的孩子，想说什么说什么，那么传递给孩子生理和心理上的压力有多大？

所以，我们做家长的，一定要让孩子明白，无论成长路上遭遇了什么困难，父母都是唯一可以无条件帮助且坚定支持你的人。

为什么孩子会和家长一说就爆？因为孩子明白只有家这个地方，才能宣泄和爆发学习上的压力和学校受的委屈，而且也只有家长才可能原谅你所有的过失。

如果孩子在家这样的地方，宣泄得过了头，或爆发到无理的地步，家长没有及时地疏导，反而不理解而与孩子起冲突，那么孩子会和家长越走越远，慢慢地，爆发虽少，但心里话同样会更少。

而不被家长与老师理解，处于孤独、寂寞中，学习压力越来越大，体能因学习的繁重而下降，这病那痛也出现了，因睡眠不好而产生的幻觉，生理心理的改变……

每个无意的触点，都会让孩子有早摆脱，早投生的念头……

这个可怕的念头不是一人有，是一个群体都会有啊！冬儿曾经不止一次地抱怨：烦死了，为什么生在这个年代，没完没了地学学学……我要穿越。

穿越小说能在初高中广为流传，并被孩子们膜拜，太正常……非常态的反而是孩子们的生存环境……

其实，有个很奇怪的现象，人们对更年期的女人，都抱有几分理解：这个人的怪异行为，是生理上的原因……不要和她计较。

但唯独不能理解的是同样在生理和心理需要帮助的青春期孩子，而且是更需要帮助的群体。其实，他们更弱小……没有长大，何来调整情绪的能力？在面对压力和困难时，肯定更容易走极端。

所以家长切记：青春期的孩子所遇到的事，无论大小都比你的任何事大：给他们宣泄的机会太重要了。

当然，孩子释放的负面心态和行为，家长要正确看待和引导，不能无原则放纵，不能因孩子的行为，把握不了是非的尺度。

在冬儿高中的一个中午，正巧有事打电话给她，电话那端传来了冬儿不停的哭泣，一边哭一边说……让冬儿慢慢说，因为连哭带说，双子的耳朵一个字都没听清……搞了半天才明白：一位同学因冬儿帮她写了个总结，感谢冬儿的方式是中午叫外卖……冬儿不知，先吃了中饭。送外卖的打电话让冬儿到学校门口拿，冬儿跑到门口，外卖还没到，其他班的一位女生也在等外卖，看到冬儿说："来不及了，你帮我拿一下……"说完就跑了，冬儿在那儿傻等……

这天是运动会，老师要求 12 点准时到课堂，冬儿没注意听，回班时间晚了五分钟，被老师堵在门外："说出是谁让叫的？外班同学的外卖？是谁？你送去。"

冬儿不肯，怕同学被批评，自己死扛。"不肯你就在外面站着。"老师说完走了。

其实，外面还有几个晚到的男生，但只冬儿一个女生站在外面……可能认为太冤枉，当着全班同学的面被训斥，又在门外罚站，感觉太丢脸了。双子打来电话，冬儿对着电话就哭，越哭心里越委屈，越哭越收不住……

双子听明白后，非常震惊，因为冬儿从小到大，从没被老师罚站过，更没有被男老师这样教训，想象得出冬儿当时有多激动……先让冬儿冷静："你先不要哭，听老妈说，第一，你没有出卖同学，这是个很好的品德，老妈认为你做得对。第二，学校有饭吃，老师当你在外面买，浪费钱，肯定会生气，同学善意的行为让老师误会了你。第三，你不肯送外卖给外班同学，虽然仗义，但老师误认为你在为你们班的同学开脱、说谎，这是你让老师产生错觉的误会。第四，虽然你迟到不是主观故意的，但一个学生迟到，肯定不对……你说是不是？"

冬儿听老妈先表扬和肯定了她，又帮她分析原因，最后指出她客观上也有错，想想有道理，慢慢收住了哭声："可老师让我站在门外，连男同学都进去了，也不让我进去，对我是个侮辱……"

"老师让你把外卖给外班同学送去，你当场回绝，对老师而言，同样是个侮辱，所以让你站在门外就是理所当然的啊……"

"那我现在怎么办啊？老妈！"孩子就是孩子，高中了也还是孩子，听到老妈说得有理，虽然知道自己也有错，接下来怎么办却不知道了。

听到冬儿冷静下来后，一颗心放到肚子里：“冬儿没事的，老师可能是一时的生气，一会就好了，等会儿找老师解释一下，和老师道个歉，老师会原谅你的。”

过了一会儿，冬儿打电话来，说老师先来找她，她把经过解释了，老师说没事，让她进班里了，而且非常奇怪，冬儿为什么要大哭？并让她不要哭了，洗个脸，睡一会儿再到运动会场去。

“是不是啊？冬儿，这本来是件小事，你把它放大了……老师认为你错了一定要批评你，不然就不是老师了，虽然行事简单了点，没有了解清楚。你认为受了委屈，心里难过也很正常。但你哭了，老师了解真相后同样会难过。你包里有副墨镜，带上没人看出你哭过，现在就去运动会场，老师看到你来，会心安的。你是个懂事的孩子，明白老妈的话了，是不是？”

“好的。知道了！我就去……”放学回家后，冬儿没事了，因为老师放学又过来关心她……而且冬儿还忘记给老师道歉……

晚上，双子给老师打了个电话，为孩子的行为向老师表示深深的歉意，老师连连说：“没事，没事。”

从这件事上可以看出，现在的老师多不容易……更是看到现在的孩子因为学习压力和生存环境的负面，有多么脆弱……遇到一些小小的偶然的委屈和挫折，就会觉得事大如天。

如果家长不能很好地疏导，上来不分青红皂白，一味指责孩子，那么处于青春期的不大不小的孩子没有宣泄的机会，可能会走极端。

同样如果一味地讲老师的不好，表面是帮孩子出气，但误导孩子对老师产生敌意，那么孩子会不会因为对老师的怨恨，没有动力学好这门课，或是……最后的结果肯定是孩子倒霉……

所以家长对孩子的宣泄，在理解和疏导的基础上，一定要讲原则，错了就不找理由，对了就该表扬，让孩子从小有是非对错的观念。这样遇到正常和不正常的对待后，都能养成自己理智分析和接受别人建议的习惯。

前两天有个初中女孩跳 19 层楼而亡，这样的事，几乎天天在中国大地上演，为什么跳，答案肯定随这个可怜孩子的灵魂一起飘走了。

想想小孩子懂事之时，无论为了何事，家长或打或骂或爆或怒，孩子因为自己的弱小都必然忍受并能原谅家长。因为他们知道这是生他养他的亲人，是他在这个世上给他安生立命的爸妈，就如家长无论怎样都能原谅孩子一样。

但孩子长大一点有了思想会如何？这名初中女孩不安的魂魄，再也无法让家长有机会去忏悔、宽容、原谅了。家长除了伤心，还留下了什么？……

是谁让他/她灵魂无法安宁？是谁让他/她用如此的方式诀别亲人？更是谁让孩子如此脆弱，不能抗压？是谁让他或她生活得如此无望？是谁让他或她厌倦了这个世界？只要活在这个世上，无论年幼还是年长，好好地生活是每个人的向往，是谁剥夺了他或她生存的权利？

不要说孩子不珍惜生命，不要说孩子不懂事，孩子的任何行为，都是对家庭和生存环境的最好诠释……初高中的家长，给唯一的孩子宣泄和释放压力的机会吧！不然，后悔都来不及。

现如今，家家几乎是独生子女。这是个太独特的群体，如何养育好唯一的孩子，如何让孩子将来能在社会上立足，更如何让孩子出人头地？可能都是当今家长每天必然在想的头等大事。

而如何让孩子学会感恩他人？关爱他人？理解他人？宽容他人？面对挫折？所有的一切都为‘学而优则仕’开了路……家长可能想都不会想。

所以也给很多年轻的家长敲响了警钟：孩子的生存环境和行为方式，会深深地影响他的人生，影响他的后代……但前提是影响到他能不能心理健康地长大？

成绩重要不？如今的教育下太重要了。太重要到家长从孩子幼儿时，就开始了他的人生规划。一个四五岁，脑子都没有发育好的小儿，就要求他必须会这，必须会那……但如果孩子因此没有长大、不能长大……那么这个太重要就是个“空”的……

之所以说这些就是希望小学的家长们，你们还有机会，还来得及，多给你们孩子点爱，无论让孩子做什么，只要孩子做不到，都要换个角度来看待孩子产生的问题。若自己无法做到，则不要来说孩子；若自己能做到，则帮帮孩子，尽量让他们做到。

任何人，无论你贫富贵贱，无论你学历高低，只要你初为人父、人母，养育孩子的能力几乎一样，因为大家都在一个起跑线上。

唯一不同的是：在养育孩子时，从孩子的认知、行为中，自己感悟的过程中，产生出养育能力的高低，所以孩子才是你不停学习的源泉和动力，这样才能提升你的能力……

很多家长说感谢双子，书写得通俗易懂。其实，家长要感谢的是你的可爱孩子啊！是孩子让你能与他一起成长。

双子的老父年轻时就是军报通迅员，看了双子所写的书后，说太口语化了。双子选择大白话的方式写出（理论的东西，专业人员都会写），就是因为自己是从小学、初高中过来的家长，知道家长的苦恼在哪？家长要什么，所以希望能用真实的事件帮到家长们。

更是希望家长们能看懂，可还是有太多的人看不懂？为什么？因为心没有沉下来……

所以年轻的家长们要能静下心来，在与孩子一起成长的自我认知（不是一天到晚让孩子来认知）过程中，多想点自己能明白的方法：学习也好，借鉴也罢，总之，能帮到孩子的方法，都可以拿出来用。这样才能让孩子虽然晃晃悠悠，但无论如何，带着家长你的温暖，你的爱走进初高中……将来能不能上重点不重要，重要的是孩子能感受到你一直的关心和爱……让他慢慢走好他的人生……

冬儿有一个表哥，从小性格内向，学习一直不太好，主客观原因都有（但双子和家人给予最大的爱）……高考很低的分，有幸进了一个武汉的大专。他如果在苏州，高中都没得读。但在湖北几百分也能读高中的机会下，让他读上了大专，当然也是很差的。

但这个表哥入学后，经过一段时间的学习，意识到大专文凭在将来的求职生崖中是个软肋，从第二年开始，玩命学习的同时，报考了一所二类本科学校，非常辛苦地一门一门考，与大专学习同时进行。明年，只要大专一毕业，就能拿到修完所有课程的二本毕业文凭。他的高中同学，二本要学四年，高考分比他高很多，想来也努力很多，可这个孩子一旦醒悟，三年反而可拿二本文凭。所以条条大路通罗马……

双子不是让家长不管孩子，而是让初高中自认为孩子学习来不及的家长想想：孩子真没有考好，能不能多一条思路，给孩子一个自我成长的机会，而不是逼孩子。学校老师逼，是好心。家里家长逼，是真心。无论好心真心，都可能把孩子逼急了，或逼没了……

孩子如果没了，那么学校最多对社会交代个醒世，对家长交代个安慰……痛彻心扉、追悔莫及、孤独、寂寞只能留给独生子女的家长自己，人生没有假如啊！

孩子的一生。能在家这个生命中的第一个港湾住多长时间？只有短短的十几年，到了20岁左右，都会扬帆起锚……起锚之时，可能大多不会留恋曾经生他养他，从小给他温暖的家。因为没有对比，何来感受，家长给予的所有的一切都是理所当然的……

孩子此时的确不懂：驶向自己未知的人生大海，惊涛骇浪的面前将没有为你遮风挡雨的双亲，更没有为了你的成长呕心沥血的亲人。

孩子在茫茫的人生大海，渐行渐远，感受着世间的酸甜苦辣、生命的无常无奈，初为人父、人母的艰辛……

如果家长在孩子离开之前，有机会与孩子一起分享快乐，多给孩子一点爱。读书求学产生问题之时，给予行为上最大的帮助。行为习惯出了问题之时，给予身体力行的榜样。

孩子在他的人生行程中，虽然同样会艰难跋涉，但回首往事，心底泛出的定是浓浓爱意，脑海闪现的定是家长用行动，而不是说教让他明白的爱，感恩的行为。

他才会深刻地理解，含辛茹苦、无怨无悔的真正含义是什么？十几年来，前辈无怨无悔、心甘情愿付出的家，对他意味着什么？他肯定会无限眷恋和思念他的家，他的亲人们，更是会感激家人所给予的一切……

并会将这样的爱、感恩、理解、帮助传递给周围的人，并会将爱用行动，传承和诠释在他们的后代身上……相信他会因此而少走很多弯路……

如果一个带着深深恨意的孩子，慢慢长大并走人生之路时……那么他的明天是什么样的？有没有明天？

如何帮助“不听话”的孩子？

4月28日，有网友给双子发了一封长信：“双子姐好！我是小一群的一位妈妈。知道你生病不易，可今天侄女发生的事，让我久久无法入眠，同时也深感焦虑，所以这么晚，还写出此信……”

的确，这位妈妈字里行间的焦虑和不安，太想双子来帮帮的心理，跃然纸上。双子可能帮不到这位朋友，但双子大概归纳了朋友提出的几个现如今孩子共性的问题，慢慢分析给网上有缘的朋友们看看，让大家来了解、理解并宽容现在的初高中孩子。

为什么双子在前面的博客中反复用了太多的篇幅，如《帮助独生子女要从了解开始》等几个系列来描写独生子女的心理和生理？这一块也是家长们给双子留言最多的内容，因为双子也有个初中毕业，上高中一年多的冬儿，的确这个时期的孩子太特殊了，家长太茫然了。双子又在此时啰嗦这个话题，就是因为上面信中的那位太不了解孩子心理的妈妈，没有及时疏导孩子而产生的严重后果，并且太心痛这个与冬儿差不多大的孩子和他们一整代人。

现就上述内容讲一点双子的想法，看看能否给后来的家长提个醒……

（1）孩子学习好，性格内向，和班上大多数同学关系不好，瞧不起同学，只有两个和她一样内向的同学是朋友。

记得冬儿去年刚上高中，学习有压力，睡觉太少之时，我常常在星期三晚上去看冬儿，目的是想冬儿放松，开心健康地学下去，这在前面的博文中有写。

共进晚餐之时，与冬儿说得最多的是同学、老师。冬儿开始最不理解一个同学：成绩很好，但语言上常常蛮横无理，要么不说话，出言就伤人，而且看不起人，同学大多不喜欢她，更是没有朋友。开始冬儿和我交流时也同样颇有微词。

但不久后的一天晚上，冬儿和我聊了近一小时，她非常同情和理解这位同学，说该同学的行为，在现在的同学中不占少数。我听了很惊讶，都是好学生，为什么会这样？

冬儿感慨地说："想想我太幸福了，学习上全家没给压力，老师没给压力，虽然睡眠少了点，但同学们都这样，慢慢会习惯的。从小到大，朋友、同学一大堆，有苦恼可电话找朋友、同学诉说。而且爸妈是我最好的朋友，能耐心听我讲述所有的事。

虽然我和爸爸一样很内向，但我在这里很快有了好朋友。因为我原本就非常温和，从来不会伤人，更不会无事生非，找人麻烦。老妈你常说，人人生来平等，没谁更了不起，所以看不起人的事，不会发生在我的身上。你总来看我，和我交流，还和我的同学打招呼，同学们都太羡慕我了。

在刚上高中时，我也不理解，许多分数很高考进来的同学的行为，整个就是在破坏自我，心理问题非常严重，太可怕了。现在大家认识了，从交流中可听出，他们从小到大很少与爸妈讲述他们的内心世界和苦恼，因为不是学习上的事，大多数的家长听都不会去听。所以苦恼比我多太多了，表现出来的就是无意伤人，所以我理解他们，而且大多数的同学也在慢慢地自我调节……

这个不讲理的同学，一定是从小没人教过她要得理让人，伤人就是伤己，更可看出她平时说话，不知什么可说，什么不可说，不会交流，总是乱说一通，最后被太多同学反击，很可怜的，将来如何在社会上生存啊……现在她要是无意说我，我只当没有听到。如果主动攻击我，我就冷处理，几天不理，过后当什么事都没有发生……所以现在男生尊重我，女生接受我……"冬儿侃侃而谈，我无限欣慰。

从冬儿的字里行间中听得出，冬儿明白了做人最基本的原则和道理：尊重他人，才能被人尊重；宽容他人，才能理解他人。虽然冬儿只是个高中生，有这样那样的缺点，但冬儿的确长大了，她在长大的过程中，用自己的方法，诠释了做人比学习好更重要的道理。

与冬儿的交流，如醍醐灌顶。没有冬儿上高中的经历，我定然无法想透，学习很好，考进高中的孩子为什么问题会如此之多？更不会写这些博文给后来的家长看……

非常非常感谢冬儿，的确，孩子成长过程中出现的问题，家长一起感受才能与孩子一起成长，孩子是我们最好的老师之一。

信中，这个孩子为什么会与同学关系紧张，瞧不起同学？

冬儿虽然作了部分说明：学习好，认为自己比他人强，傲慢无礼是许多孩子的常态，社会和环境是根本原因，但更重要的是：

①学习压力太大，休息不好。九门课一起来，死学的方法到了高中不管用，时间不够……学习成绩原本很好的同学，慢慢会跟不上，苦恼无法排解。学习能跟上的孩子更是被家长和老师盯着，不让成绩掉下来。所以同学们无论学习好坏，生理上休息不好，是个大人晚上睡不好，第二天都会烦躁，何况是天天只睡六七个小时不到的孩子。心理上压力很大，这不用说了，大人、老师一起压，孩子最后表现出来的就是一点小事就爆。同学间互不相让。初三的学生更是如此，因为要面对中考。

②家长要求太高，不能如朋友一样与孩子相处，多听听孩子的想法。认为读高中就是为了上大学，大人理所当然地让为孩子一定要有好成绩拿出来。成绩好什么都好。在这样的压力下，许多同学不想和家长说话，不是表现内向，就是说话冲家长，冲同学，冲老师，这都见怪不怪了。初中学生一样的表现……

③家庭环境。有的同学的家庭环境就是自私自利，同学从小学开始就是那样，所以做事根本就不为他人着想，说话做事必然会伤人。有的家长怕孩子学习好，帮助他人会吃亏，所教的方法自私自利、负面多多，孩子反而更吃亏。有的家长大道理说一堆，孩子根本不知如何去做。

④独生子女。大家现在几乎都是独生子女，孩子从小在生活上都是家里老子天下第一，在学习上大多严格打骂长大。现在的孩子十六七岁，自我意识膨胀，为了在校减压，爆粗伤人就是常态了。这样，同学间关系能好吗？

还有太多太多的原因，虽然双子所说可能与上面的孩子情况不太一样，但双子是给更多的后来家长提个醒：如何爱孩子？帮助孩子、了解孩子？如何走进孩子的心灵？如何让孩子健康长大？希望第一次看双子文章的朋友们，能到前面去看看双子写的独生子女生理和心理的系列，这样才能知道所谓心理学没有多难，了解孩子行为问题来源于什么地方？知道后能做一点是一点，能帮孩子一点是一点。在这个过程中，可能做得有对有错，但只要提高了自己的能力，就能与孩子一起成长。

（2）如何理解青春期优秀的孩子？

为什么一个学习从小很好，是全家的骄傲。从小学到初三得奖无数。而高中已经被提前录取的孩子，现在成了“不听话”的孩子呢？

大家都知道，从恢复高考的 1978 年到现在，30 多年过去了，因为社会大环境的原因，学习功课和各类技能，如一座比一座高的大山，让越来越多幼小的孩子，从识字之时，就开始了艰难跋涉。

虽然这是孩子成长的必然，但柔进太多成人的主观意识，无疑这个必然定会在每个不同的小小生命头上变了模样。

什么是家长从小的骄傲？一个小生命在慢慢长大的过程中，能让家长骄傲的事，原本太多，如能叫出第一声爸妈，能迈出第一步，都会让爸妈感动而骄傲半天。

在冬儿五个月时，一天无意间发出了个 a、p 两个音，让她外婆双子的妈，激动得抱着冬儿，一路走过，逢人就说：“我的外孙女五个月就会叫外婆了。”炫耀和骄傲全写在脸上……

就如太多的家长，冬儿长大了，这好那好都是外婆的骄傲。冬儿不好的事，外婆肯定不会和外人说起。

所以到了孩子上学的时段，原本健康和品德当属第一的思维，早以被如今这个太功利的社会扭曲到，只剩下学习好和所谓的技能过了几级，才能让家长们聚在一起津津乐道，这才有了所谓“比较”的骄傲。

什么是一次次骄人的成绩？双子直言了，说得好听点，让家长引以为傲，并给家长带来太多的希望；说得难听点，骄人的成绩，是太多家长和亲戚们茶余饭后能进行炫耀的资本。但对一个孩子而言，他感受到的骄傲又是什么？是苦是累是无奈，为什么？

①聪明的孩子，也就是在某个特定的学习时段表现很好，出类拔萃。这样的孩子，一好遮百丑，必然是成人世界的骄傲。

老师、家长、亲戚想当然地认为：这优秀的孩子一座座山地爬，一定会越爬越好。有的更是要求孩子快点爬，再快点。别让他人超过你……因为最后上大学的山在等你爬。

殊不知山越爬越高，路越爬越陡峭，高度和险峻让个孩子随着年龄的增加，心理和生理压力会越来越大。一个独生子女孤身一人冲在前面，无人诉说，无人陪伴。

最后就如信中内向而可怜的孩子，无法排解苦恼，重压之下，心理上崩溃，生理上必然脚下打滑，有可能直接摔下山崖……所以成人“骄傲”压力的最后会如何？从顶点翻了过去，只留下悲哀了。

大家都知道：南京一高中英语老师从小到大，太优秀的女儿，在英国读博士时，遗书中写道：高中时因为学习压力太大，患上了抑郁症，不敢让家长知道，自己偷偷治了多年，无法治愈，痛苦无奈，只好诀别这个世界。

前面给双子写信的朋友，你好好想想：读博士的孩子选择结束生命的惨烈方式，是不是孩子不懂事？辜负了养育她 20 多载的爸妈？还是社会、学校、家庭、亲戚们给孩子带来了 20 多载的压力？

让一个可爱的生命，从懂事起，感受到的只是读书，读好书成绩好，就是懂事，就是听话。但为什么许多听话的孩子，结果反而是在成年后走了极端……

而且虽然有太多的孩子千辛万苦爬完了一座又一座高山，但孩子生命中应该享受的快乐：如每座山上蔚蓝的天空，蓝天下朵朵灵动而有生命的白云，白云下崎岖蜿蜒小路边美丽的风景，都被低头赶路，只知道死命第一个爬上山顶的孩子抛在了脑后。

他们没有时间，没有办法去享受这些美好，更没有机会与同伴们一起感受互让互惠，相互信任，同甘共苦爬山涉水的生命经历。有的只是家长和老师在山路上不停的鞭策，什么是“鞭策”？

所以太多事例证明，这样的孩子，到了初高中青春期的表现会非常叛逆，专做明知不能为而非要为之的事。

这是家长们前仆后继努力“鞭策”的结果。的确家长头痛，老师心烦。

其实，许多家长知道这样对孩子，这样的“鞭策”对孩子不好，更有家长明白可能会给孩子带来一生的心理阴影。

但有个共同而无可奈何的理由：你要上大学啊！为了你的明天，你不听话，我们就不得不“鞭策”你啊……你要理解我们啊！

上了十多年学的懂事孩子，虽然知道家长是为了自己好，能理解家长，但理解不代表一定能“听话”。

因为青春期就如更年期一样，是人生存过程中的自然生理现象。有活了大半生的女人，在更年期都不能很好地自我掌控情绪，总是在家在外到处无事生非，更何况一个十几岁青春期的孩子……

上大学？有好工作？有个好明天？

这些只有死读书，如果没有共担人生经历，没有爱心的孩子，那么何来明天工作中会学到共享呢？

所以这样的孩子将来成人后也不太会很好地驾驭自己的生活。

在工作中，眼高手低，不能吃苦者不在少数，最可悲的是，许多孩子成人了都不会与人相处，频频跳槽，最后的结果必定与家长的希望背道而驰。

家长伤心的啊！从小懂事听话，引以为傲，学习优秀的孩子到什么地方去了？付出一生得到的是什么啊？但家长想过没有，优秀的孩子成了这样，是谁之过？

②而所谓不听话、调皮的，或在某个特定时段学习短板之时的孩子，就如我前面博文所写，或学习不好，或不听话的行为，犹如红印一般，被成人深深地打在孩子的背上，有可能一直打到初高中。

此时，家长和孩子都会疲惫不堪并万分感慨：万水千山的学习之路不知何时是个尽头……

其实学习一般的孩子，上高职高专同样能走得精彩。

冬儿有个同学，考了580分左右，没机会上高中，上了高职高专，“五一”劳动节几天时间在我家和冬儿一起玩耍，她学的是酒店管理，学习不是太累，教了冬儿许多餐饮文化和技能。

冬儿羡慕得眼馋，后悔上高中又苦又累（当然，这个后悔很正常，也只是一时的，因为高中生了，自然会明白更深的道理），但也看出孩子有多累多困，有多想睡觉……

亲爱的家长们，特别是初高中优秀学生的家长，一定能感受到自己孩子一个学年一个学年的攀爬中，山越来越高，跟在边上一起爬的大人也累得半死。

所以在这些孩子攀爬的过程中，无论是爬在前面或慢慢爬不动，到了中间，家长在生理上肯定帮不到孩子了（家长不可能因为孩子说太累了就背着他爬，因为这是孩子人生第一步所必需的，累过了头也只能自己爬，再说，有的家长自己都爬不动，如何背着孩子爬?）

但让生理和心理疲惫不堪的青春期孩子，能在最累之时，感受到来自爸妈的爱和鼓励，及帮助，是每个父母用点心都能做到的。

如帮助孩子备好足够的养料，给孩子充分的肯定和鼓励。或让太累的孩子停顿一下，休息片刻，放松一下压力，再向更高的山前行……

冬儿从小同样是个艰难跋涉，慢慢登山（学习很一般）的孩子。娘儿俩边爬边浏览着无数沿途美景，感叹着自然的鬼斧神工，吸收着天地的精华……

开始前面虽然跑过了太多优秀的孩子，冬儿几乎在山路上垫底，但从小我就告诉她，人的能力有大小，爬小山就是先练脚力，基础打好后，能力就会提高，就可能攀爬完前面无数的大山，因为漫长的十几年求学，不停地攀登，比的是耐力和毅力，爬得最快的不一定能爬到最后……

记得在二年级时，北京来了一个教育专家，在赤壁影院给家长讲座，因为每班只有十个左右的名额，班主任张老师给了冬儿一张票，让冬儿给家长去听听，冬儿当时就把票还给了张老师，淡淡地说：“我妈不用去听，她知道如何教我。”

张老师当时非常吃惊，过几天和我说起此事，感慨地说：“冬儿这才二年级，学习很一般，能这样相信母亲，能当场拒绝我，太了不起了。这得要多大的自信啊……

7 岁的冬儿自信来源是什么？是因为她知道在长大的过程中，妈妈会与她同行上山，会在她困难时帮忙想办法，会在她跌倒时鼓励她爬起来……最重要的是她知道爬累了，妈妈会让她停下来休息一下，吃饱喝足再来爬，但一定要爬，慢点不要紧。

就如她一年级不会算术，不会拼音，不会认、写汉字，我星期一到星期五，中午坚持五分钟帮助她练，但周末或假期，必定会带她和她的同学们，一起到郊外和外地游玩，即能放松紧张的学习心情，又能融洽同学关系，学会与人相处。

当然，这都是她慢慢长大，懂事后的感受。有困难不怕，只要坚持做下去，一点点来即可。

事实也是如此，冬儿后来爬到了同学中间，与同学相互扶持，慢慢前行。到了四年级，我在学习上根本无法帮到孩子，主客观原因都有。

但心理上一直和孩子攀爬同行，更是认可冬儿在此过程中产生的所有问题，及时地帮她解决，直到现在的高中……

如三年级下半年，为了让她更好地学习和生活，没让她上学一月之久，带她去全国各地到处玩……

初二上了两个月的培优班，压力太大要回到普通班，我找校长做工作……最后终于转回原班了。

初三中考前，因故不肯上学，在家复习，我们都理解并帮她请假……

太多这样的事了，才会让一个从小不太优秀的孩子，慢慢越走越自信……

所以无论孩子累得摔倒在地，还是奋力前冲，家长如能及时了解孩子当时的状况，并明确告诉孩子，我们会与你同行，就是孩子前行的最大动力。

而“爸妈理解你，知道你太累了，有时间多睡睡，多休息一下。学习好固然让我们高兴，但你的健康更重要……”这样的话语是孩子被理解后，能减压的最好方法……

不然，一个从小学习很好，全家的骄傲，从小学到初三得奖无数，高中已经被提前录取，此时，生理、心理疲惫到极点的青春期孩子，只有“鞭策”，而没有释放压力的空间，定然会生出许多匪夷所思的事。表现出来的就是大人眼中的“不听话”的孩子。

所以双子总在说：生养孩子到底为什么啊？应试教育已经让我们唯一的孩子太累了，而独生子女的孤独和可怜更是在孩子的生命过程中如影随形。

一定要用点心读懂我们的孩子，理解我们的孩子，宽容我们的孩子，特别是要关注从小听话、懂事、优秀的孩子。

这样的孩子从小吃苦多，有苦大多放在心里，爬累走困后，知道对家长说了也没用……有可能说了只会惹来家长的一顿批：“我们小时候一样学习吃苦，吃得苦中苦，方为人上人，你不先吃苦，何来后头的甜?”

其实，家长小时候同样为了学习，吃了许多的苦，而且因为心里苦而抱怨过家长和老师。但又有多少人做了人上人呢?

所以家长们，关爱你们这吃了十来年苦的孩子们吧！无论优秀或平常的孩子，他们都用这十多年不停的学习，回报了家长们太多的希望和期盼，所以应该是家长们停下脚步，放下无形的“鞭子”，多听听青春期孩子的心声，多想想孩子处境的时候了。

不要让青春期孩子时时带着无尽的苦恼、内心流着淌不完的泪，没有目标地活着、长着。如驴子给“鞭策”到最后，向主人尥蹶子，反了“窝”……

我们是养可亲可爱的孩子，不是养牲口……

孩子们开开心心，心理、生理健康地长大，活到成人，才是家长最想和最需要动脑子做的事啊！

而不是电视天天负面报道，太多的男孩、女孩根本不知为什么活着，动不动就轻身的报道在眼前晃……

双子太想看到冬儿长大成人，快乐生活，这可能都是奢望，但双子一直没有放弃希望，更是努力至今……

所以年轻健康的家长们，孩子只要活着，只要开心，才能长大，并在此过程中学到各种有用的知识，而不是书本上的死东西。家长们才可能让孩子对自己的明天有希望和期盼啊！

（3）几个好孩子外出游玩，唱卡拉OK。用了“感康加酒会产生幻觉”的方法，几天神志不清，胡言乱语。

其实，上面孩子的种种行为：为了给自己放松；被成人世界给压得无言抗议：做个所谓的好孩子太难了，太累了。累到不想做大人眼中的好孩子。

①为了给自己放松：其实学习很好的孩子，又提前考上了高中，对孩子而言，是个太开心更是放松的事，所以想到外面去玩玩，就很正常。几个孩子一起结伴，去唱卡拉OK，并不是件可怕的事。可怕的是：家长事先不了解此事，为什么孩子不和家长说？这倒是家长要想一想的事。而孩子们用感康加酒的方法来喝，最后对健康产生了严重的后果……万幸的是：三个女孩在这种地方没有发生更可怕的事……

记得冬儿高一结束回黄冈，第一件出门开心的事，就是与霜姐还有小学同学一起去唱卡拉OK，可怜霜妈在震耳欲聋的音乐声，乱七八糟的歌声中，等了半个通宵……孩子们兴高采烈地出来后，霜妈一家一家地送回……

第二件事：与十几个优秀同学一起先吃饭，再走了很久，到一个K歌厅一起唱卡拉OK，爷爷打了几次电话，可能震耳欲聋的音乐声，盖住了手机的铃声……冬儿一直没有接听……十多家大人不知孩子在什么地方，电话来电话去……冬儿最后开开心心地回到家中，叽叽喳喳讲述吃饭后在去 K 歌厅的路上，遇到的所见所闻……孩子那颗自由的心在快乐地飞翔……家长悬着的心落到了心里……所以唱歌对学习紧张的孩子而言，是心理上的放松，无可厚非。关键是大人要及时了解：因为放松不等于放纵……

②被成人世界给压得无言抗议：做个所谓的好孩子太难了，太累了。累到不想做大人眼中的好孩子。

而孩子们用了“感康加酒会产生幻觉”的方法，几天神志不清，胡言乱语，说到一个问题：家长对孩子的关心到底用在什么地方？

如果你是一位母亲，生养了一个女孩，一定要在你认为恰当的时机，讲述给孩子一些基本的生存和保护自己的知识和能力。如这种非常态的地方，孩子如果出现在里面，很多事要学会避免。

双子在冬儿很小时就教她，如果很想到这种地方玩，那么必须注意什么？防范什么？如果不这样的注意和防范，会有什么后果？第一不喝陌生人递来的饮料和食物。第二不与陌生人搭讪。第三进出一定要有同伴。第四也是最重要的一点，平时与孩子多到外面走走，让孩子的好奇心降到最低。所以冬儿到外面玩，一定会注意到双子所教，并防范……

这几个孩子虽然学习和心理上太累，打算放松一下，而且心理上只是有个闪念：做一回大人眼中的坏孩子，所以才会喝酒。但用“感康加酒会产生幻觉”，来麻痹自己一下，犹如成人第一次吸毒，大都只是好奇心。一个成人都知道吸毒的后果，还要来尝试，更不要说一个涉世不深的孩子，如果没有人提醒，她们不会也不可能知道喝了这种酒的后果……

其实孩子出门也好，唱歌也罢，之前一定有迹象和征兆，一个妈妈，只要心细一点，如何会出现后来，几天神志不清，胡言乱语的事？所以这个妈妈真是太大意了……

而且对孩子的关心，肯定都用在孩子学习上了，所以才压得孩子从家里出逃，到外面放松……所以孩子的行为不可怕，可怕的是后果。神志不清，胡言乱语，这种情况是孩子的个性中枢神经受损，对孩子生理发育会产生影响。

虽然情况不很严重，但心理后果严重：家长找到孩子无非两件事：①粗心的家长：外出不和家长说，还要喝酒，并几天胡言乱语，像什么样子？家长生气发火无处说……但孩子清醒后表情不会好到哪里去。②心细的家长：发生这种事，孩子到底心理上出了什么问题？神志不清会对接下来的学习有什么影响？这家长反而有可能再生气，也不敢多说，怕孩子再来一次……所以出现了或左或右，奇怪得好像是家长做了错事（本质上是的）一样，所以不知如何疏导和帮助孩子。

看到粗心家长不理解的行为，孩子原本一时的发泄，此时真不想做太累的好孩子，破罐破摔。看到心细家长小心翼翼的行为，孩子知道家长怕了，拿住家长的软肋，变本加厉发展下去，这才是家长不愿看到而又无法避免的事……

所以开始的引导和后来的疏导太重要……一定要让孩子知道做人的对错标准，只要方法得当，相信孩子会自己走出来……

（4）成绩好的孩子，难道不应该品学兼优吗？

双子有个男病友，很奇怪得了乳腺癌晚期，全身转移。油田工程师，化疗前后 18 次，想都不敢想他是如何熬过来的？放疗多少次没敢问，正做肝介入。夫人前来照顾他，两个人进去出来，没一点声音，感觉非常压抑。双子与他一同病房过三次，你来我去，住院几个月，没有孩子来看他，当他没孩子。

半年后，来了个聪明、文静的女孩，才知是他女儿，在武大读研，离医院很近，她妈无奈地说：“你终于肯接见我们了？”这女孩面不改色，一如她平静的外表：“太忙了，没时间……”

当时和冬儿爸面面相觑，她爸晚期全身转移，她能不知道？看一次少一次她能不知道？看病要用钱她不知道？当时，感觉她美丽而文静外表的背面，有着好冷酷的心。万事孝为先，她连人最基本的良心，做人的道理都不懂。

虽然是武汉大学的研究生，听她妈后来说，从小读书非常好，品学兼优，一直是重点。这种没有人性的孩子，读再多书，将来嫁人都过不上好日子，更不要说工作了，和没生她有什么两样？家长生养出这种研究生……想来伤心还不是第一，反思才是家长要做的。

不知大家记得否？四川有个叫张非的学生，先后几次考上北大和清华，由于沉迷网络，大学成绩一落千丈，先后两次被迫中途退学，后来又考上清华。能考北大、清华简直难于上青天，可对张非却易如反掌，想来前途一片光明，在世人的眼中，肯定是个品学兼优的好孩子。

这个孩子，为什么能顺利考上北大或清华，而后来所走之路却充满艰辛和苦涩。表面看似乎是网游害了他，如果走进他的生活，则会发现他喝下的苦酒，正是让他大放异彩的应试教育。

应试教育让张非懂得了考高分的秘诀，却没人告诉他该如何迈出人生的第一步。一个高考状元，在国人追求的最高学府进进出出，如戏法般变来变去：回到高中成了所谓“品学兼优”，进了大学成了所谓“自甘堕落”……

所以成绩好的孩子不等于品学兼优，将来就一定会走好人生之路。上面这几个孩子现在成绩很好，提前考进高中，并不代表他们就能走好高中三年之路，更不代表他们能走好将来……家庭、环境所给的成长道路；家长的所作所为，所教的生存能力，才是孩子能走向明天，走好人生的基础。

孩子早恋怎么办？

前些时，冬儿放假回老家过年，晚辉和冬儿爸陪着双子去了湖北肿瘤医院……好友听说后，找了过来，为读初中的孩子早恋而头痛，向双子讨教，如何才能让孩子远离早恋，把心收回到学习的轨道上……听来听去，其实孩子只是性朦胧，对同学心生好感的一种自然反应……

现在的孩子，生活在知识爆炸的时代，加上营养丰富，科学家研究，青春期比之我们生活的年代，要提前两年左右。但性朦胧与性成熟是完全不同的两个概念。

性朦胧是每一个到了青春期的孩子，都会有的生理现象，心内世界自然而然会对异性心存好感。表象可能是递张纸条，或孩子之间相互交流平时的所见所闻，或倾诉一下内心对学习的苦恼，或对家长老师的看法，这些都是家长和老师不可能给到的心理释放，本来可能是件好事，反而被家长或老师误会为孩子在早恋。下面说说：

(1) 出现所谓的“早恋”时，家长和老师的反应和表现。

平时学习成绩不好的初高中生，老师将其行为告到家长处，大多不是为了孩子学习成绩，反而是怕这样的行为，对班级其他同学不利，特别怕优秀学生受到影响。而家长如果知道此事，开始可能会大发雷霆，同样不是为了孩子的学习，因为孩子成绩已到家长可能放弃的地步。之所以生气，更多的成分是怕孩子闯祸，或为家长自己无法挂住的脸面：学习成绩不好也算了，反而这样的事却排在班里第一……太没面子了。雷霆之下的孩子，开始可能有点畏惧，时间一长，孩子根本不来理会，家长无可奈何而放任自流者占多数，更有家长为孩子在中学就能找到一个朋友而沾沾自喜……反正学习差的孩子有所谓“早恋”的行为，家长什么样的心态都有……

学习成绩中等的初高中生，虽然孩子成绩必须再努力一把，才有可能更上一层楼，但家长已看到高中或大学的一线曙光，断然不希望这种事发生在孩子头上，太浪费孩子宝贵的学习时间了，还有可能因此孩子学习成绩下滑。

其实，青春期是一个自然的生理现象，不会也不可能以家长的主观意志为转移，即使家长不想，此行为也有可能无意中落在自己的孩子身上……这样的家长一定是内心恐惧到不知如何处理的地步……

学习成绩很好的初高中生，老师发现孩子有所谓的“早恋”行为，定会如临大敌：你是个好学生啊！现在是初高中的关键时刻，如果为此分心，则学习成绩肯定会掉下来，影响班级名次。而家长知道了，上纲上线全来了：你一只脚已踏入高中或大学校门，只要在用功一点，重点高中或大学的校门定会被你敲开。全家人放弃很多，为你的升学共同努力，你这样的行为，对得起谁？更有家长苦恼到体罚孩子的地步……

其实，家长和老师想一想，你们青春期时，有没有对异性心生好感的内心活动？这就是性朦胧，而且是个不能回避的事实：人人都会在生命过程的某个阶段，内心有此活动……这是太自然的事。回避或夸大这个事实都不可取，性朦胧不代表性成熟，更不代表性早熟，所以真有所谓表象的行为也不用怕，慢慢了解和理解孩子，想点办法，帮助孩子走好这个特殊时期才是上策……

一定不能用上面的家长和老师的行为来处理此事，这样的处理，非常粗暴，对一个青春期的孩子而言要求太高了，孩子心理和生理都不会接受。因为粗暴干涉，或唠叨没完的话语对孩子人格太不尊重，孩子虽然知道家长、老师是为自己好，但方法上有可能会认为家长、老师合起伙来侮辱自己。所以表面看一个或一堆成人在那语重心长，一个孩子在那要么走极端，要么麻木不仁，好像没心没肺……这才是最可怕和家长最不想看到的结果……下面说说：

（2）尊重事实，理性面对，淡化结果，让孩子顺便度过青春期……

记得冬儿小学六年级曾经问起过：“假如男生坐过的凳子，女生再坐，会不会怀孩子？”感觉进入青春期的冬儿，可能学了一点生理知识，但不知其解，心生疑虑。所以郑重其事地告诉冬儿：“肯定不会，而且同学不小心拉了你的胳膊，碰了你的头，撞了你身体所有表面的部位，都不会发生这样的事。但要学会保护自己，撞也有可能撞坏身体的某个部位，轻者肿痛，重者骨裂……”冬儿好像放下了一块石头，若有所思，没再追问。我知道冬儿担心的是什么，想要知道什么，所以给了一个全面而肯定的回答，让孩子排除不必要的担心。而再深的内容，六年级的孩子肯定不会追问，所以就此打住，相信更多生理知识初高中会学到……

冬儿在初中时，虽然进了个普通班，但同学间的关系都比较单纯，冬儿性格比较温和，很多男同学都喜欢与冬儿一起交流……

因为只有一个孩子，怕她孤独，我和冬儿爸尽量创造条件让孩子能与同学一起玩乐，男女同学都有，所以冬儿在初中时期，没有与我们讲起过班里有早恋之事……

冬儿上高中的第一学期结束，与我讲起同学之间的所谓“早恋”：“老妈，什么是早恋啊？初中时说早恋还沾点边，我们高中生最少十六七岁了，高中毕业十八九岁了。旧社会，这样的年龄结婚生子很正常啊！但现在的社会，高中生的年龄，只能是读书，每一个高中生都知道。所以什么‘恋’都只能和我们学生没有关系。但同学间相互关系好的人太多了，好生差生都有。因为现在学习很苦，内心很压抑，家长又不理解，周末回家没人能说上话，所以找个同学聊天，无论同性异性，交流一下太正常了。有学习很差，长相漂亮的女同学，的确希望能有个男生来帮她，喜欢她，这样她虽然学习不好，但虚荣心会得到满足。男差生有个漂亮的女同学相伴，同样会自鸣得意……这是差生最后学习不好的借口……所以家长不要太当回事。这有点像宫内太监与宫女的对食，是相互慰藉，很多同学都会这样，差生更多，其实很无奈、很可怜……为什么男生喜欢撩女生，因为很多女生本来就不自重……我后面一个男生，只要女生走过，他都会突然伸出脚来绊同学，绊倒了，女生生气，他却很开心，心理很不健康。但我走过，这个男生马上坐好，从不会也没有绊过我。主要是由于我平时说话很注意尊重同学，也自重，所以同学也尊重我……”

听了冬儿的话，非常吃惊，我根本不知道什么是对食，但好像明白了很多，理解了很多。家长真不能太主观，不能自以为是，更不能说孩子不懂事，他们所想所做，远远比我们成人想象的要深刻很多啊……

社会的大环境，让城里的孩子终其一生，没有兄弟姐妹。而应试教育，让他们没有机会释放最原始、最本能的精力，孩子们就更需要在情感上、心理上有宣泄的出口，需要被人理解的宽容，所以有个能倾听的同伴，大家一起互慰就太需要了。

冬儿高一下学期的一个周末，接冬儿回家，刚上车，冬儿就大呼小叫：“老妈、老妈，今天发生了一件很惊悚的事。”

“什么事会让你惊悚啊？”我调侃道。

“一个男生刚才对我说，很喜欢我。吓我一跳……”

“哈！有这事？冬儿有人喜欢是好事，不错。是个什么样的孩子，学习如何？”

“学习，平时也没有注意到，只是他一本正经地过来对我说，我很吃惊。我告诉他，现在学习第一，其他的不能多想……”

“冬儿你回答得很对。但有同学喜欢你，你一定要尊重同学，尊重他人的想法，被人喜欢说明你有可爱的地方，是件很好的事。”

“老妈，我懂，我知道尊重他人的……”

“这样，过几天正好放假，把你初中所有考上高中的男女同学，找到一起来家玩，这个同学也一起请来……”

“好的。老妈我这就联系。”

司机是冬儿舅舅单位的人，回过头好奇地看了我们一眼，可能他不太理解一个高一女生，如何会一点不回避，当着外人（虽是个熟人）的面，与妈妈说有人喜欢她，更没想到当妈的还会邀请这个喜欢她的学生来家里玩。

其实，冬儿从小到大，芝麻绿豆小的事都会与我说，这种她认为很重大的事，更会第一时间说给我听……不说才是奇怪了。

小长假的第一天，冬儿约了初中的几个男生出去玩，反而，她说起的高中同学忘记约了。后来，一起到同学家炒了个蛋炒饭给大家吃，最后打的回家。说起玩的经历，冬儿说没有想象的有意思，那个同学更是提也没有提……

高一结束分班前，冬儿说有个男同学很想和她分在一个班，为此这个同学非常努力学习生物，但其他课可能不太好，不知能不能一起分在重点班。于是，我要来同学的名字，让冬儿放心，我一定想办法帮助这个同学进重点班。

同时，随便问了一下那个喜欢她的男生现在如何？冬儿赶快说：“别提了，是个差生，我都忘了。”我心里暗暗好笑，也很释然：一个青春期的孩子有这样那样的行为，才是正常的。

后来，冬儿的成绩很好，考进了重点班，没想到“生物男”也分进了这个班。冬儿看到这个男生的名字，还帮他留了个座位。

我大言不惭地说：“冬儿，看看妈妈说到做到，帮助你的同学，让他和你一起进了重点班。”

“才不是呢！他期末考得很好，才和我一样被分进这个班的……老妈你可真会编……”我和冬儿一起大笑……

高二上学期，期中考试前，与冬儿进行过一次长谈，她说他们是个重点班，学习氛围很浓，大家把心思都用在学习上，学习一个比一个好。高一班里发生的乱七八糟的事，这个班好像没有出现过……她很喜欢和享受这个班的学习环境，同时，只和周围几个优秀学生一起玩，聊天也涉及的是大家喜欢的小说、电视……

她说：“学习很好的异性同学之间关系再好，只要学习成绩好，老师才不会来管你什么‘恋’呢！同学们更是明白，不会对此事当真……过了高中，大家就‘拜拜’了……只当是为大学异性同学间的交往，提前练手了。大家一起最多除了打乒乓，谈人生，就是学习……再无他念……”

“和你一起进重点班的男生现在学习如何?”

“坐在最后面，进班就没再来往，不太了解…….”

冬儿一带而过的表情，让我一颗悬了两个月的心，这才真正放进肚子里……

所以家长一定要提前了解，更是要理性面对孩子产生的问题，相信无论如何是个什么行为？刚开始的小学高年级、初中孩子只能也只会是个性朦胧或性好奇，根本不会也不可能上升到，家长或老师想象出来的可怕地步。而且这样的行为本身对一个青春期的孩子而言是很正常的事。

而高中生就如冬儿所说：更是正常的生理行为。

不正常的反而是：家长、老师面对此事，如临大敌，大惊小怪，夸大后果，不理解，更不会、不知如何正确疏导孩子的内心，让原本很正常的同学间的异性交往，真就可能弄假成真，最后所有的当事人，都会或多或少地受到伤害……

这真是，原本一个性朦胧或性好奇的小学高年级学生、初中生，或性成熟的高中生的无意识行为，可能在家长不健康的心理压力下，变成了真正的“乱”恋：你家长说我，不让我做这，不让我做那，我偏要做。而与家长时时作对是现在独生子女的心理常态，也是不了解孩子心理的家长自己找来的烦恼。

记得有个科学家作过一个调查：早婚的人，大多是因为家庭没有多少温暖，或家长不会表达对孩子的爱，不会与孩子交流，让孩子非常孤独和苦闷。想通过婚姻，来摆脱家庭并找寻他（或她）想要得到的爱和温暖，并想找寻与人正常交流的机会……

这样的调查结果，很让人心寒，内心为这样的孩子难过。所以我们独生子女的家长要引以为戒。多想想如何理解孩子，给孩子更多的爱和温暖……孩子真有所谓的“早恋”，也会在家长的帮助下，化有形为无形……

所以如何面对孩子的“早恋”，如何让孩子走好这个特殊的时间段，就看你家长的智慧和在面对孩子产生问题时如何看待此事，如何用行为理性地去做……别无他法。

谁之过？——为什么要宽容青春期孩子的过失

李双江之子的事，媒体铺天盖地一边倒：讲述李双江名人夫妻教育孩子失当，才产生孩子出了劳教所反而发生更严重的刑事行为。

其实，双子要讲一句公道话：前次与人殴打，媒体同样报道过，事出有因：是对方前车突然刹车，孩子差点追尾，导致发火才发生双方殴打。孩子后来道歉，但不知为何判劳教一年？可能是无证驾驶……

当年，看了判决结果与冬儿爸就认为，虽然孩子做错事一定要受到惩罚，不然会因名人效应而让孩子将来肆无忌惮，更无法无天。但这个犯了错的15岁的青春期孩子，这一年在那种地方，可能会被越教越坏，原因大家都知道……

15岁的孩子，道德观、是非观虽然已基本形成，但由于青春期叛逆的原故，肯定认为社会对他的惩罚过重，所以接下来的行为，可能会更加叛逆，越走越远……试想一个只是做错事的孩子，与一群真正有问题的孩子一起一年，他在里面会面对什么？结果又会是什么？

15岁孩子在劳教所劳教一年，常理和社会主观可能认为是个好意：劳教所是教育孩子做好人的地方，教育加反醒，接受教训的同时，慢慢会变成好孩子。为什么这一年出来了，反而让犯了错的叛逆期孩子，变成了真正的犯人？

这一年，李双江夫妻并没有参与孩子的教育，一年下来孩子成了这样，为什么反而认为是他们的错？孩子为什么如此反社会？为什么才出来反而变本加厉地伤害他人，更是伤害了自己……谁之过？谁的责任？整个社会要反思。

当年为什么不能给一个叛逆期犯点错的孩子，放在社会上的好人堆中引导成长的机会？反而，把他送进了一个可能让他根本没有机会来改正错误，内心越加不平，更可能仇恨社会的地方？

这几天，看到太多幸灾乐祸的嘴脸，试想一下，就如这个社会的应试教育，孩子人人逃不过。而男孩打架生事，更是成长的一部分。如果不是一个名人的后代，那么这个打架的孩子，当年只因打架会不会面对媒体的狂轰滥炸？此次更是，这样的负面报道，对一个孩子而言，太不公平，也是社会仇富，恨名人的怪异行为的延伸……

但这个社会上的大多数人为什么会仇富，恨名人？难道人们没事做了，只会做这些无聊之事？所以整个社会体系要反思，要深思……

我们普通百姓的孩子也有可能摊上此类事情，人数可能更多，处罚还可能更冤。只因为不是名人、富人之后，而引不来媒体关注，真冤真处罚过重，可能更不会有人为你来申这个冤，孩子最后走上犯罪道路的概率更大……

所以我们普通家长如何面对青春期叛逆的孩子，学会包容一点他们的过失……不把他们推得离我们更远，才是我们要做的头等大事……而不是在那幸灾乐祸……

双子之所以突然有上面的感慨，是这几天打开电视、电脑、报纸，出现在最前的都是这个孩子犯法之事，看得越多，越有一个强烈的想法：不要再说了，就此打住，让法律去做吧……

双子个人认为：但凡青春期男孩，打架生事都很正常，很多孩子更是不知轻重，下手很重而失手伤人。冬儿从美国回来的表弟，初三（也是 15 岁）一次在校与同学打架，把对方同学的命根子踢得血肿。妹夫是大学生物系教授，妹妹同样是个医生，知道此事可能会给一个独生子女家庭带来严重的后果，所以急得带着孩子到处看病。后来，所幸孩子没事，对方家长看到妹夫、妹妹认真负责给孩子看病，也就没有追究……

但妹夫讲起此事还很后怕，妹妹更是对儿子时不时惹是生非而头痛，冬儿表弟也差一点被学校“遣送”回家……这个小胖子是在美国长大的，回国后，恨死了国内的应试教育，调皮捣蛋，惹是生非就是他的标签，不这样反而奇怪了。

孩子如果真被“遣送”回家本不是大事，最多换一所学校再上。但如果是个名人之后，这件事被媒体人发现，肯定双眼放亮：报道这样的事，很能吸引大众的眼球，更能引来财富，一家上传，全国所有的媒体都会拿来引用，孩子成长过程中正常的所有事事非非，都能挖掘出来，挖不到就想象，想不出就乱编，反正什么能吸引大众的眼球，就说什么……

当事人真正的打架原因反而不重要了。重要的是他是个名人之后，名人的故事也能拿来一起说道一下……

所以原本一件几乎所有男孩都会发生的打架之事，当年被社会放大到、上升到让人无法理解的地步。所以才会有此时此刻电视、电脑充斥所有这位名人之后再一次真正犯法之事，让人看了心痛、心烦……

双子庆幸小妹和妹夫是普通人，所以儿子打人之事没人会来关注，更不会上升到严重的道德和法律范畴。最多被学校批评……而不是被“遣送”到公安机关，更没有因此沾上寻衅滋事而被劳教……假设当事的对方家长，知道打人之后是个名人，想来不逼得你倾家荡产，或道歉声明定不会收手。

双子想表述的是：一年半前，一个 15 岁的男孩打架生事，可能是个失手很重的伤害，但再严重，也是个 15 岁孩子的过激行为，就因为是个名人之后，被媒体过度关注……闹得沸沸扬扬……

孩子的人生因为劳教过，有了个严重的污点……此时看来，的确要背一生……现在他就可能或肯定因这个前科而加重量刑……

为什么一个原本只是犯错的青春期孩子，劳教一年后，出来没有几个月，就与一起劳教的几个朋友，干下了真正的犯法之事，成为社会真正的罪人呢？一起劳教的孩子，大家在劳教所里面到底被劳动教育了什么？

所以双子太想说：应试教育的今天，孤独的青春叛逆期孩子，特别是男孩，因为性别，更容易在突发事件之时，发生感情冲动之事。

冬儿初中时在一个好班待过两个月，这个班有个特聪明、特调皮，学习非常好的男生，任课老师说什么他都要自说自话，上来就接……用句土话：就是非常喜欢自以为是，顶撞老师。

冬儿一直认为这男生人很好。好打抱不平，对同学也很仗义，但老师讲课之时，他的确油嘴滑舌……一天与一任课老师发生口角，老师气愤之下，动了一下手，虽然很轻，但这男生还是与老师吵了起来。

这个老师我认识，其实真是非常负责，非常爱孩子，不是给男生气过了头，肯定不会有小动作。冬儿说能感觉到任课老师知道自己也有错，所以希望有人来帮一下将此事大事化小，小事化了。

没想到班主任老师来后，不问青红皂白，上来大声斥骂孩子，孩子原本受了委屈，再被大骂，感到当着同学们的面，受了奇耻大辱……愤怒到将黑板擦砸向黑板，拎起书包，在三楼走廊上边摔边骂……全班同学当时都被吓呆了。冬儿说真有一种想冲上去拉住他的冲动：因为怕他跳楼……

后来，老师叫来家长，家长当老师的面，打骂孩子，后来这个孩子再没来上学……我与冬儿爸时常看到这个孩子，剃红色邦克头，和几个社会上的孩子一起，骑摩托车在小区横冲直闯……最后总是来到学校门口，在边上坐很久，看得出他太留恋学校，太想上学……我们与冬儿时常为这个男生惋惜……后来，听说校长主动让这个孩子来校上学，重新读初二……真是从心底佩服和感动这个好校长，如果不是这样，因为一个老师和孩子双方冲动的行为，这个孩子的明天会是什么样？有没有明天？

如果是个名人之后，那么这个孩子的行为又会被放大到什么地步？谁对谁错都可能搞不清……

我们普通家长，如果有男孩，千万不能像上面这个家长，有事先不问是非，上来就打骂孩子，把孩子推向他还没有在思想上准备好的社会。假如与一些不良孩子在一起，只能是越学越坏。

而如果家有女孩，希望能从小让孩子明白和知道：一个女孩，什么地方能去？什么地方不能去？学会保护自己长大是头等大事。

就算长大是为了谋生，也不能与多个男孩一起喝酒。谁都知道酒醉后会发生很多遗憾之事，更不要说是未成年人的酒醉。女孩自爱自重，有修养才是孩子将来的立身之本……

当然，孩子出了问题，如果是道德之事，那么如何理性面对，积极主动帮助孩子，弥补可能是孩子的过失的同时……更要学会理解和宽容他们的过激的行为……用爱和温暖，把孩子引回正道……

因为我们普通家庭的孩子，假如没有可以依靠的后台。发生问题如果处理不当，则更有可能在此打击和冲击下，滑出他原有的生活轨迹……人生没有假如，如果不是校长感人的行为，则当真上面那个孩子的一切都可能被毁了。

当然，所有的前提是不能超越法律……

第六章

如何帮助孩子——主副科的学习

给孩子讲故事家长亲自讲和听 MP3 的区别

有家长电话双子，无意说起，每天中午给孩子放 MP3 的故事听与家长讲故有区别不？其实这个问题，很多家长问起，假如是电话中提到，双子一定会回答。而问这个问题真正的潜台词无非是：MP3 放故事多省事啊！一家人围在一起吃饭边听边说多好啊！

大家的想法都对，因为每个人对孩子的教养和解读不一样，只要孩子能接受，方法真不重要，所以也是双子始终不想在公共场所解释这个问题的真正原因。

昨天一牛妈给双子留言："MP3 有什么不好？大家吃饭让我一人讲故事？我在家的地位不成了保姆？让孩子看不起……"看得双子冷汗直出，不得不来说说这个话题。

这个牛妈所说无非两件事：1. MP3 一样能放，为什么非要人讲？2. 不和孩子一起吃饭，反而讲故事如当保姆，会让孩子看不起她。

1. MP3 一样能放，为什么非要人讲？

（1）双子当时选这个方式给冬儿讲故事，读好书，完全是个无意之举。冬儿的当年虽然有步步高这样的复读机，能用磁带来听，但讲故事的磁带实在太少。MP3 还没有出现……

前面有说冬儿胃下垂，所以早餐都做好，带到学校门口，冬儿边吃边听双子读故事；有时会引了一堆人一起听（因为大家都一起吃早餐），所以包里多带本书，早上给冬儿讲故事，就成了很自然的事。

无意发现这样讲故事的方法，能帮助冬儿提早了解书本这个学习的媒介，省下自己看书的时间。当然最重要的是冬儿本来认字晚，不会也不可能看书，只喜欢看画书。所以每天中餐、晚餐都给冬儿读书就很自然，而希望冬儿能慢慢长大的过程，将来自己喜欢上读书，这才是双子坚持给冬儿读书的动力。

所以天长日久，吃饭给冬儿读书就成了习惯。习惯的力量最强大，好坏都是这样，想来每个家长都深有体会，因为用在孩子的学习上，这句话更恰当。

冬儿四年级，双子每次化疗回家的第二天，依然都在冬儿吃饭时给她读书，虽然累得上气不接下气，但与其说是读给冬儿听，不如说这个良好的习惯，正在鼓励、帮助双子努力度过每一天，因为书中富有哲理，生动有趣的言语，伟大而智慧的思想，深深地感染双子，每每读来，都能净化心灵，真正是全家人的心灵鸡汤……

冬儿生活在一个大家庭，吃饭的人最少七八个，全家人边吃边听，双子慢慢读，慢慢讲解认为冬儿不理解的词和句给她听……年复一年，全家吃饭，双子一人读书，成了家里每天必然出现，家庭成员习以为常的画面。

六年级下半年，冬儿到苏州读书，双子同样习惯给冬儿三顿读书，外婆吃惊而感慨，同时也非常喜欢听这短小精湛，富有情感的小文。而且心痛双子：“只有母亲才会为了孩子，天天自己扒冷饭……”冬儿马上接嘴：“我将来也会对我孩子这样……”这个将来让双子太开心，孩子懂得妈妈的爱。

（2）后来出现了 MP3，为什么双子还会选择自己给冬儿读书的方式？

因为双子发现，每天根据冬儿和家人产生的问题，找寻一些相关的好文章来读，会给家里需要的人，有很大的触动和启迪，MP3 如何能做到？一起听讲的还有大冬儿好几岁的两个小哥哥，他们同样能从书中听出做人做事的道理。

一个母亲在安静的环境，根据书中的情节，抑扬顿挫，带着深深的感情，娓娓道来……MP3 这个冰冷的机器发出的声音根本无法与之相比。而妈妈就短文中孩子肯定不懂，而需要讲解的字词，引经据典，深入浅出慢慢讲解（如果太小的孩子，只要简单让孩子了解，不要深入），MP3 如何能与之相比？

这样的结果，孩子边吃边思，毋庸置疑，无论听到多少，相信在这个过程中，量变一定会达到质变，家长渐渐地发现，这个飞越的过程在多年后的某一天，会悄然降临……那就是读书成为孩子终生的爱好，那就是读书会让孩子吸收的同时，思考出自己独有的思想……

有家长会说，我不懂很多知识，不会读不会讲怎么办？其实家长每天在给孩子读书前，先看一下要读的内容，难懂的好词好句，如果不知讲解，到网上一查就行，接下来再给孩子讲就是了。当然这要占用家长额外的时间，但只要为了孩子的明天，家长就要学会付出。

可能有家长没有理解，为什么不能用MP3，一定要妈妈讲？其实在上面说清楚了：大家的想法都对，只要孩子能接受，无论家长讲还是MP3，方法不重要。而学习英语等学科，肯定更不可能离开MP3……

2. 不和孩子一起吃饭，反而讲故事如当保姆，会让孩子看不起她。

常言道：子不嫌母丑，狗不嫌家贫。孩子看得起看不起一个母亲，是这个母亲所作所为能不能让孩子敬仰，答案如果是肯定，孩子何来看不起？

双子从小给冬儿读书，讲解书中做人的道理，感受冬儿的苦恼，帮助冬儿的困难……当然不是无原则地帮忙。冬儿从来没有因此看不起她的母亲，更没有因为母亲六年没有陪伴她吃饭，而认为母亲是她可以呼来唤去的佣人，反而是现在，双子需要帮助时，冬儿在家，一定快来帮忙……

因为孩子每天在成长，在故事中成长，在母亲给她读书的过程成长，在母亲情深意切的行为中成长，在与故事人物的无言交流中，慢慢品味；品到的是母亲深深的爱，浓浓的情……何来看不起？

更重要的是：从小到高中的冬儿从双子所读多年的书中，还有太多的行为中，学到了很多做人，做事的道理。然后自己慢慢学着去做和处理她所面对的问题（当然前提是她能理解的方法），如果她能做到，想来心底最想感谢的就是她的母亲……何来看不起？

一个长年累月，含辛茹苦为孩子付出的母亲，前提是她的含辛菇苦，不是一味我知地为孩子什么都做……而是言传身教，自强不息……可以肯定这个孩子不仅不会看不起母亲，反而会传承母亲的美德，学着母亲的样子，走好她的人生……是女相信将来会是好妻子，是儿相信将来会是好丈夫……

如何在地图上介入副科知识点？

如何在地图介入地理和历史知识点？

记得去年冬儿上高中前的暑假，与她一起去黄冈看祖父母，其间有个网友带孩子来家玩，一个在黄冈中学将要上高二的女孩。说是理科太难，所以选择了文科。说起学习孩子直叹气，因为根本没有时间去背记和温习许多学过的知识。如语文所学内容是初中的几倍，每天要背记大量的古文，这是高考的重点……还有英语等，当时想这是件大事，特别是对冬儿这样小时候背功不太好的孩子而言更重要。所以非常庆幸从小学到初中，每到放假，都会帮助冬儿借来下一学期的语文和英语书，让冬儿有时间将其中的古诗词背一下，单词记一下……但现在要写的不是英语和语文……

因为在和这个高中生的交流中无意发现：全国有多少个省，多少民族她都知道，但这些省市、民族到底在中国何处，地理位置在什么地方，当地的风土人情等，她却一无所知，当时就非常惊讶，这些初中必须掌握的基础都不懂，到了高中，何来有兴趣学这门需要更进一步加深知识的学科，所以她说不喜欢地理，更不喜欢地理老师，讨厌这科就是必然的了。但她选了文科，不想学也来不及了，即使不会也要想办法学好。

马上带她到地图面前，给她讲解如何巧记基础知识。原本是个考进黄冈中学的高中生，理解能力很强，方法一点就透。所要背记的世界和中国地理知识，在地图面前进行讲解并巧记的帮助下，很快就记下来了。

下个星期孩子再来，我试了她一下，这孩子真的很聪明，许多知识根本没有死记硬背，都是巧记下来的。当时很是欣慰，更是明白了一个道理，孩子厌学的科目，一定是学习方法有问题或原本就没有掌握其中知识点，所以在接下来的学习中无法听明白老师所讲，才会无意中抗拒这科和老师，表象就是学得没劲，最后一定不会考好……

其实，早已忘记此事，上个学习结束前，朋友打来电话问好和感谢，告知孩子现在地理学得很好，喜欢地理老师，说是讲得生动……听了无限欣慰。更是让我感到如能从小巧记，在玩中学一点这样的知识，对孩子将来的学习真的有很大帮助。

前面第一本书中所写的提前介入地理和历史知识点的方法，只是让低年级的孩子被动提前背记地理历史知识点儿歌的方法之一。

而如何能让高年级的孩子主动提前在家介入，巧记、理解记忆这些将来必须学习的学科知识点，是家长们要动脑子的事。(文科生高考必须学历史或地理)。

上个月到湖北住院，一好友来看望，说起用我教的方法，帮到她初中的孩子对历史和地理知识点提前介入，所以现在孩子对历史和地理很感兴趣。这才想起前面教高中生学地理之事。

有家长可能会说，如果是个刚上初中的孩子，提前介入知识点，可能还来得及，到了高中，会不会无法再跟上呢？通过上面的实例可以看出，其实高中的孩子，如果方法用得好，则一样能补上这个知识点，并让孩子从厌恶到喜欢上这些平时比较薄弱的学课。

下面说说小方法：

①历史地理知识点“事件”在地图上学：

小学高年级和初高中的孩子，低年级的孩子，在知识层面上有了更多的认识，但无论多大的孩子，都不喜欢死记硬背，而应试教育的弊端就在这儿，也就是割裂了各知识点而硬灌。孩子们前记后忘，因为无趣而枯燥，这样会浪费初高中孩子们许多宝贵的时间，来重复背记这些原本可以用很巧的方法，用1～2次就能记下来的知识。

从小学四年级开始，与许多的家长一样，在学习上我几乎帮不到冬儿了，到了初中更是如此。而唯一能帮到的是历史、地理和政治。

除了初三集中复习，前面的每次小考试前，在帮助冬儿复习历史和地理时，如在小学时教她一样，两人会站在地图或地球仪前，就所发生的历朝历代的历史事件、历史人物，拿着书，在上面一个朝代一个朝代地走一遍，孩子通过地图或地球仪这个空间感很强的形象思维，加上讲故事一样的解说，很快就能记下大量的信息。历史事件和历史人物有条理、有逻辑，前后呼应地从地图和地球仪上向大脑传递。

比如，本来是说地理中的“四川都江堰如何形成？成都平原为什么是冲击平原？为什么盆地会长年湿润？引出了四川人为什么爱吃辣？更是引出了李冰父子修都江堰，三国刘备等历史人物如何在四川建都，等等，这样历史和地理事件的复习就会在孩子的头脑中有逻辑地牢固并记下来……虽然学校的课本上也有可能用到地图，但只是地图的一小角，对孩子了解和认识世界有很大局限，所以一定要在大地图上学。下面说说如何记历史时间：

②历史、地理知识点“时间”在地图和坐标上一起学：

用一张大纸，画一个坐标轴，一小格是50年。轴心是公元元年，左边是公元前，右边是公元后。有记载的夏、商、周朝放在轴的左边，夏朝是从公元前21世纪开始，正巧我们现在的社会是公元后21世纪，记都不用记，孩子就能从现在的21世纪推出第一朝夏朝是公元前21世纪……

慢慢让孩子把历史事件从左到右在坐标轴上一点点地写上，孩子会很快而直接地记下历史事件发生的时间，时间前后有很多巧合，这样时空转换的学习方法，多记几次“事件”的时间就不会忘记了，因为坐标轴也很形象而直观。

还有太多的方法慢慢展开，相信许多家长和孩子，有更多好的记忆方法用到学习上，双子这只是“抛砖”……

如何在地图上快记中国各省在地图上的方位?

如果此时你的孩子上初高中，历史、地理又都很差，让孩子能最快地了解和记熟中国地图上的各省和省会是最关键的第一步。因为这些基础知识如果能记牢，会给孩子学习其他知识点带来很大的自信和帮助。

如何快速牢记？我教过几个大孩子。方法是借河（黄河）、借山（太行山）、借湖（洞庭湖）、借江（长江）借路（京广线和陇海线）。

在这不是教大人学历史和地理，只是自己摸索着如何帮孩子的学习方法。

初高中孩子的理解能力相对要强很多，但基础很差的孩子，只要记下一座山、一个湖、一条江和一条河，还有京广线和陇海线这两条中国最早最长的十字交叉铁路线，就能最快地记下各省的方位和名字的方法，因为大多孩子此时都有一点地理基础知识，如山与河，还有高原的知识，这样理解的记忆，从北京开始定位（河北省），最多一个小时，七七八八全国各省的方位大多能记下来。如果时间空闲一点，则可以多讲一些。但一定要分 2 ~ 3 次来讲，并看孩子的兴趣，半小时为准。周末在家用半小时先记第一部分。下个周末用半小时复习并快记后面的一部分。再下个周末用一小时复习就行了。

①华北、华中、华东、华南各省：

A. 记黄河：中国第二大“九曲十八弯”的黄河。它是中华民族的摇篮，炎黄祖先从这里出发，开始了中华五千年灿烂而多难的历史………此河历史上曾几次改道（为什么改道家长可以上网查查，做好功课再讲给孩子听）。大河养育和滋润着两岸的人们，同时，又多次让两岸百姓蒙难。天灾人祸都有……

让孩子在地图上找出黄河，并从源头开始画，慢慢画到河的中部，会发现有一段东西走向的河道，河的北面是河北省（北京在河北省境内，用它定位），河的南面是河南省。

B. 记洞庭湖：长江上有五个湖，在长江水系中一直起着调洪排涝的作用。而中下游的洞庭湖。湖的北面是湖北省，湖的南面是湖南省。湖南省的南面就是广东省。

地图的中部从上到下（从北到南）一条铁路京广线直线排列就是河北省（北京在河北省境内）、河南省、湖北省、湖南省和广东省。

C. 记长江：长江下游的地方，有段开始向南的斜江道，让孩子自己找出来，孩子会发现，这段开始向南的江段西面是江西省，而东面是“江东省”，为什么叫这个没有的省？因为冬儿小的时候，我为了让她能记下，告诉她这两个省叫“江东省”，这样好记。冬儿大点了才知道叫江苏省和浙江省，笑死了。（江苏省的下面就是浙江省）。

记得当时告诉冬儿，安徽省就是安在五个省中间的一个五角星帽徽，所以叫安徽省。让孩子自己慢慢找，孩子会发现原本五个无法相连的省份，因为安徽省而连在一起（西河南省、湖北省，东有江苏省，浙江省，南有江西省），所以冬儿一下子就记住了这个省的名字。

D. 记太行山：南北走向的太行山在河北等省境内。（抗日战争时八路军的根据地。这原本也是孩子要记的历史知识）在地图上让孩子找出来，孩子会发现山的西面是山西省，山的东面是山东省。

再让孩子找一找我们国家有个一直无法回归的台湾省，它的对面就是福建省。这样整个华北、华中、华东、华南各省，只有福建省和安徽省要专门记一下，其他的都能南北或东西对应，孩子一会就记下来了。

E. 记京广线和陇海线铁路：中国最长的南北“京广铁路”线与最长的东西“陇海铁路”线的十字交汇点在河南省的郑州。孩子找到后，会发现“京广铁路”沿线的大城市，就是从上到下五个省的省会，即河北省的石庄家，河南省的郑州，湖北省的武汉，湖南省的长沙，广东省的广州。

而东西最长的“陇海铁路”线，不用从东开始，只要从河南省郑州开始向西，记下后面两个站，就记下了两个省：西安站是陕西省的，兰州站是甘肃省的。

家长第一次就讲到这里。讲多了孩子记不下来。下次再和孩子讲第二部分：

②自治区、东北、西南各省：

东三省家长大多知道，铁路是成T字形的，这是个最有讲头的地方，清王朝的发源地……日本人和所谓的满洲国等……

几个自治区，中国的西部和西南三个，最北部两个。西南的广西壮族自治区地理方位好记，因为就在广东的西面。宁夏回族自治区可以和孩子多说一点：这个回族自治区的地理位置为什么犹如孩子，长长地挂在内蒙古自治区下面？这就会引出许多的历史话题，成吉思汗的铁蹄什么时间？如何踏到西亚？如何征战欧洲？如何带回大批的俘虏？如何形成了这个宁夏回族自治区？

地图的西面最大的两个自治区新疆维吾尔自治区、西藏自治区加上青海省，地理位置好记，但高山、名川、盆地、多民族的历史第一次一带而过就行，这是在记地理位置，不用多讲历史，因为内容太多。如果家长知识丰富，随时可多讲一些，但有个原则，一定要讲得有趣，让孩子如听故事一般，才能真正牢记在心。

在中国的西南部有三个非常重要，又不太好记的地方，就是云贵高原的云南省、贵州省和四川省。其实，大家对这几个名字大多耳熟能详，但地理位置上，许多的人不会太清楚，所以只要和孩子说出四川在山下的坑里，贵州在半山腰，云南在山顶。就能说清楚。因为太阳大多只到山顶，所以云南会四季如春，半山腰的贵州省太阳照一半，雨多，阳光少而金贵，所以其省会叫贵阳。而四川原本就是在云贵高原边下面的坑中……

和几个大孩子交流个两次，中国各省的方位和地名，孩子大概都能记下来，老师在上课讲解某个地方的风土人情、地形地貌、历史知识时，孩子在脑子里就会先出现一个方位，这个很重要，能起到触类旁通的作用……如历史中提到湘军、晋商、徽商等，孩子马上可能联想到湖南省、山西省、安徽省，并能知道在什么地方……

其实，想让孩子学点知识的方法有很多，关键是家长们一定要相信，教孩子学点小知识，能教一点是一点，量变的结果一定会达到质变。到了高中，孩子会省下很多时间，这样才能真正帮到应试教育下的孩子们……

昨天，无意中看了2012年高考的作文题和文综卷，很是感慨。看似简单的题目，没有综合水平知识能力，一定无法得高分。所以与孩子还没有参加高考的后来家长们，聊聊如何让孩子积累综合能力的小方法：

如何在地图上介入政治知识点

其实，有家长也与双子交流了自己如何教孩子，提前介入学习各综合副科的一些学习方法，有的方法真的很好。双子看了很是欣慰，说明许多低年级家长也开始了解和重视孩子将来必须学习的副科课程，和如何提高孩子综合能力知识的学习，并在行动上开始给予孩子力所能及的帮助。

的确，只要多年一点点积累这些看似不起眼的小知识，从小到大，无论学习接受快慢的孩子，到将来高中之时，相信在应试考试过程中或多或少地都能用上一点。

去年冬儿在初三时，北非突尼斯爆发的“茉莉花”事件，如多米诺骨牌一般，几乎让北非大多国家的领导人倒台，欧盟的介入，所谓的民主自由更如秋风般横扫北非各地。那段时间冬儿放学回家，第一件事，就是到地图中找，找到相关国家，看看事态发展到什么地步，波及什么地方？国际社会又是如何处理的？

这里要说明一下，家有初高中孩子的，有条件的家庭，最好将餐桌放在餐厅中间，正对的两面墙上，一面挂一张世界地图，另一面挂一张中国地图。孩子在吃饭时，如果是今天想说世界的事，则可面对世界地图；如果说中国的事，则反之。

如上述“茉莉花”事件，我和冬儿爸边吃饭边和冬儿，就自己了解的事态发展，详细的，边指着地图边讲述给她听，并和她一起讨论，冬儿吃着看着，思考后会讲述自己的见解。

其实，从冬儿初中开始，我们就用这种方式与她交流，天上地下，无所不谈。一是增进家人情感很好的润滑剂，二是给孩子思考各种问题的机会。这样充分地发表意见，是个没有答案的讨论，带来了太多个人的主观见解，又都是各抒己见，只要多鼓励孩子，就会轻松而自然地无意地学到许多书本上没有的，但可能在考试时用得上的政治、历史、地理等课外知识……现在的大考题，几乎都是时事综合知识，如果死背书本，则肯定没有高分。

就这样原本对非洲最为不熟悉的冬儿，因为这个突发事件的深入，不仅在地图上掌握了整个北非国家的国名，地理位置，还了解了当地的风土人情、政治派别、民族斗争，历史上哪些是法属、英属殖民地，为什么会沦为殖民地？现在为了共同的利益，这些国家又如何发展下去？并同样了解了北非对面的西亚各国……

特别是当事态发展到卡扎菲不肯和平解决国内的政治问题，更不肯下台出国避难，后来全国的族派武装卷入，国内战争爆发，最后殃及百姓时，冬儿感慨而愤愤不平地说：“这个人太自私了，为了自己的权力，至百姓的生死而不顾。为什么不能像突尼斯等国的领导人一样，体面下台，出国避难算了。只要是战争，死的大多是老百姓……”

我语重心长地对冬儿说：“没有约束的权力，贪欲就到了顶点，国家和国人就会变为某些人的私有财产，如兜中的硬币，随便把玩。所以没有民主的权力诱惑，会成为社会的毒瘤，太多的人深受其害，这些掌权人的生命中，如果没有了前呼后拥的喝彩，没有了玩弄他人生命于股掌之间的快乐，这样的人就如没有了灵魂，比死还难受，所以他们怎会舍得放弃权力，更不会停止杀戮。尊重和敬畏他人生命在他们的人生字典中是没有的，所以下场不会好到什么地方去。”

“欧盟和美国也不好，人家国家的民主和他们有什么关系？还不是为了石油，为了自己国家的利益，搞得人家国家战争不断，百姓好可怜……”冬儿说。

“冬儿，这就是政治，是利益，更是为了世界经济平衡。所以太多的歪理被置于冠冕堂皇的口号中了，你大了学点政治经济学，就懂了……”

后来，卡扎菲真的死了，死前死后受尽侮辱……

冬儿说：“看来政治是最可怕的……就如我国历朝历代的君王一样，龙椅几乎是坐在百姓的尸堆上，血流成河啊！权力和利益是人类的劣根性，动物界也是如此啊！但比人类可能要好一点，人类在破坏自然和谐之时，就是在给地球掘坟……我将来一定要做自然科学家。远离这些东西……”

冬儿能说出这些话，我和冬儿爸见怪不怪。因为冬儿时常和我们讨论这些事，想法也有些偏颇，这都无关紧要。重要的是，每天回来在地图上找，了解思考为什么非洲一个小国的一件小事，会在国际社会多个国家中，引起轩然大波，并纷纷参与其中，慢慢演变成一场地区性的战争？

在地图上能让孩子了解这些带有政治、历史的知识和事件。慢慢和孩子讨论，如果这许许多多的小事件、小知识伴随着孩子慢慢长大，沉淀到最后，则一定会厚积薄发。

因为地理知识学了一些，历史知识也穿梭其间一点，政治知识更是慢慢理解，这样的孩子，在将来的高考的各科中，相信在考综合的课外知识时，一定会触类旁通……

这种思考综合知识的能力，了解社会的能力在多年积累后，相信无论高考或将来工作，孩子都会潜移默化地用到自己的行为中去，对走好自己的人生有很大好处。

双子成长的当年，没有电脑，电视也少。双子的母亲非常好客，朋友也多，只要家里来了客人，都会叫上双子一起聊天，各抒己见。这种长年累月与成人交流和思考，并讨论的方法，对双子后来成人帮助到底有多大？双子开始并不知道，在冬儿慢慢长大的过程中，才渐渐明白，并永远感谢母亲，因为她提早让双子学会了对人生的思考和如何处事。

这加一句，有家长说我都不会，如何来与孩子一起讨论和交流？其实，这些时政内容，天天电视、电脑都有讲解，家长都是成人，只要是个有心人，这临阵磨刀，不快也亮。了解一点与孩子交流一点，时间一长，孩子不会也灌会了。

找理由是个人都会，但帮帮孩子的机会不是上天能给的，时间也不会停下来等你。所以孩子的能力是家长每天付出一点，在陪孩子慢慢长大的过程中积攒下来的。为了孩子的明天，家长们从当下开始吧！

如何在家帮助孩子学好语文？

很长时间没有写孩子的学习方法了。因为太多的家长，双子方法一写出来就给孩子套了用上，无论多大的孩子？合适与否？说句心里话，如果用不得法，则大人和孩子会很累，和双子的初衷背道而驰。所以从《与孩子一起成长》第一册中的小分卷开始，再没有写方法，只写家长如何提高自己的事。

前些时，在群中请了老师给群友们讲孩子如何写作文，所以双子一直没有写高年级的语文。现在孩子们都进入了紧张的复习阶段，无意和群友说了几句作文在应对考试时，注意怎样的细节才能拿到高分。

其实，如何提高孩子的成绩，想来许多的家长都有自己的办法，而孩子在校也有老师教，同样有许多的措施。

双子在前面的博文中写的方法：可以说作文方法涵盖了低年级孩子学习语文产生的全部问题。

语文学习贯穿了幼儿园到高中的全部，语文学习的好坏，直接影响到其他学科的吸收、理解和运用，这点从小学高年级开始到初高中都比较明显。这个年龄段的家长都知道，但又不知从何下手帮助孩子，更有家长说孩子的学习，我从来不管，一样学得很好。

我重点说说：（1）“慢”孩子。（2）太聪明的男孩。因为这两个极端的孩子，都可能因为基础不牢，在考试时失分。

应试教育的弊端，是个中国人都知道。人人痛骂，人人无奈。和冬儿一起走过的学习路上，磕磕碰碰，步履蹒跚，最大的收获就是：（1）放下抱怨，多想点简单、实用，孩子可以接受并能坚持下去的方法，应对五花八门的考试。（2）素质教育和强身健体并举。应对考试前超强的体力和脑力透支。

下面说说：高年级和初中的家长，如何能用一点简单、实用，孩子可以接受并能坚持下去的方法，应对必需的考试，让孩子在考试的关键时刻，在语文上少失点分，并为初中的学习打下个夯实的基础。

小学低年级如何学习语文？我在前面的八篇文章中几乎都有讲到。高年级同样用得上。只是高年级的没有展开，现在全面展开：

孩子进入高年级和踏进初中一开始，语文考试分三块：（1）客观题：有的城市叫积累和运用，有的城市叫课文知识，虽然叫法不一，但基本上就是课本上所学的内容，也是平时要掌握的基础。这块占分不高：是总分的20%左右。（2）主观题：也叫阅读理解（这是许多学生头痛的考题），占总分的40%左右。（3）作文：占总分的40%左右。

大家都知道中国的教育是短板理论，你哪不好就一定要补哪。因为考试是必需的。小学高年级不是低年级，和初中生一样，要面对升学考试。所以低年级时我总说："慢慢来……现在高年级了就要变成：不要急，化整为零，做好计划，用点方法，夯实基础。"

根据试卷分三个方面：客观题如何牢固掌握？主观题如何分析？考试时作文如何拿高分？

（1）客观题如何牢固掌握？

小学高年级和初中的客观题所要答的内容，侧重点虽然不一样。但考试时生字词和古诗词文上下句子的连接占了大半。还有一点现代文的内容。都是基础的基础（特别是作文中用得上，如果用得好，则可以起到画龙点睛的作用，想不得高分都难）。这一块比较死，家长在家用点心，帮帮孩子，都能解决。

先说六年级总复习时的客观题：（五年级、四年级也可用上）

①生字词的牢固掌握。

越是聪明，数学应用题做得越好的孩子，特别是男孩，给人的感觉，越容易在生字上写得粗心大意。因为聪明的孩子，总认为自己听懂了，平时会做了，所以就会忽略小节。殊不知汉字是个形象的循环记忆的过程，不是数学中的逻辑思维。所以在数学计算题和写作文时，聪明的孩子最容易将明明会的答案写错，作文提笔忘字或写错偏旁部首，最后用个错别字来代替结束。这样的孩子在考试时，如果不注意平时的积累，则会很吃亏。“慢”孩子一样，只是反了过来。下面说说方法：

A. 生字一定要放在词中报。例如，“突兀”，一定不能分开报。要让孩子明白词的意思，不仅要会写，而且可能有机会在写作文时要会用。

B. 每一册生字词表的字一定要计算好，共有多少字和词？每天五分钟，报多少天孩子才能听写完？做个孩子大人都能接受的计划。

C. 方法：从后向前报，也就是第十二册报完，报十一册，十册……越报，生字会越少，越轻松。因为都是学过的字和词，只是复习，不会的慢慢会想起来，会的更是要记牢固。孩子的自信心会越来越大（其实，要是个“慢”孩子，这个方法从一二年级就可以开始了）。

D. 在给孩子报生字时，不会的字词就多报几遍。多报一定会消灭生字。当孩子不会或忘记时，千万不能打骂孩子。有句老话说得好：“拳不离手，曲不离口。”字词时间长了不用，肯定会忘记一些，许多大人都会提笔忘字，更不要说是个孩子。

E. 在让孩子听写时，时间上一定要化整为零，只要几分钟，时间一到马上停。因为第一，每天用时不长，孩子不会厌烦。第二，时间越短，注意力越集中，记得越牢，效果越好。第三，几分钟这个目标很小，形成习惯后，孩子会主动配合家长去做。

无论家长学识多高或多低，面对孩子的学习，大家都在一个层面上（除了两个或两个以上孩子的情况不同以外），独生子女的教育，都是家长要面对的一个全新的课题。所以家长在帮助孩子做计划和运用时，一定要给孩子一个能够得到的标杆，让孩子慢慢提高。欲速则不达。

②名言名句和古文、古诗词如何提前掌握？

中华民族有着上下五千年的悠久历史，更有着源远流长的灿烂文化。学好古文、古诗词和名言名句不仅是为了传承中华民族的古老文化，而且更重要的是为了人类在不断向前发展时，借古喻今，历史为镜。但又不得不说：孩子现在的语文学习，还必须面对应试考试。

名言名句和古文、古诗词中。除了古文都有一个最大的特点：语言流畅、对仗押韵，读来朗朗上口，好记好背。但要想学了就能理解和背记并掌握好，也不容易，因为太费时。所以要用点方法来帮孩子：

A. 利用边角时间，提前介入，目的：当老师开学正式教时，能背得滚瓜烂熟。家长只要在孩子三年级结束，找来四年级的语文课本，认真看看，就能看到在一个章节结束的地方，都会有几句名言名句，加起来一本书也就是 10～20 句。古诗词也同样有几首。利用暑假的边角时间学一下，对接下来的语文学习帮助很大。因为边角时间相对大块正时有灵活机动的特点，时时可以投入。同时，将大块正时在假期孩子作业完成的情况下，让孩子玩玩，孩子会心生感激，接下来，学习效果会好很多。当然，家长的智慧要在里面调节。

a. 名言名句：两个月的假期用一个月的时间（孩子在假期肯定要学点其他，每个家长都不会放过），如果两天一个名言名句上下句。例如，“宝刀峰从磨砺出，梅花香自苦寒来”这样的名言就能背下 15 句。家长只要让孩子走在兴趣班的路上，或上卫生间或洗脚，或对墙打球练眼时，教一遍就行，一天 3～4 遍，两天就有七八遍，你说上句，让孩子说下句；反之，一样。这样，孩子天天听也听熟了，要求孩子熟悉就行。

有家长可能会说，我不会背，如何教？不会没关系，就用不会的方法。

方法一：如果两天教一句，就把课本上的名言名句一个上下句子写在手心，左右手各写一句。看着手心教就行了，方便、简单、实用。有机会还可以和孩子游戏，让孩子猜左手是上句还是下句……（一定记着：教一句家长抄一句在一个专用本上）。

b. 古诗词：一天背 1～2 句，一个星期背 1 首，两个月就是 8 首。基本语文课上古诗词的内容都能涵盖。不会的家长用背名言名句“方法一”教。

方法二：用大点的字号，将古诗词复印下来（大点的字体会让孩子看清字的结构，更好地记忆）粘在正门、床前、书桌上方、过道、卫生间、饭厅墙上，总之家中孩子天天走过，或停留并能浏览到的任何地方。让孩子天天看了说一下，混个眼熟。接下来就会好背些。一个学期一换。

开学老师就会教语文课上的这些内容，因为孩子提前学过，会在老师教的过程中，像是在理解的基础上复习一样，背得滚瓜烂熟。为后面的“背写”，也叫“默写”打下了基础。

B. 名言名句和古文、古诗词一定要写得一字不错。应试的目的，关键是在考基础时不会写错，写作文时会灵活运用。孩子如果背得滚瓜烂熟，但有的字记不清，那么在考试中写不出就是不会，批卷不会因为你会背而给你加分。

所以家长在孩子会背的基础上，每天在上述的“专用本”顺次序，一个个句子找里面可能孩子不会写或会忘记的字，让孩子“书空写”或报听写。如磨砺的“砺”。一天一句，几个字，一分钟都不要，循序渐进。孩子想想家长一天只报几个字，也不会太反感。

记忆本身就是个遗忘、复习、再遗忘、再复习，直到考试前能记下的过程。所以不能因为孩子一次会了，就当孩子会了，下次不会写就来骂孩子：“你刚才还会，现在为何又不会了，真是笨死了。”这样的家长，孩子不笨也骂笨了，因为孩子自己也会否定自己，我是不是真的很笨？在接下来的记忆中会无形地拒绝本该记住的字。

C. 在帮助孩子背写时，孩子一定要先会背得滚瓜烂熟，在一字不差的基础上才能写。所以家长一定要先理解“难”、“僻”字意，明白出处，字词咬音要准。才能帮到孩子报听写“难”、“僻”字，这样，在考基础和写作文时才能不写错或用上。孩子要明白如何写和用。

其实，每一句中可能只有 1～2 个不会写的字。家长是个成人，只要查一下字典，就能知道并记下来。孩子想想家长这也会啊！定会生出少许敬仰，“书空写”或报听写时就会顺利一点。如果家长不想这样烦，给孩子报个题目，让孩子自己背写也行，但多占用了孩子的时间，孩子一定不会太开心，接下来，更烦的事会等着家长。所以想点方法，或许费点时间帮帮孩子，就是帮了大人自己。孩子学习是件很苦的事，要理解一个有苦没地方倾诉的独生子女。

冬儿小时候一直到四年级结束，记汉字都很困难。娘儿俩不知吃了多少苦，唯一的方法，就是多用几种方法，时间上化整为零，苦练加巧练。冬儿一直不明白，为什么同学们很快就能记下来的字，而她却会前学后忘？我告诉冬儿：“科学家说过（这个冒牌科学家就是她老妈我），记忆是个科学的东西，和人的成长还有对字的敏感程度有关。汉字是方块字，你相对同学，方块字不是很敏感，老妈小时候也是这样的，还不如你，但到了三四年级后就很好了。你长大一点一定会好的。”果不其然，过了四年级，冬儿记汉字就好很多，慢慢地用冬儿的话：现在记得超快。

但名言名句、古文、古诗词冬儿接受起来相对要快一些。主要原因是一年级不会拼音，吃了很大亏，所以后来在小学低年级时，把高年级课本中的名言名句、古文、古诗词等都提前用游戏的方法背熟了。到了高年级，记忆也跟上来了。名言名句、古文、古诗词中难记的字，对冬儿来说也就不是太难了，相对于小时候报听写快了很多。在考试时，前面的基础分就失得很少，慢慢地，成绩就跟了上来，自信也上来了，进入了良性的学习循环状态。

名言名句、古文、古诗词都是寓意深刻，给人很大启迪的精典语句。用在作文的开头和结尾，会使一篇文章立起来，让批卷的老师有眼睛一亮的感觉。冬儿平时不用这个方法，到了考试就要套着用，这样会有个高分。所以学会写好、用好名言名句、古文、古诗词、太重要了。

③如何让孩子背记现代文?

其实，太多的孩子，从小宁可背诵朗朗上口的古诗文，也不喜欢背诵这种现代文。的确，现代文也叫白话文，是人们平常所说的话。

为什么孩子到了初高中，不喜欢历史和政治考试，就是因为白话文太难背。如果死记硬背一字不差地背下来，对“慢”孩子来说，的确是有很大的难度。

在我的记忆中，小时候背现代文是冬儿最恨的事。因为晚上背完，到了早上就忘记，不是掉字，就是漏字。一字不差不可能，到学校每个孩子还要相互背，有的还要到老师面前背。所以冬儿为此很是心烦。后来，我用化整为零等很多方法，冬儿背功才好起来。

下面说说，冬儿这个“慢”孩子用了什么方法学会背记：

①段落中间转折词和关键词圈起来。这个圈起来的字要死记，大概是每句话的开头和结尾，这样学会记转折词和关键词，就能很快背下一段，还不太会掉字。冬儿从低年级开始，所要背记的现代文段落，我都要她自己找出里面的转折词和关键词。用支红笔圈起来。然后，这几个词重点分句子来背。后来，冬儿初中的历史和地理都用这种方法来记，因为这样不太会忘记段落中的句子。

如果孩子能从小时学会这种选择转折词和关键词来强化背记句子，慢慢用熟这种方法，对孩子在将来上初高中时，有背记的学科会带来很大的帮助。初高中语文许多古文，更要背诵大段的现代文，还有历史或地理之类，这个背记能力和方法的好坏很拉分。所以家长要在孩子低年级或高年级时就要想办法教会孩子这种小方法和能力。

②在背诵时，孩子的状态一定要自然。就是在背书时，孩子想做什么都行。记得冬儿小时候只要背书，一定要边背边想边在床上翻跟斗玩，才能慢慢背下来。假若让她好好坐着，一动不动地认真背，她根本就背不下来，不是玩桌上的橡皮，就是玩铅笔，总之手脚都不会停，在那给你慢慢磨。发现冬儿背记时的特点后，就一直随她，想如何背都行，只要能背下来即可（记性好的孩子例外）。可当时冬儿这个样子背书，我也不明白是为什么？

这样的孩子，家长要是个急性子，会越看越心烦，背不下来更是火大，骂了，说了，全来了，孩子被说烦了，更不想背，真被家长骂得无奈，勉强背，效果也不会好到什么地方去。

有一天，朋友的孩子来玩，她妈让我盯盯他的语文背诵，这孩子一会从凳子上跳下来，一会爬上床坐在枕头上颠，可口里并没有停下背，我慢慢教他，他一边玩一边背，一会儿就背下一大段了。我打电话他妈，他妈听了很吃惊，说在家背诵最困难，玩着背更是禁止，怕这个习惯带到高年级会非常不好。

我看着这个孩子，想想冬儿，一下明白了：这种大人眼中无法理解的行为，其实正是孩子身心最放松的自然状态，脑子此刻反而因为没有任何压力，慢慢装进了正在想的事。所以家长一定要了解孩子的心理，不要怕这怕那，什么孩子会因此习惯不好，等等。看看今天的冬儿，“坏习惯”并没有带到高年级和初中。

③分时循环记忆，就是老师让一课背 2～3 个自然段，尽量分开背。先背一小段，做其他作业，再背一段……因为不是每天都有背的内容，所以在孩子回家时，家长最好问一下，今天有没有要背的内容。这样才能帮到孩子分时背一下。第二天早上，让孩子重背一遍，复习一下（这是针对“慢”孩子，要是学习快的孩子则没有必要）。冬儿后来习惯了，都是晚上分段背熟，第二天早上上学前几分钟，主动让我看着再背一遍。因为她知道自己会忘记。

后来，初中三年学习历史、政治、地理，包括英语，冬儿都用这种分时循环记忆方法。但早上不会再来找我……

④高年级的孩子，想张口大声背或默背都行，有的孩子喜欢大声背，有的反之。所以不用管孩子用什么方法，只要孩子能背下来就行。除非老师有专门要求，家长千万不要强求孩子一定要如何做。不然，高年级的孩子很叛逆，大人与孩子之间会因此而产生很深的矛盾。

冬儿到了初中，语文的文章和英语单词都喜欢默背。在初一时，她背好语文或英语第一遍，总会来找我，让我帮忙看着，她背。开始问过她：你不出声，如何能记背下内容啊？这个出声，是脑、口、耳一起动，能促进人体的发育，更能很好地加强记忆……你这样默背记忆，会不会对学习有影响。她说我有我自已的背记方法。后来，在初二、初三时，自然就大声背记了……

为什么要用这样长的篇幅来说孩子的背记功能呢？就是因为到了初高中，太多东西要背记，如果方法不当，基础又差，则孩子大多成绩都掉在了这一块。如英语、历史、地理等。有可能还没上到初二就会厌学。所以家长能在孩子小学时，用一点小方法来引导孩子，孩子在长大的过程中，一定会自已慢慢领悟，学会更好的“学习能力”。

其实，太多的好孩子，各有各的学习方法。太多的家长，各有各的教子的宝贵经验。我只是把冬儿小时候的学习方法写出来给大家看看，朋友们一定要变通地看，因为每个孩子是不一样的，方法一定要适合孩子。应试教育很无奈，逼得家长只有不断地自我学习，不停提升自已的知识层面，和孩子一起慢慢成长。

（2）主题观（阅读理解）如何分析？

冬儿小学一年级到六年级的上半年，在黄冈上小学，班主任张老师在教语文阅读理解时，坚决不让孩子抄答案，谁抄撕谁的本子，所以孩子的思想是自由放飞，任意驰骋的。加上冬儿看了太多的课外书，高年级阶段写出过很多好作文，驾驭语言的能力在那时得到了很好的发展。六年级还在难度较大的湖北省“楚天杯”作文比赛中得了二等奖。想当然地认为，阅读理解肯定不会差。

殊不知“阅读理解”根本就不是孩子们读了作者文章后的感想和理解，而是教育家们阅读了文章后的理解并给出他们理解后的答案。一个成人阅读后的理解，如何成了千千万万孩子阅读一篇文章后的理解？其实，每个人的认知水平、阅读能力大小、对作品的感悟程度，都会诠释出不同的阅读结果。如何会有个标准出来呢？

虽然在冬儿小学时，我和冬儿及她的同学一起做过“阅读理解”，三个人最后的答案肯定差之千里。当时，只是认为标准答案非常好笑，没去想“阅读理解”对孩子初中语文学习有多大的影响？更没认识到如果不按标准答案来做，语文肯定会很拉分。

六年级下半年冬儿回苏州，语文课“阅读理解”必须是标准答案，冬儿回家的语文作业上都是红叉。我前面有写，冬儿开始一直不明白为什么会有标准答案？所以只有买书来抄。换个角度就乱答一通。

后来，上了初一，每星期各科考一次，语文 50 分，不算作文分。冬儿一个月下来，没有考上过 40 分，错的都是“阅读理解”。在和冬儿的老师交流时，她只安慰我，语文真的很难，孩子有这些分已不错了。我听了根本不明白难在什么地方？孩子为什么不会做？看看冬儿的答案，和标准答案相比，这掉一点，那漏一点，给人的感觉就是再多想一想，就能答全。后来，和冬儿分析过一次试卷。在“家长的作业”中写过。当时，直觉认为冬儿看题不细心，只要再多看看，认真一点，肯定能答好。

后来，冬儿和我讲，这个“阅读理解”有些答案一看就能拿分，因为是个套路；有些答案莫名其妙；有些她自认为答得很对，只是说法和标准不一样，但意思一样，同样要算错。

冬儿最后和我说：“老妈，语文又不是数学，一是一，二是二。中文一个意思有太多种方法来表达。阅读理解的标准答案让本来会表达的内容，也给它搞得不知如何答。你要不信，你做一下试试？”

赶紧跑到书店买了一本初中《新阅读》。空余之时，抢时间一个星期全部做完，对比了标准答案，错了一大半，就是所谓做对了，也只是沾了点边。想想自己虽然做得非常认真，也非常仔细，能想到的都写上了，而且自认为做得很好，但和标准答案还是差太远了……又开始重做，因为是个成人，又看过标准答案，慢慢悟到出题人的想法……这才明白冬儿为什么会对标准答案如此深恶痛绝。并肯定地认为，一个孩子，就是再细心一点，再认真一点，也不会想到出题人的脑子里去……

为什么要有标准答案？冬儿初中读了一段时间，我这脑子动了一段时间，也算明白了。中国的应试教育，讲的就是一个所谓的公平，语文的“阅读理解”在考试中占了近40%的分。如果没有标准答案，批改试卷的人水平不一、能力不一，批改出的分数差别太大，对一个孩子考试的结果，最后能不能顺利升学，影响大到无法想象的地步。所以阅读才会出来“标准答案”也就见怪不怪了，这是在不公平中找公平。但不得不说句实话，这样的“标准”扼杀了太多孩子可贵的想象力，扼杀了孩子独立思考的能力。

我们从小让孩子诚实，这种“阅读理解”就是在教孩子说慌，让孩子学会揣摩别人的思想，写出不是自己真实想法的所思所想。后果的严重性，家长们想来都知道，大家和我一样，有的只是无奈。所以后来冬儿的“阅读理解”我只是给她买书，没有再过问，因为无话可说。

但一直在关注她这一块。冬儿虽然不喜欢“阅读理解”，但要考试啊！所以她也是变着法子想办法，和我聊天最多的就是这个，所以我印象最深的也是“阅读理解”。

冬儿中考结束了，下面说说，“阅读理解”如何得高分（一家之言）的方法：

①初中生平时一定要带着问题，也就是给出的题目，精读文章。这样有针对性地看题，会一边看，一边想“出题人”此时如何想？应如何答？看完并写出答案后，再和标准对比，看错在什么地方？（毕竟不是小学生，此时的初中生有自己的思想）时间长了，三年下来，感觉会找到。

②现在的“阅读理解”考试，三大题中有两大题是课外的文章。目的就是要求学生进行大量的课外精读（看课外小说和精读短文是两个概念）。家长如果希望孩子能精读一些优美散文或短文，一定要买有提示和问题及答案的阅读书。我在上面说的《新阅读》中就有许多非常好的散文，后面都有提示和问题及答案，是很好的课外精读阅读书。这样的书，一个学期有一本，一个星期做几题，只要认真做，三年下来，六本书中各类题型都会出现，对孩子的中考帮助很大。课本上的东西远远无法满足孩子“阅读理解”这块考试的要求。

小学高年级的孩子，家长可以先让孩子读读这样的书，只是看看提示，认真想一想，不要做题。在小学毕业时的暑假期间，分配好时间，可以让孩子一天做 1 ~2 道题，找找感觉。

③有针对性地多做各种试卷中的“阅读理解”，多接触和了解熟悉题型；各地的试卷都不一样，找来当地历年的试卷，只做“阅读理解”中课外的试题，一张试卷中最多只有 2 ~3 道题，所以孩子做起来也不会太厌烦。

④在考试时，多写一点，把能想到的都写上。因为批改试卷的老师，只找里面的相关词，找到一点给一点分，所以能多写点就多写点。

其实，还有其他很多方法，不在这一一展开。看博文的都是成人，相信家长们结合自己孩子的实际，会找出更多有效的方法。到了初中，孩子面对很多要学习的知识，有的真是超越了他们实际的能力。

这个年龄段的孩子，家长千万不能强求：什么一定要孩子做试卷，一定要孩了做《新阅读》，孩子会反感而拒绝。家长只能有技巧地从侧面帮帮孩子。

所以“阅读理解”家长能帮到孩子的，就是每学期找一本带答案的“阅读理解”的书，让孩子有时间每星期做 1 ~2 道题……三年下来肯定找到感觉。

考试时作文如何拿高分？

记得去年的博文中写的八篇低年级写作中，详细讲述了如何在家帮助小学低年级的孩子写作？其实，只要有心，这些方法对每一位不会写作的低年级家长而言，都能帮到孩子。

高年级和初中孩子的作文：（1）要面对小升初和中考，这块占到了试卷的40%的分，历年都是如此。（2）形式虽然是低年级的延伸，但字数要求严格，内容不仅要求丰富、语言流畅，而且文章的立意要比低年级高很多。（3）错别字扣分重，要有一定的规范和格式才可能拿高分（这是应试考试必需的）。

和冬儿一路走来的多年学习中，作文给我的感触最大。就如我在前面的博文中所写：孩子们长大，真正用得上，并与人们生活息息相关的所学知识，只有书写和口头表达。而口头表达再好，没有书写的功底，在生活和工作中，还是有点缺憾的，想来家长们都会有此感慨。

孩子们作文分数的高低：（1）不仅能反映孩子前面基础知识的掌握（有无错别字、名言名句的巧妙运用）；（2）一定程度上了解孩子对语感的领悟（大量的课外精读和泛读书，在孩子的脑海中慢慢沉淀，厚积薄发）；（3）对所学的知识是否能灵活运用（写作技巧和手法）。

其实，在作文上，许多家长都有个误区，就如阅读理解一样，家长们会想当然地认为，只要孩子多看书，多读一些名著，多写点，则作文这块一定不会差到什么地方去。更有家长会说：我家的孩子平时作文写得很好，爱看书，好词好句会背很多，可考试分就是不高，不知为什么？

其实，平时作文和考试作文有很大的区别，又有很多相同的地方。

不同的地方：

（1）平时有修改的机会。思考后修改的作文大多会很精彩，但考试时没这个机会。

（2）电脑作文。冬儿有个同学在电脑上写作文，再抄到作文本上，写得非常好，构思很巧（冬儿让我看过）。可考试作文却一塌糊涂。和冬儿分析过：①可以在电脑上不停地修改。②不会写的字用拼音会很快打出来，不会出现错别字。可在考试时，不会有这样的机会给考生。

（3）平时有好习惯的孩子，会认真对待每一篇作文；反之，则敷衍了事，错别字一堆，为考试留下隐患。

（4）平时的作文有最低字数，但没有上限。有的孩子当了小说，不知写到什么地方去了。

（5）没有时间限制，所以许多学习中等的孩子，平时写作文在时间分配上随心所欲，考试时写作文的时间不够，草草收笔，很是可惜。

上面这些平时不注意的细节，会在考试中让孩子失分严重。

所以从小学高年级开始，平时的每一次作文，家长都要注意，分配好时间，让孩子当考试来写：

第一，写作前先进行思考，几句话说说：素材、开头、结尾，才能下笔（素材第一，也就是有话可说）。

第二，平时练笔可以用电脑，但不能养成依赖电脑写作的习惯。如果孩子习惯在电脑上写作，则最好写完抄一遍在本子上，加强印象（基础知识掌握得比较好的孩子例外）。

第三，写完作文一定要认真读一遍，看看有无错别字，查字典改正。

第四，在作文本上做个记号，每200字做一个记号，和考试卷一样。写作字数一定不能少于600字多于800字。少于600字会扣分，多于800字会来不及收尾，同样要扣分。

第五，放个小钟在桌上，看好考试作文所用时间，闹钟一响，如果还没有写好，则在此处做个记号，让孩子思路不要断，接着写到孩子停笔，再看一下时间超了多少？分析一下是什么原因没有时间写完。时间长了，几年下来，孩子定然会习惯抓紧时间。

目的就是到考试时能养成好习惯。

相同的地方：

（1）真实合题的素材。（2）开头和结尾用名言名句点题。（写作技巧）。（3）行文自然流畅。（4）不能有错别字。（5）书写规范（因为是网上阅卷，印象分就是书写时字体的好坏，卷面的整洁，如不能乱改乱涂）。（6）字数要达标（这个上面已写）。这些相同的地方，是我要写得重点。

（1）真实合题的素材。

素材来源于生活中的点点滴滴，贯穿了从小学到初高中的全部，如何积累？我在前面八篇中有写，大家可以看看。

在和许多语文老师的聊天中得知，几个关键考试时段作文的阅卷，只有不到1～2分钟，老师根本来不及仔细看完全文，文中最重头的内容，也就是素材这块，就如阅读理解一样，只要找到和题目沾边的句子，语句流畅就能给分。所以能否扣题在文中则是最重要的事。

有的老师让高年级的孩子背他人优秀的作文，也是无奈之举，为了对付考试，因为优秀的作文肯定不会扣多少分。但这样的行为会带来很多弊端：①不是自己的所思所想，到时可能生搬硬套。②孩子学会写谎话连篇的作文，后果会让孩子从小投机取巧。③到了高中真就不会写作文了，只会死背。历年高考出的满分，有很多篇被疑似抄袭。

就如冬儿说过："考试作文把素材搞成了一个没有穿衣的人，题目成了各种各样的衣服、帽子、鞋子，只要搭顺就好。平时的小说素材不搭和混搭都流行。"想想冬儿多年考试一路走来的作文，说得也有几分道理。

冬儿的中考，在作文这一块，是我成长最快的地方，也是最想和家长们说说的事。说出这个话，可能有家长会笑，冬儿中考如何我会成长？因为从冬儿中考前，一直到中考开始，因故都不能到校上学，和冬儿爸帮冬儿请了假。很多天早上到校帮冬儿拿试卷并将前一天的试卷和作业拿给老师批改。

其他课不懂，只有语文，是个家长都能懂。所以冬儿的作文老师一边批改一边和我说前面如何入题，中间如何展开，最后如何结尾才可能拿高分，让我大受启发，这才知道多年来一直教冬儿考试时所用的方法真是对的，并在小学毕业前的平时学习过程中，一直坚持让冬儿按我说的方法写作而庆幸……

（2）套用素材的写作方法。

①每个学期孩子，如果写出过几篇高质量的、扣题很好的作文，而且题材真实，是自己的生活点滴，那么家长一定要做个有心人，帮孩子保留下来。但家长又要上班又要照顾孩子，如何保留最省时？

冬儿从四年级到初中的许多作文，我没有时间和精力打出来，有的是冬儿的姑姑帮忙打，但大部分是用相机照下，存在电脑中编好号，认为写得很好的作文，就直接印出来，因为放大了字样，（和现在电脑阅卷有点相似）还发现了孩子书写中出现的少笔画和叠笔画现象，及时让孩子更正……

现在的家长都有手机，写得好一点的作文，随时给孩子拍下来，在电脑中打出来。每到期中和期末，让孩子认真看看写过的好文章，多看几遍，并最大限度地给孩子多出点“题目”，让孩子在这些写过的作文中找出能沾到“题目”边的作文，换个方法让孩子说一下（此时，快考试了，不能增加孩子的学习负担，只要口说一下，加强印象即可）。目的就是在考试时和题目沾边的内容能让孩子套用。

②孩子前一学期放假都会有多篇作文要写，其中的 1 ~ 2 篇最好让孩子套用原来写过的素材。此时，孩子大了一点，虽然是同样的素材，但孩子必然对自己要求也会高一点：如语言更流畅，内容更加丰富，字数更多一点，错字能减到最低等（写同样的素材，家长一定要和老师交流，说出理由。不然孩子因为写过，怕老师批评，定然不肯写已经写过的素材）。

③这种改稿形式的写作，随着孩子年龄的增长，会不由自主地将好的素材内容一点点丰满，立意一步步加深，素材一点点印在脑海里，看到考试“题目”能灵活运用。

好处：

①因为是孩子自己原有的所思所想并且是真实发生的事，更是孩子写过的内容。孩子个个是精灵，训练 2 ~ 3 个学期。到了小学毕业和初中考试，最后无论是出什么题？只要看到《题目》一定会用上自己原来写过的内容（也就是素材）。

②最重要的是学会了只要和题目沾点边的素材都会不假思索地合题套用。就是换个角度扣上考试作文题。结果是：不用临时构思，浪费时间，而且素材真实，内容丰富，很能打动批卷老师的心。

③这样套用的训练，会让孩子从小学高年级开始，写作不容易跑题。跑题的性质比错别字还要严重，扣分必然不会少。

记得冬儿这次中考语文，考完后和同学回家，问她作文考题是什么？冬儿说忘记了。同学说："是《熟悉的地方也有风景》。"当时，心里直犯嘀咕：不知冬儿到底写了什么？后来在搬家时，冬儿整理她的东西，看到一篇作文，开心地和我说："这次作文就是写的这个，只是换了个角度而已罢了。"我一看是初一写的课文《苏州印象》的读后感。心想这两个题目如何扯上了关系？

再一看，想起了内容，想想冬儿这次选材虽然不是成人角度所想，但如果用好这个素材，则一样会得高分，心里暗暗叫好。但冬儿没说到底是如何写的，也就没提了。果然，冬儿的中考语文比一模提高了9分，相信功在作文。

下面打出初一这篇作文给大家看看：并不是说初一时的冬儿，写作有多好，而是两年后的冬儿，中考用上了这个素材，让两个完全不同的题目，从不同的角度，用同一个内容（素材）来表达，这样的结果，虽然是对付应试考试而为之，但只要写得扣题，相信同样会非常精彩。

《苏州印象》读后感

上有天堂，下有苏杭。古往今来的文人墨客，或白描素写（这为下面的第一段展开铺垫）或重彩泼墨（这为下面的第三段展开铺垫），将2000多年的古都苏州尽性渲染。"小桥流水人家"的清雅，"夜半钟声到客船"的繁华，让没有来过苏州的人们遐想无限。（这个帽子冬儿原来没写，我提醒后虽然写了，但交给老师的还是没有帽子的开头，只有下面的内容）

小时候对苏州城里的印象，完全是母亲的诉说：有许多白墙黑瓦、高低错落的小屋，在它爬满青苔的脚下躺着一条条清澈的小河，琉璃般光滑的河面如锦带一样细长，微风吹过，在暖暖的阳光下泛起轻柔的涟漪，仿佛诉说着什么。偶有二三小舟划过水面，穿过斑驳的桥孔。吴侬细语、评弹小调从舟窗飘出，煞是好听。

弯弯曲曲、长长瘦瘦的小街、小巷刻着穿越千年的苍桑，一如它雨后的路面，光洁闪亮。而雨中的石子路面，到处跳跃着小小的水珠，着伞的旗袍丽人优雅地走着。茶楼上悠闲的人们品着上好的碧螺春，聊着好像永远诉说不完的话题……此时的苏州是一幅淡淡的水乡墨画（扣题）。时至今日，想要在苏州城里找寻那样宁静的感觉，不太可能了。

这些年，随着推土机的轰鸣，一幢幢高楼拔地而起，与矮小的白墙黑瓦房并共而存，不伦不类。

清水小河成为废水垃圾的排泄沟。只有堆满垃圾的清洁船穿梭于河间，环卫工人如工蜂般四散忙碌在城中的各个角落。石头小路早已无影无踪，柏油马路充斥着尾气和噪音带来的不安。人们急匆匆地骑着电瓶车或步行快速在马路间闪过。公交上也挤满了浮噪的人们。现在的苏州是一幅重彩浓墨的油画（扣题）。

正如《苏州印象》作者所言："苏州是一个宁静、美丽，商业发达。有着2000多年悠久历史的古城。"

但我想如果过度的膨胀，高速无序的发展，则将会给这座城市带来人为的，巨大的灾难。所以说，在保留古典的同时，要有序而稳定地发展。

和谐最重要！

之所以对冬儿所写的这篇初一的作文记忆犹新，是因为那是我晚上偷看来的，当时看了整体感觉不太好：一是开头没有后来加上去开篇的帽子。二是《苏州印象》中的内容一点没有，只在最后说了作者的一句点到为止。三是全文带了批判性，和老师的要求不符。四是收尾太快，让人感觉还没有讲完。

第二天是个星期天，和冬儿交流她的作文……她很不开心地说："就知道你要偷看。写都写了，不想改了，我印象中的苏州，就是这样，为什么非要吹牛？开篇要戴帽子，也太八股了吧！"后来，接受我的说法，加了个帽子。但交上去的还是没有帽子的原文。

这次中考，冬儿准备了十多篇内容（素材）的作文，当然都是她自己原来写的，我帮她选出来的。我们试了，基本能套进所有中考可能出的试题。因为在中考前，我把原来苏州历年考过的作文题及一些试卷上的作文题，让冬儿还有冬儿的一个同学，用了一个下午，说了一遍。真是八九不离十，对考试太有用了。

冬儿中考分数出来后，因为考得还可以，很放松开心。现在对我说："作文《熟悉的地方也有风景》，我写了心中的苏州，内容和读《苏州印象》后的感觉差不多，感慨也差不多，只是换了个角度，写了苏州城中的环卫工人……1200万人的城市，没了他们，会是个什么样子？他们才是我们熟悉的地方最亮丽的一道风景……而且我想起小区的环卫工人刘爷爷，开头就很有感觉，写得非常顺。"看着孩子在那滔滔不绝，感觉冬儿真是长大了，懂得了对所有人的尊重，对劳动者的尊重，很是欣慰。想来这样的立意，这样的视野，只要不跑题，分一定不会低。

当年，冬儿为了应对中考，准备了十多篇内容（素材）的作文，当然都是她自己原来所写。在中考前最后的一段时间，写进许多的题目……后来看看，真是吃惊，只要用得好，的确能套进太多的题目。

此时，重点说说，冬儿如何把初二上学期写的一篇作文《风光无限》的素材，试着套进了江苏几个历年中考试卷的作文题目中。

这个"爬山"的素材，是多年前冬儿到四川游玩的一个回忆，没想到几年后的初二，冬儿对当时的情景还记忆犹新，并将自己的内心世界用很高的立意写了出来。因为是自己的经历和所思所想，所用的手法还可以，读后感觉还行。在冬儿中考复习时，帮她翻了出来，用这个素材，套了几篇。

下面把这个原有的素材和后来套用的两篇（题目、内容都不相同）作文传上来给朋友们看看：

风光无限

站在色莫山腰，一眼望去，绵延的原始森林顺着正午阳光的轨迹，驶向远方白雪皑皑的山巅。虽然高原空气缺氧致使我胸口隐隐发闷，但满目浓浓的绿意，清脆的空山鸟语以及沁人心脾的清爽凉意，无不使我愉快无比。

擦擦额上的汗珠，蹭了蹭被烂泥裹得面目全非的登山靴，找了一块约一米长的大石块坐下，跳得飞快的心也已平复下来。爬上海拔2000多米的雪山果然是个体力活，一身厚厚的羽绒服好似刚从水里拎上来般。我深深地吸了口气，想要看到更美的风光还需要继续向上爬呀！所以拎着背包继续爬……（点题）

人常道："无限风光在险峰。"果然不假。看着眼前的美景如一张张选好的照片，印着火红的云海以及洒满金色的，皑皑白雪波澜壮阔的七彩湖泊，心中尽是感慨。

无限的风光只有攀爬过满是泥泞之路的人才可以真正欣赏得到。站在山脚下的人是无法感受到站在巅峰上所望见的极致美景的。这也是我为何要花上一整天离开旅行团与朋友一起去爬色莫山的缘故了。（入题）

其实，每一个人都像登山者般一直在向险峻的山顶攀爬。我们的人生就是攀爬的过程。每爬一段距离，我们都可以欣赏到与前一次较之更为美丽的风光。

有的人不堪辛苦，停下了自己的脚步。即使明明可欣赏更美的风光，却只愿就此止步完成自己的攀爬。有的人在欣赏美景的过程中被迷惑，一个失足落下山崖，难以再次翻身，从此再也无缘感受那无限风光。还有的人，意志顽强，既不畏艰辛，又不被外物迷惑，最终一步一步走向巅峰，欣赏到了常人所无法感受的无限风光。亲爱的朋友，如果是你，那么你会怎么样呢？（点题）

前方风光无限，我愿坚持攀爬，直到攀向我生命里那座高山之巅，望尽无限美景！（结尾点题）

上面这篇作文，并不是说初二上半学期的冬儿的作文有多好，这篇作文的语言明显较为啰嗦，大话多点，但全文的确很扣题，内心描写到位，所以在中考复习时，孩子认为是个好素材，翻出来套用了几个不同的题目。

应试教育的确让人无奈，但想孩子保守地在中考作文中拿高分，只要是个初中的家长，在这三年，就要做个有心人，让孩子把写过的作文素材（自己的真情实感），保存好，最多十个素材就行。到了中考前，一定有用。

江苏2009年的中考作文题，题目是《……心中来》，冬儿在中考前做了练习，用上面《风光无限》这个"爬山"的素材套了一下。

一丝惬意心中来

“会当凌绝顶，一览众山小。”望着脚下绵延不绝的山脉，头顶翻滚的火红云海以及远方苍鹰盘旋的身影，一股豪情，一丝惬意不禁浮上心头。（开头点题）

清晨，跟随着朋友们在山间泥泞的小路印下一串又一串脚印，置身于浓密的原始森林，阳光被沾有露珠的绿叶剪得碎碎的，轻轻地洒在冷冷淙淙的小溪上，耳朵里除了阵阵微弱的脚步声，以及溪水敲打石子的哗哗声，便是朦朦胧胧从森林深处传来的清脆鸟语。感受着宁静而和谐的自然气息，一丝惬意油然而生。（点题）

山路渐渐曲折起来，森林一点一点消失在眼前，取而代之的是稀疏的几棵松柏与头顶一碧万顷的蓝天。

大家渐渐放慢了脚步，外面虽然多套了一件防风衣，但身上干爽的棉衣还是湿漉漉了……

我擦了擦额头上冰凉的汗珠，往山下望去，虽说到山顶还有很长一段距离，但站在色莫山的山腰上，便可以看见森林全景以及环绕周围的其他山脉了。好一幅壮丽的自然之景。（侧面点题）

正午的太阳耀眼之极，脚下干硬的土地、岩石似乎被它渡了一层金。时不时遇到一堆积雪也好像大块大块的钻石般耀眼夺目。用过午饭后，大家一身疲劳也已洗去。此时，一个个正兴致勃勃地向不远的被积雪覆盖的山顶爬去。

我转过身扯下面罩，凛冽的风扑面而来，发闷的胸口一起一伏。俯瞰着山下，心中一股豪迈之情倏然升起——我还真的上来了！（点题）

终于，双脚踏在山顶，四周一片白茫茫，不知是雪还是云。天空蓝的不可思议，很美很美。真不枉费全身气力爬上来，随意坐下，深深呼了一口气，闭上双眼，自然的气息萦绕全身：“无限风光在险峰，一丝惬意心中来。”（结尾点题）

从小就让冬儿养成了一个习惯，作文一定要一气呵成，无论错字别字都不要理会，不会写的还可以用拼音来代替，写完后查字典改正，这样不会打断思路的习惯，会让作文非常流畅。相信孩子虽然错字别字多了点，但慢慢长大的同时，不断循环，加深记忆，错别字一定会越来越少……

从上篇《一丝惬意心中来》可以感觉到，此时的冬儿，比之初二长了一岁，比之小学更是完全不同的思维，多学了三年，多看了许多书，所以题目虽然不一样，角度也不相同，但只要题目一沾边，孩子就能套进……的确人长大了，想法开阔，文章的主题和立意也就高了许多。

当然，《一丝惬意心中来》还有许多的不足，如“朦朦胧胧从森林深处传来的清脆鸟语”这句自相矛盾。但整体非常扣题：情、景、物、事、人都有所描写，比之前面一篇，朋友们可以看出，更加精致和细腻。

所以这个“爬山”的素材被冬儿加了“一丝惬意”，使题目……心中来，成了完整的《一丝惬意心中来》就让人感觉非常贴切。

没过几天，学校进行了一次初三全科教学调研考试，冬儿在语文考试的当堂作文中，用上了这个“爬山”的素材，打出来给家长们看看：冬儿是如何把“爬山”的素材，当堂套进这个作文题目的。

作文题目：《品味这一次》

满分：60 分。不少于 600 字。书写工整规范 4 分。

就如我前面的博文所写，书写一定要工整规范，最基本的是要让阅卷的老师能看明白你写的字，这 4 分是个死分，丢了很可惜。这是个长期习惯的结果。在平时写作文时，孩子一定要注意。

品味这一次

脚步在泥泞的山间小道上留下一串串的痕迹，清晨的阳光透过茂密的树叶静静地洒在被雨水浸湿的土地上。四周时不时地传来一声鸟鸣。这一次突发奇想的选择，带给了我什么叫“难忘的品味”（开头点题）。

我们这个小部队正在攀爬色莫山……

行前，与伙伴们一起拿着地图寻找下一个游玩目标，陪同的当地导游小伙说，几里外的色莫山更能让人品味到不一样的九寨沟风景。（点题）

那神秘的表情，让我们几人匆匆收拾好行李，离开团队跟着他进了山……

本来兴高采烈地走着，一个踩空，手背撞到了树干，血丝一下渗了出来……还未开始爬，就“品”到了山的“滋味”（点题），沮丧地低头前行，脚下不敢有半点闪失……走着走着，沿途的风景让我心情好了起来。

满眼都是绿，从深到浅，由浅到深。抬起头透过密密匝匝的叶片，隐约窥见头顶湛蓝的天空。

绿叶清新的芳香以及湿润的泥土气息，透彻心脾，仿佛沐浴了一般，把心灵杂尘通通洗净。

耳边空灵鸣音伴随着远处回荡的溪涧流淌的水声，拨动着我的心弦。树叶沙沙地滑动着，偶尔望见几点朱红在其间来回跳跃着，仿佛在观察着我们这群陌生的来客。

越往上走，凉意越大。套了件棉衣的外面，又加了件风衣。

本是茂密的森林，越向上越稀疏，慢慢只剩下了稀稀疏疏的几棵松树。头顶上悬着火红的金轮。此处远望是绵延不断的山脉；俯视山下，是夹在山谷中的原始森林，曲折蜿蜒的公路也被隐藏其中。真是欲穷千里目，更上一层楼啊！

拾起一节树枝，支撑着跟随前行。山顶在眼前晃，就是无法到达……路越来越险峻，心越来越害怕，人越来越疲劳，大家的脚步慢了下来……咬着牙慢慢前行……八个小时后，终于在一身棉衣浸得如落水般后才到达了山顶。

大家被眼前这气吞山河的壮丽美景惊得目瞪口呆：紫红的云海在眼前翻滚，晶莹的积雪笼罩着一缕金纱，后方一湖五彩池水，在光的折射下生出美丽的色彩。脚下雾气笼罩的朦胧森林，充满神秘的魅力。一刹那，手痛，脚累都通通抛在了脑后……

这次品味色莫山风光，我将终身难忘（点题）。一次新品味，一次新体验，一次新感受（结尾点题）。

上面这篇作文的题目《品味这一次》，的确是个很奇怪的题目，当冬儿拿回来时，还以为冬儿看错了，是不是《品味第一次》？冬儿说当堂考试还能看错题？

后来，看到冬儿牵强附会地用“爬山”的素材套进，因为是个当堂作文，所以还算过得去，但肯定最多 50 分左右，因为中间主要内容没能贴切点题（批卷的老师如何批改作文，前面有写）。想想冬儿这个太不喜欢八股书的孩子，这个题目套用了“爬山”的素材，中间点题点成这样，还真有点难为孩子。

如果题目是《品味》，则将是篇很好的作文，一定能给高分。

而结尾“一次新品味，一次新体验，一次新感受”让人感觉画蛇添足。后来冬儿据理力争，才想到现在的考试作文有多荒唐，一定要给个所谓的结尾点题。搞得许多的孩子乱结尾，问题就在这儿。

找这几篇冬儿用一个素材，写出不同题目的作文，给后来的家长们看，就是想说，在最后复习的冲刺阶段，只要把孩子原有的，真实的，孩子亲身经历后所写出的好素材，让孩子试着套套。家长真不要小看孩子的潜能，只要多练几次，孩子就会非常熟练地掌握这个套用“素材”的方法。

在考试时，虽然可能准备的素材根本用不上，但只要习惯了这个训练方法，而且是原来孩子写过，并有一定印象的素材，孩子都会非常自然地出现在脑海中，拿来就用。这比让孩子背他人的好文、好词、好句不知强多少……比如冬儿这次中考，所选素材虽然一篇没有用上，但无意用上了初一时写的《苏州印象》，当然无法看到中考原文，但通过冬儿的描述，想来一定很精彩（这个前面素材中有写）。

所以小学高年级和初中开始的家长们，一定要做个有心人，其他帮不上，收集孩子写过的作文，是个家长就能做，并在关键时刻真能帮到孩子，所以家长们从现在开始，慢慢用行动而不是语言来做吧。

开头和结尾用名言名句点题（写作技巧）。如在前面一篇《一丝惬意心中来》的开头“会当凌绝顶，一览众山小”。一句话给人大气磅礴之势。此文的立意扑面而来……名言名句如果开头用得好，则对整篇文章的确起到了很好的引领作用。

而结尾：“无限风光在险峰，一丝惬意心中来”点了题并直抒胸襟，抒发了到达目的地后的豪迈之情……

这样用名言名句开头和结尾点题，能让阅卷老师在很疲劳的情况下，眼睛一亮，虽然可能不会加分，但起码不会减分……

行文流畅，没有逻辑错误，这是基本的，小学六年组词造句的基本功。同时也是六年的小学学习语言的基础……

不能有错别字。

书写规范（因为是网上阅卷，印象分就是书写时字体的好坏，卷面的整洁，如不能乱改乱涂）。

字数要达标。都和上面相同的地方，所以不啰嗦。

应试考试的无奈，中国人都知道，平民百姓家长不可能，也没有能力，因为这个“无奈的教育”，就将孩子送出国门；抱怨更是无法叩开孩子求学的大门。唯一能做的，就是面对现实，想办法帮孩子考试能过关。其实，上面的方法，只要是个家长就能帮，帮帮孩子才是硬道理……

初高中孩子学习出现问题怎么办？

昨天同样无意中在初高中群遇上个四川的高一妈妈，她焦虑孩子学习出现的问题。让我回想起冬儿高中时出现过的问题，特别是高二文理科分班后，数学产生的问题，后来一次性解决的事。现在回想冬儿走过的初高中，思绪万千。如果当时不了解、不理解孩子，不帮助孩子，不知现在冬儿会如何？

所以讲来家长听一听……

其实，初中的学科与高中的学科有很大的区别，无论文科、理科，除了孩子所学的优势要考虑以外，更重要的是家长要了解，非智力因素的学习方法、习惯和能力，是高中的孩子分数高低的分水岭，更是能不能走好高中三年的重要因素。

出现问题大多是这几个方面的原因，其实，家长都知道这个道理，主要是孩子出现问题不知如何处理？

下面说说：（1）请教外校老师教孩子学习方法。

为什么把方法放在最前面说？因为方法最重要。

冬儿高二分班后的第二个星期，回来说："老妈，数学跟不上了，月考可能要考砸……"有了冬儿高一刚开始数学突然跟不上而到后来解决的经验，所以让冬儿不要急，月考后再说。找出什么原因用什么方法来解决……

果然，冬儿月考数学不及格……理科班高考数学是200分，重点的重点，这个分数肯定是学习上出了问题……

家长会上，班主任老师对我说：“高中的立体几何，对女孩来说，就是个难点，女孩空间想象比较差，不用急……”在回家的路上，看得出冬儿心里有多沮丧：“老妈，为什么高中的立体几何对女孩是个难点……冬儿爸没好气地说：“你每天晚上 8 点不到做完作业就知道玩，如果把这些时间用在学习上，那么数学肯定会考更高分……”

冬儿听了更是生闷气，过了一会儿大声说：“我做作业快，是我的习惯，但数学有题不会做，想一晚上还是不会，不信你做做试试……不让我玩让我干什么？”我赶紧说：“冬儿不急啊！我找了朱老师，他让你晚上到他家，看看你到底问题出在什么地方？之所以没和你说，是因为月考没下来……”其实，心里和冬儿爸想的一样，硬是憋着没说。

朱老师是位初中数学老师。冬儿高一刚开始函数跟不上，学校老师认为她智力有问题。我通过其他老师找到他，当时想虽然不是教高中，但数学研究生毕业，肯定能帮到高一的冬儿。的确，他后来教了冬儿学习方法，并鼓励冬儿，让高一的冬儿找回了信心……数学后来一直很好……前面的博文中有写。

晚上和冬儿一起来到朱老师家，我睡在沙发上，朱老师开始教冬儿，他让冬儿先做一个大题……看了冬儿的解题方法后说：“立体几何在高考中只占十分左右，除了学校教的方法，还有一种解立体几何的方法可用在高考中，你到时用这个方法做对了题，肯定会给你分。”说完给冬儿讲解这个方法。

朱老师边讲边让冬儿画出锥体，并找求解的锥面，无意中发现冬儿画出的锥体，因为方向角度的原因，很难看懂，更容易判断错锥面。所以教冬儿画了几幅能一眼看懂的锥体，并讲解完新的解法。

让冬儿再用他的方法画出锥体并做了一道大题，冬儿没多长时间就做完了，老师一直在看她做，认为她做得很好，又让冬儿做……三个小时过去了，老师肯定并表扬了冬儿。说她理解立体几何没有问题，并告诉冬儿：“其实，我高中的数学内容都忘记了，能不能教你，我一点底也没有，看了你的题才想起来，你接下来学习这个单元肯定没问题，学习数学要找对方法，有什么事，再来找我……”

回家的路上，冬儿开心地说：“没有白来，找到了一个新的解题方法，简单好多。学会画多种好认、好理解的锥体……”看着兴奋而轻松的冬儿，心里很释然……同时暗暗庆幸，如果和冬儿爸一起说孩子，则岂不是冤枉孩子……后来再也没去找过朱老师，冬儿数学现在一直很好……

冬儿从一个普通班，因为成绩好，分到了这个物生理科培优班，班里的同学大半是学校的学习尖子，老师上课肯定是讲完了就会结束，不会再等接受慢的孩子。

其实，高中学习的每一门课，主要是理科，中间有很多的知识点。因为孩子原有的学习方法、习惯和能力等原因，会在知识点上出现一个个的槛，自己动脑子能迈过最好，不行就要帮帮孩子，找找解决的方法。因为孩子在某个知识点卡住了，不能自行解决，接下来的学习烦恼更多，因为更听不懂。

所以孩子学习出现困难后，找个老师测一下，或用其他的方法，找出孩子问题的关键，让孩子学会解题方法，并自己动脑子解决问题，对孩子走好高中的路，帮助非常大。能让孩子找回自信，作业能提速。节省时间做其他……不然孩子学得累死，还是找不到北。

就如前面这个四川妈妈，孩子高一，虽然学得很累，也很努力，但学习并没有提高，总认为自己只要再努力一下就能学好。可连问题出在什么地方都不知，如何能提高？

其实，孩子的好胜心和要强，都是鸵鸟行为……一个孩子怎么能做自己做不到的事呢？

家长看看不行，找孩子学校的老师来帮，孩子一听找自己学校的老师，心里更烦，为什么？因为家长所选择的方法出了问题，所以家长帮助孩子的方法，同样要找对。

（2）为什么很多孩子不能接受本校老师来帮？

家长找本校老师来帮，孩子为什么会拒绝？

10 月，到武汉看病，女友带着高三的女儿小珊来，小珊见到双子就哭："二模没有考好，分数只有二本线上，妈妈找了我的数学老师，分析我的试卷，老师其实很好，可上来就说要认真什么的，心里很烦，后来讲什么都听不进了。而且我一定要考一本，可现在感觉时间不够，很急，不知怎么办？"

望着泪流满面的孩子，真是好心痛，这样的心态和压力，如何能考好？所以交谈了一晚上，主要理解孩子并提出解决问题的方法。这两个月过去了，现

在孩子各方面都很好……（与孩子和好友交流了什么？孩子家长后来如何做，有机会写一下）

很多家长理所当然地认为，任课老师最了解孩子的学习状况，孩子考没考好？拿试卷去问老师就能找出孩子的问题，其实不然。孩子考不好的原因很多，家长找到任课老师……结果：

①老师要教太多的学生，没有时间，也不可能慢慢与孩子分析问题；

②可能自己不是初高中孩子的家长，不了解初高中孩子的心理；

③学生的成绩可能影响到老师……所以老师会更想孩子学好，古人云：欲速则不达……

所以老师一上来就是谆谆教导一顿，站在他的角度再正常不过的了：什么要好好学习，不然对不起家长的付出，等等，接下来，可能再指出问题所在，讲解方法……

这样的行为，必然让高中孩子反感，因为任课老师的讲话有两个潜台词：

①会先入为主，认为孩子上课不专心。其实，高中孩子，除非基础真的很差，现在再想学好，却有心无力。更多的学生上课都会认真听讲，作业、笔记都很到位。但有的孩子可能睡眠太少，上课打瞌睡，注意力无法集中。冬儿高一时班上的同学，上课睡觉的很多，恶性循环……考不好就可能发生。

②讲过的学习内容，理所当然地认为孩子都能听懂，都能理解。其实，孩子的接受能力和理解方法不一样，有的孩子当堂听懂并消化；内向的孩子在课后与同学对答案来理解；外向的孩子找老师再问；有的孩子在外面找家教补课……

无论何种方法，一定要知道孩子不是神人，听不懂，慢慢消化的过程才是正常的事。

但老师可能不理解，而家长又推波助澜，所以才会教训、教导。再有讲方法的态度，虽然主观不是故意的，但客观明摆认为学生上课能听懂不认真听，作业只要细心一点肯定能做好，或虽然不是教训，但所讲方法先入为主是根本……

现在的初高中孩子，自尊心非常强，自以为是的也很多，认为自己什么都懂的更是不少，家长说一句，他顶两句……而且每天学习、做作业累都累死。

没考好更是沮丧，本来不知如何面对老师……家长找老师，而老师教导和讲解的方法，对孩子而言，是能预料但怕面对的“炒冷饭”。心底本来有一点愧疚，给这“冷饭”一炒，又不好顶老师，接下来，孩子可能只剩心更烦了。

表面家长、老师是好心，想用这样的沟通帮助孩子走得好点，但这个“好”对孩子而言就是活受罪。

所以相互太了解或根本不了解，相对利益冲突，老师要孩子有个好成绩，而带来的急功近利……让孩子产生的抵触，是孩子怕找自己老师的根本……

记得冬儿小学六年级回苏州，因为听不太懂老师地方和普通夹在一起的话语，有一道“阅读理解”不懂找到老师，可能冬儿是个转校生，老师不太了解，上来一顿教训……冬儿回到家中，泪眼汪汪地说：“原来请教老师就是找死……”

她哪里会懂老师是对你负责，是为你好，不然才不来说你，更不会管你呢！只知道上课没听懂，老师不喜欢，没听懂就要被训。后来，无论我们怎样开导，从此不会的作业，都自己想办法，绝不找老师。

的确，我们能理解冬儿当时的心情，知道孩子不容易，想来一个成人在生活和工作中出了错，定会想尽办法纠正这个错，并希望不被领导发现后教训一通，更何况一个孩子……后来冬儿学习上有问题，我们尽量找她能接受的方法来帮她……

记得冬儿高一期末考试前两个月，回家说起物理，流露出不自信……冬儿高一住校，每天睡眠很少，每周回家一天，疲惫不堪的样子让双子看了心痛。冬儿原本打算考理科，物理是高考必考科目，而且必须拿到 A 或 A^+，才可能考进一个好点的学校。此时，才开始就没有学好，接下来如何考？所以赶紧想办法……

双子因为遗体捐献，结识了一对非常善良而有爱心的夫妻。女方是高校的老师，男方是位曾经教过高中，非常优秀的物理老师，现在教育部门从事行政工作。

电话这位老师后，带冬儿赶到他家。老师给冬儿讲解了两个小时，肯定说冬儿的理解能力不差，学理科没问题，只是物理力学的基础没有打好而已。接下来，把这个难点攻下，因为力学是物理其他知识点的基础……并教冬儿如何巧学才能明白知识点，还让他们正好回家休假，读上海复旦的女儿来开导冬儿，让冬儿一定要有信心，不懂再来找他们和姐姐……

冬儿回来后非常开心：原来物理学习并不难，一下子就找到了自信……后来又去了一次。这家人在冬儿学习无助的关键时刻，义务出手相助，让双子感激万分。

高一期末考试，冬儿的物理果然考得还行。其实，在冬儿高中时，想着冬儿长大一些，与冬儿交流过，学习上不懂最好找自己的老师来问一下。因为冬儿的老师，双子大多电话或当面交流过，都是很负责、很好的老师。

但冬儿因为性格和习惯，加上原来的经历，从初中开始，有问题总是自己想办法解决，从来不找老师。由于非常了解冬儿，更知道高中的学业不比初中，如果没学懂，就是想破头还是没用，所以冬儿有了学习上的困难，一定会找外校或是从事这个工作的老师来指点一下。主要想给冬儿鼓励，让她找回自信，学到自己能掌握的方法，解决学习上产生的问题……

因为外校或从事教育工作的老师，与孩子没有直接的利益关系。外校能主动帮忙孩子的老师，大多很爱孩子，会尽心、耐心，用孩子能接受和理解的方法来教导孩子。因为他们的行为，本身就是善举，但这样的老师是少数。

如果是外面一对一教的老师，为了能扩大自己的生源，则更是会在努力教授学业的同时，找到孩子学习的弱点。而鼓励、欣赏、提高孩子学习的自信是他们的教学的一部分。所以有条件的家庭，一定要找到这样的老师，来帮助测试一下孩子，看看问题到底出在什么地方？

初高中孩子学业出了问题：①家长千万不要指责孩子不努力，或唠叨其他。因为这个“努力”不能量化，本身就很抽象。可能老师没给试卷，错在什么地方又不知，加上孩子分数不高，自己就很心烦，所以根本无法也不想回答这个伤人的质问……②更不要指责分数为什么只有这一点？除非是玩游戏这样的大事，不然谁都无法回答这是为什么？可能家长自己也有无法推卸的责任，只是没有意识到而已……

也有孩子知道无法回答家长，但生性好强，怕家长烦下去，只好信誓旦旦，说自己再努力一点，就能考好，请家长相信……假如孩子根本不知问题出在什么地方？如何去做？如何找到努力的方向？如何自己解决？所以其所作所为实际上就是鸵鸟行为……

此时，家长就不能只会干着急：高估孩子的能力，让孩子做他做不到的事。低估孩子，什么都帮着做他原本应做之事……

而是智慧一点，想办法，请教有爱心，能帮助和鼓励孩子，并找到产生问题根源方法的外校老师，或是教务工作者才是解决问题的方法之一。

如何让孩子有效消灭生字词？

可能家长会说，下面这种方法记字太难，不会讲故事教字。刚才与一个家长聊天说起，她的一句话提醒了双子……双子面对的是许许多多家长，这种方法可能帮到理解能力强的家长，让自己记不下汉字的孩子，能记一个是一个。对于很多的小朋友而言，记汉字根本不难。但与冬儿一样的孩子，就太难了，双子太能理解家长为了让孩子记下汉字的苦了。而且当年的冬儿，艰难长大的同时，双子也是借鉴了许多他人的方法，帮着冬儿一点点记，才有了现在的冬儿。

写博文本来就是为了帮帮网上的家长和孩子，只要能帮一点是一点，发上来算了。

双子希望朋友们能明白：一个孩子的记忆力和注意力只有十几分钟，几分钟边角学习的方法定能提高孩子的注意力，孩子记字会更专注。虽然一次可能只记下几个字，而且“慢”孩子一会儿就忘记了，但每天用点边角时间反复练习几分钟，字词一定会滚雪球一样，越记越多……因为长大的冬儿就是实证。

当年对孩子所谓不肯动脑筋或记不下字，双子坚信不是孩子不想学好，是大脑没有发育好，所以才慢慢帮孩子。现在想来，用反复记字这样的方法，不停地刺激大脑，时间长了，无意地又配合一直在发育的左脑训练，冬儿长大真就记牢了许多字……

双子因为很多原因，冬儿小学六年虽然用了太多的方法帮到她的学习，但落在纸上只能是寥寥无几……

下面说说，如何牢记汉字、词的另一种方法：汉字故事分解法。

语文学习贯穿高考前的12年，重要性和目的性，家长们都知道。相信朋友们会有更好的方法来帮到自己的孩子，或融会贯通地找出适合的方法来帮孩子。

但如何帮助性格内向、读题漏字、记字前学后忘、作文会说不会写、计算所谓的粗心大意、应用题不理解题意的冬儿，在小学高年级和初高中的应试教育中走好，双子在冬儿的幼年，除了请教老师以外，更是想了太多的办法。汉字故事分解法和填词法就是其中之一。

汉字故事分解法：汉字主要由象形字和形声字构成，所以汉字分解法大多的老师都会教到。

而汉字故事分解法，是在当年冬儿记不下汉字时，与她一起动脑子讲故事来记下汉字，提高了冬儿背记字自信心很好的方法。原本一直当冬儿背记汉字困难是个特例，她周围的许多小朋友都不这样。加上不懂左右脑的作用，所以天天动脑子帮冬儿，多年过去了，事实证明这个方法效果真的很好。

前些时，一个四年级的男孩到双子家玩。用孩子母亲的话：孩子在家好不容易记下且会背的字，第二天一到校就忘记了。其实，双子明白，四年级的孩子，一时半会儿根本无法帮到这个聪明伶俐的孩子，马上学会用一种方法来背记汉字，但看着母亲焦急的眼神，只好翻开课文问了几课刚学的字词，的确有几个忘记了，而且也是冬儿小时候可能会忘记的字（冬儿每课有可能记不住的汉字，双子基本知道，因为双子当年也记不下这些字）。

当时，选了他忘记的四个字“翻滚”、“泄”、“悬”讲解给孩子听：

“翻”：“田”地中的稻“米”被“刀”收获后，在播新种前，一定要用犁将地翻一遍，在用犁翻地的过程中，地里的稻根和地面的杂草如羽毛般到处飞扬，所以“田”上“米”被“刀”收了后，就有“羽”毛在边上飞。

“滚”：有个老公公藏在“衣”服中间，边上有水，肯定是在水里“滚”了一遍，不敢出来了。

“泄”：水流千里万里有多远？所以水是不会“泄”在瓶、锅、碗、缸中的。只能是“泄”在大地上，大地就是地球，地球就是世界，也就是水“泄”在世界上了。

“悬”：梯子放在地上，有个公公要爬梯子，心里怕得八字眉毛都掉了。悬不悬啊？

每说一个字，让孩子边想边说边写出字来，孩子一下子就写了出来。真是感叹孩子如何记不下？但双子相信，这样的孩子，过后肯定会忘记一点，再慢慢报几次的时候，提醒一下，则一定会记牢的。

吃完中饭又问了一次，孩子马上说出并写下来了。

双子：“孩子，你会不会忘记这几个字了？”孩子说：“不会了。我记住了。”“你有可能还会忘记，因为遗忘是人的正常行为。如果你忘记了，再来想想这个字的故事，那么阿姨相信你一定会想起来的……

其实，那么与孩子的交流中，看得出孩子太不自信，认为自己记不下来字，功课不好，总被老师批评。

此时，孩子到阳台上玩飞镖，双子问孩子：“抛飞镖的‘抛’字怎样写？”

“好像中间有个九？”“孩子你太了不起了，是有个九。你用什么抛飞镖？”“用手。”

“好，这个字要不要提手旁？”“要的。”

“除了用手还要用什么？”“不知道。”“要不要用力气？”“要的。”

“你用了多少力气？人有十分的力气，你算算用了几分？”“我用了很大的力气。十分是100%的力气，不可能的，所以有九了？是不是？”这个孩子答得真是太聪明了。“你用了九分的力气，‘抛’得很好。所以这个‘抛’字是：手上用了九分的力气，你写写看？”孩子写完抬头道：“真是的啊！”

“你再下来回家学写字，就这样，自己想这个字的故事，想出来了，字就会写了……”

其实，用这种方法记字，对左脑发育滞后的孩子而言，是被迫而无奈的，会浪费很多时间，然而，这种方法是为了帮发育正常的右脑出现一幅画面，这个画面会帮到孩子记忆，并有可能记下难记的字，想忘记都难。

原本记字，也就是记“符号”，是左脑的长项。对在校上学，左脑发育正常的孩子而言，是很轻松而且很简单的事。

因为低年级一节课最多也只有几个需要背记的汉字，而且生字会反复在学校学习，家长在家每天用双子的书和博客上《如何让孩子快速消灭生字词?》一文中“五分钟报听写”的方法，坚持到了高年级（左脑发育跟上来），一定能让孩子突破背记汉字的瓶颈。

但如果家有左脑发育可能滞后的孩子，孩子的确背记困难，实在记不下汉字，则用上面这个讲故事的办法，来让孩子记字，不要管这个故事合不合理？有没有逻辑？能不能讲通？只要能有效果地记下就最好了，而且要有心理准备，可能故事也会反复记多次。

如“作用”、“怎了”这种很简单的字（符号），但在生活中很抽象，对左脑发育滞后的孩子而言，就是很难记的字了。因为在他们的眼中，这两个字看看认得，要记下来就不知道是个什么画面了？里面的内容很容易被孩子的眼睛混淆。

为什么这样说？因为当年的冬儿，记不下很多字的同时，越简单但无法用画面来表述的词和字越记不下来。所以“乍”这个字就要让孩子先理解才行。

故事就是：一个人站在梯子上，突然给抽了右半边的梯木条，就成了“乍”，“乍”的本意就是“突然”的意思。如一惊一乍。

怎了：抽了右半边的梯木条，上面的人心里吓了一跳：“乍”下加个心就变成一种很惊讶的表现：怎了？

作用：而“乍”的左边来了个人，帮扶一下，但抽的是右半边的梯木条，人在左边扶，重心会不稳，只能起到“作用”一下，不可能帮助完全“做到”扶稳的目的。

这样一解释：作和做，同“音”不同“意”的两个字，而又常常会错用的字，意思就能分得很清楚，高年级孩子在平常多次写作文时，会从错用过渡到正确使用……

上面都是常用字，孩子总在看，也总在写，左脑还在慢慢发育，所以这样的字和词，就会从右脑产生的一幅幅画，转而成为左脑熟练掌握的符号，也就是字。孩子个个是精灵，时间一长，老师讲解，家长加强，自己想象，七七八八真能记下一些很难记的字。

汉字是学好语文的基础，在 12 年的学习中，作用到底有多大？想来太多的家长都明白，因为它是其他所有学科的基础。如果在其他学科的考试中，因为一个字或一个词，只会背出而不会写，则对孩子的考试而言就太遗憾了。

冬儿的一个初中同学，在考历史时的，错别字多到老师发火，把错字在电脑中放出来，引得同学们大笑……

所以让孩子在小学快速消灭生字词非常重要。

假期如何请老师给孩子补课？

前两天，有家长给双子写信：初二的孩子，假期过半，孩子旅游回来，作业快做完了，送孩子到培训学校路又太远，所以想请老师在家给孩子补课，不知请什么老师？

其实，假期请老师，家长一定要知道为什么？

（1）如果是怕孩子没事在家看电视，玩电脑，把眼睛看坏，可以请个性格开朗的大学生：一来可陪陪孩子，让孩子能有个一起讲讲心里话，释放孤独的心理压力的人。大家都知道，由于种种原因，太多的孩子不想与家长多交流；二来可就自己的弱项学科与大学生哥哥、姐姐在交流中增强；三来大学生收费不高，家长在经济上一般都能接受。

（2）如果是为了让孩子提前了解下学期学习，能在接下来的一学期轻松一点，同样可请大学生来给孩子快速过一遍所要学习的内容，理由同上。但都是为给孩子做陪为前提，所以对大学生的品德要求更高，不能只要是个大学生就找来，一定要提前了解：大方开朗、品学兼优的学生是首选。

大学生虽然没有走上社会，但比之小学、初高中的孩子一定更有思想，让孩子与之一起学习和交流，时间长了，孩子与同龄人相比，思想会更成熟，眼界会更高远……对孩子的成长会有很大帮助。

记得前面有写，冬儿在初三开学时，中考的压力氛围有点大，为了给冬儿减压，请了个学建筑的大四学生每个星期天来陪冬儿画画，这位小老师教冬儿几次后说：“冬儿如果将来学建筑，就她现在的素描功底，绰绰有余……”原本就是为了给冬儿减压请来与之玩的学生，所以对其没有要求，大多时间是与冬儿一起玩、聊天。初三后半学期，小老师实习去了，在多多妈的帮助下，请了个大三的小高老师每个星期天来陪冬儿，教一些景观和建筑基础。两个人玩玩学学，天南海北无所不谈……

外公与冬儿爸一直反对，学校主课都来不及，马上要中考，为何还请个学生来教大学课程？莫名其妙。

假如一直在跟看双子博文的家长，必然知道双子是为了什么？所以家长们一定要知道给孩子请老师的目的是什么？并在请来老师后的过程中，不能改变请老师的初衷，并在心理上要能顶住来自外界的一切干扰……比如，有家长原本让孩子学琴是为了开发孩子的大脑，最后在学琴过程中，完全忘记了初衷是练脑子，反而顺着老师的要求走，逼得太多孩子从开始喜欢到厌恶，最后永远放弃……

（3）如果目的就是想在假期请老师帮助培优或补差，那一定要请与孩子学习同步，或高一点的在校带过初高中毕业班的老师。这样的老师大多经历过孩子的中高考，了解中高考的内容，一次家教了解孩子后，基本上会根据孩子的实际，进行培优或补差。而且在校老师，虽然补课是副业，但大多老师会认真负责，生源和名声对他们而言，比金钱更重要。

这里提醒一下家长，优秀孩子提高成绩进行培优，千万不能请社会上所谓的专门补习老师，因为这种老师大多是以此为职业，东家补到西家，小学补到高中，能力水平相差很多，一不小心，原本有很好学习基础和方法的孩子，半个暑假就让个所谓什么都补的老师给炒了冷饭。

这种事，暑假就发生在冬儿身上，说来给大家提个醒。

此次放假，回湖北，将冬儿安排好后，直接到省肿瘤医院住院（前期已与医院联系），后做 PET 定位……因故放弃了颈部开刀。无论如何，此时，能与冬儿一起过半个暑假，也是很开心的事。

由于冬儿有太多时间玩乐，大多是看电脑、小说和英文电影，怕眼睛看坏了，也为了冬儿下学期上学时能轻松一点，所以请了老师来给其补课，也是冬儿主动提出要补的，其中之一是英语……黄冈的高中英语，因为考试要求与苏州不一样，相对于苏州高中英语，要差一点。但如果是请黄冈高中毕业班的主课老师来教，一点问题都不会有。可惜的是：因为是熟人英语老师介绍的，错当请来的是教过高中毕业班的老师……

原本是想老师能不能帮冬儿把新三册英语单词提前过一下（前面博文有写，冬儿记忆不太好，时时有短板），想让冬儿加强一下新单词的记忆，而老师来后，也主动说起记单词的重要性，所以按这个要求，从高一开始给报听写和教有答案的作文。

一节课下来，冬儿感觉不好，但认为老师可能想从基础补起，就没与我提。几节课下来，冬儿认为这个老师对她的要求和学习方法，是在教一个初中生，很浪费时间。冬儿是个非常善良的孩子，加上老师对她很好，所以没与我说她的想法，只说老师能不能不报旧单词，她自己搞，只要老师帮忙一起把暑假作业做了即可。

当时认为冬儿是想节约一点作业时间，多玩玩。一个孩子想多玩玩也正常，加上我从来不干涉冬儿，更尊重冬儿的合理要求，所以老师来后，就委婉提出帮冬儿做暑假作业试卷……

看得出老师不太愿意，不停强调背单词的重要性，但还是与冬儿一起做第一张试卷，只做了几题，就做不下去，一节课没上完说是头晕，要走。我直留老师吃饭，可老师跑得快。冬儿说老师明天不会来了，再来一定要有一颗超强大的心，听得我莫名其妙。老师晚些时候果然给我发了个短信："太忙，不能教冬儿了。"

冬儿知道了笑着说："我就知道老师不会来了，让我吓跑了。暑假作业没有标准答案，我只是想试试老师的水平，看看没有标准答案能不能做对……如果不能，则肯定教不到我。没想到一节课也没坚持下来……"冬儿在那又说又笑，并且把对老师前几次讲课的想法都说了出来。

听了非常震惊，更是非常难过，过了一会又很欣慰。

震惊的是：怎么几天过去了都不知道请来的老师不适合教冬儿。

难过的是：这位女老师是位很认真，很有责任心的人。每一次来都有备课，也喜欢冬儿，在很忙的情况下，晚上还带冬儿出去玩。冬儿这样的行为，会不会伤到老师？

欣慰的是：冬儿真是长大了，有了自己的思想，为了不浪费时间，出此下策。

思来想去，这事全怪我：冬儿原本从小学到初中毕业没有补过课，此时，主动提出要补课，实在是高中上累了，想在假期提前学一下，时间对她而言是非常宝贵的，就她的个性，一定不会也不想浪费宝贵的玩乐时间。从她的角度做出这样的事，合情合理。而我没有很好地与老师沟通，让老师了解冬儿的水平，更是没有了解情况，请了不在职的老师来教，并在后来知道是不在职的老师时，为了面子还留下来教冬儿。这是一个很大的教训，家长们要引以为戒。

但差生补习可请这样的老师：一是，这样的老师，补习教的多，对差生会有很多方法；二是，差生大多学习习惯不太好，或有这有那的缺点，请这样的老师一对一压一下或讲细一点，孩子的学习成绩有可能提高很快，因为上升空间很大，能直接看到一点效果。

所以暑假到底为什么请老师来？目的是什么？家长一定要想好了，再了解要请老师各方面的情况，然后根据孩子的实际，请适合孩子的老师来帮到孩子很好地度过这个暑假，才是最重要的。

这只是双子的一家之言。请家长们参考。

杂　谈

爱的传递

推开双子小屋的木门，扑面而来的是一股新木清清的香味，深深地吸了一口，浓浓的感慨涌上心头……终于，小木屋要开门了。这是双子情感的驿站，在写博的艰难旅程中，走累了，有只温暖的手扶着坐坐；口渴了，有杯热茶捧出的地方，双子太喜欢这里了。

小木屋融进的是双子除了冬儿的教育，在人生的路上艰难跋涉的所有……亲爱的朋友们！欢迎你们的到来啊！感谢你们的倾听！

“双子的小木屋”是冬儿爸所建。寓意：双子的所做所为如原木一般自然，木块一样质朴。感谢冬儿爸在双子写博一路走来的不易中，给予最大的理解和最给力的支持，感谢双子在最长的一个生命时段里，和冬儿一起的生活中，有了更加原木一般的冬儿爸。

此刻是清明时节，真是泪雨纷纷飘洒大地。神州上空无数先辈们的魂魄，如吹响集结号一般，四面八方赶来，俯视着世世代代的子子孙孙，如何在虔诚的缅怀中祭奠他们……

在这个特殊的日子里，与网友禧盈妈一起赶到红十字会……原本一直有个打算，百年后将遗体捐献：因为双子的身体太特殊，从小过敏，左心室下垂，引发了许许多多的病，大小刀开了无数，生存的路上九死一生……想来将此捐出，既可减少家人的麻烦，少占有限的土地，又可尽自己最后，最微薄之力，来帮到后人进行医学研究，研究多病的双子，看能否帮到他人少生病？何乐而不为？

由于武汉化疗时的一次麻烦，错过了前一次的遗体捐献。

后来和大内科医生聊天，知道了遗体的研究和器官的捐献，对人类的发展有巨大的帮助和深远的意义。特别是知道自己眼睛虽然看不太清，但两只眼角膜可同时帮到四个有可能永远全盲的人，再一次看到世上天天相依为命的亲人，看到这个美好的世界；知道自己的皮肤有可能帮到大面积烧伤和烫伤，受尽苦痛的病人，并能给他们的亲人带来慰藉；知道了自己的内脏和全身器官虽然不能在临床上使用，但对医学的研究和年轻的医学院学生在解剖学道路上会有很大的帮助，的确很是欣慰。

所以有了一次次想捐，因为一次次的不便而错过的事。此时，在网友的帮助下，终于快要实现这个多年的夙愿。太感谢禧盈妈的帮助了。

双子的二舅，是个老知识分子，“文革”中历经苦难。生前与双子多次交谈，在讲到遗体捐献时，淡淡的一句话：“家族生病者太多，病因大致相似，用于医学研究，很有代表性。”让双子想了许多许多……前年，二舅永远离开了我们，离开了让他饱经风霜，病魔缠身的世界。但他走得安详，更是走得平静，因为他的一切用于了科学研究。犹如他的生前，一名普通的科研工作者。

每年的清明，二舅和所有捐献逝者的亲朋好友、红十字会的工作人员都会前往一座很大的国家公墓祭奠他们。这里青山绿水，捐献者安详长眠，太多太多的生者前来缅怀……

在双子填志愿书时，从红十字会志愿者口中听到一个催人泪下的故事：一个年轻人意外地，永远地离开了这个他无限眷恋并生存了20多年的星球，离开了含辛茹苦养育他长大成人的双亲……但他的眼角膜让一个十多年失明的人，重见光明，并在今年的清明时节，替代他见到了他可亲可爱、悲痛万分的父母……此时此刻，他的父母定会少了些许悲伤，多了许多安慰，仿佛儿子就在眼前，生命正在延续，想来场面会是多么感人……

晚上，冬儿放学，将上午发生的一切告诉……冬儿飞快地一边在捐献遗体执行人一栏签字，一边问道：“最快时间通知红十字会？”得到答复后，冬儿感叹道：“我也会捐献。现在的土地资源越来越少，死人还和活人争地。自然资源如此紧缺，还要拿来焚烧尸体。亲人死要面子，挥霍浪费式的办丧事，逝者又不能复生，平时对他们好点就行了，都是做给活人看的。有当官者还靠这敛财，真是不得了。捐了多好，用于医学研究，帮人帮己……”

听了无限感慨，和冬儿爸对视无语，千言万语涌上心头：可爱的孩子，懂得了什么是真正的爱？懂得了生命的价值，懂得了人类生存的真谛，更懂得了珍惜和奉献的意义。的确，为有这样一个懂得悲悯情怀，懂得感怀人世冷暖，懂得关爱他人，朴实善良的孩子而无限欣慰。

双子将要在“面包房”和“小木屋”之间来回穿梭。回忆平常但不平静的，与许许多多普普通通家庭相似但又不一样的人生。更要写出应试教育下，如何养育冬儿的点点滴滴，教训大于经验的昨天。

感谢所有来到“双子的小木屋”的朋友们!

希望你能常来坐坐，和双子一起说说家长里短。因为双子深信，孩子养育所走的不同道路，更重要的原因是来自孩子表面故事的背后……

双子感恩亲爱的父亲母亲

无意听网友说今天是感恩节。双子稀里糊涂，磕磕碰碰走到今天，活到今天，要感恩的人太多……的确没有周围帮助双子的人们，没有网上鼓励双子的博友、群友，就没有今天的双子。

但双子此时此刻最想最要感谢的，是双子的父亲、母亲……

当年双子因为月子病，带着三个月大的冬儿回到苏州治疗，母亲尽最大努力来照顾双子和冬儿……母亲同样是个病魔缠身的人，而双子每天要理疗治病，养育和照顾冬儿的重担就落在母亲的头上了。

严重的关节炎、心脏病等，让母亲的双手和双腿无法弯曲，腰无法站直，可想而知从早到晚抱着冬儿，每天晚上照顾冬儿，对母亲而言，是个多累多难的事，还要抽冬儿睡会的空当，给冬儿做 1 ~ 3 岁四季的衣服，为的是让双子将来能轻松一点……

母亲是个医生，对冬儿每天的营养非常重视。冬儿早产，不太会吃，为了达到营养均衡，想办法帮助双子催奶，后来奶多得两个孩子都吃不完。

同时，还手把手的教双子如何定时补充其他食物给冬儿……从四个月开始，母亲不厌其烦地每天喂冬儿六顿，水果汁等都是母亲自己做的食物，保证冬儿能吃到各种母乳中慢慢减少的营养……

从五个月开始喂米粉。冬儿不爱吃，一喂就向外吐，每次母亲都坐在席子上，随着不停转动，玩来玩去的冬儿，一边挪，一边喂……每次最少要用半小时，最后席子被冬儿转着蹬，母亲跟着挪，硬是磨出一个浅浅的圆印子。

有一天双子理疗回家，推开里间的房门，母亲弯着腰，全身靠在墙上，一手抱着冬儿，一手一点一点地扒着墙皮，艰难地慢慢地站起……双子的泪当时就落了下来，这样的事太多太多……

母亲的耐心和毅力，对儿女，还有下一代的爱，深深地影响着双子……

双子的父亲对孩子们的爱，也是同样……一天冬儿拉肚子，外婆不在家，冬儿拉了很多次，每次都是双子把着，外公洗……外公一边洗一边说："冬儿，我是你的外公，你妈小时候，因为外公太忙，没有机会给她洗澡，现在外公给你洗，就是给你妈补上……"看着满头白发，弯腰蹲在地上给冬儿忙碌的老父，双子内心的感受根本无法用言语来形容……

每年的春节，都是双子带着冬儿到苏州与双亲团圆的日子，此时，外公、外婆一定会带着冬儿每个园林游玩，外公一路走一路讲解各种园林知识……

如果不出门，那么外婆会教冬儿画画、弹琴……外公教冬儿写毛笔字，讲故事给冬儿听……

当年苏州没有直达湖北的火车，常常是到上海坐火车或到南京坐江轮，每次年迈的双亲不顾旅途劳顿，一定会送到上海……双子离别双亲，转身带着冬儿走进车站，泪都会情不自禁地落下来……

双子是个游子，带着有病的冬儿在外生活，最最牵肠挂肚是双亲。从冬儿十个月离开苏州的每个周末的晚上，外公、外婆都会打电话问候双子和冬儿……11 年的时间从没有停过一次，哪怕他们生病住在医院，电话都有没有因此而断过……

反而双子多次住院，父亲、母亲关怀的行为：无论是金钱还是鼓励，总能及时的出现在双子的耳边、眼前……所以双子无论生多重的病，都能奇迹般生还……因为父母对远行孩子的牵挂，长期的坚持和鼓励，让游子的脚步走得再远，也会神游回家，因为那里是如此的温暖和神圣……

外公到现在都为当年没有阻拦双子，让双子为了冬儿爸的病，带着冬儿离开苏州而懊悔……

2008 年，双子带着冬儿终于回到离别了十多年的苏州，回到了父亲、母亲的家，在这小住了半年之多，父亲、母亲无怨无悔地照顾重病而烦闷的双子，上学不适的冬儿……

这几年，双子住院开刀还是不断，的确劳心劳身。但父亲宽广的心胸，母亲慈祥温暖的笑容，坚持努力救治他们孩子病痛的信念，是帮助双子坚持下来的最大动力。

并且能在这样的状态下，两年半时间，书写了40多万字的育儿博文……帮到他人，更是帮到自己……

感谢我亲爱的父亲、母亲，感谢你们的生命里有我参与，感谢你们平凡的生命为了太多，你们根本不相识的普通生命所做的一切…….你们是平凡的，但你们给予平凡的生命注入了不平凡的意义……

亲爱的父亲、母亲，你们的女儿只要活着，就如父亲所言：一定会好好地活，开心地活，努力地活，为所爱的人活……

双子含泪写于感恩节之夜

到底为孩子的明天做什么？

前几天好友从珠海来。闲聊时好友主动提到了孩子，讲到孩子的现在，太让人吃惊。好友的女儿一直是他们的心病，夫妻两人早年到珠海打天下，忙碌得从孩子生下来就一直没太管……

记得冬儿小时候，我们去珠海，好友接风，一提到孩子，好友的老婆大伤脑筋……夫妻为此一直很无奈，最后说，给孩子从小到老买了很多保险，连退休的保险也买了，听到这，不知如何接嘴……

孩子什么时间开始住校，早已忘记，只记得孩子成绩一直不好，班上倒数，不太听老师的话。

孩子去年高考进了广东的一所专科学校，好友来电告知，当时不好意思问，但想想分数也不会好到哪里去。此次，好友高兴地说："学校建了个1000平方米的大超市，为想提前自主就业的在校学生提供了一个就业平台……孩子和同学合开了一个奶茶店，同时还在网上开了一个卖包店。房租是校方统一赊的，学生赚钱再还。孩子班里的很多同学都没敢开，女儿从小娇生惯养，没想到说开就开，开店的钱，都是做家教和平时省下来的。一分钱也没向家长要，现在开得很好……前些时，还请爸妈吃饭，因为赚钱了，学费都不要家里的了。"想着眉飞色舞，骄傲地谈论孩子的好友，我感慨万千。

现在有太多的大学生毕业后找不到工作，或就是找到工作，大多也是好高骛远，有的最后连生存都难，一直待在家不上班的也不少。而这个从小学习一直不好的孩子却能在上专科学校的第一年，由学校给的这个平台起步，从小小的奶茶店和网店开始，扬帆起锚，驶向了人生的茫茫大海。

是的，这孩子从小住校，在校学习不好，原因多种多样。虽然现在她创业的机会是学校提供的。但在这个机会面前，又有多少大一的同学能抓住？并能一点点地从最底层做起，慢慢发展并越来越好呢？

可以肯定地说：从孩子发展的人生轨迹看，她真正的学校在家里，真正的老师是她的双亲。父母创业，守业的艰辛和不停奋斗的精神，她学到了；从最底层做起，做好每件小事，她做到了。

所以说，在家庭的这所学校中，她及格并毕业了。

从孩子身上引出了一个问题：学校的成绩是否等同于明天的生存能力？我们太多的孩子，从小在学校学习，到底学了什么？学到的知识是否能用于明天，并有在这个社会生存的能力？是否能在生存的同时，更进一步地求得发展？倒真是件让人很担忧的事情。

每个家长都知道，没有知识是不行的。家长也知道只有书本知识，没有生存能力更是万万不能的。可如何让孩子从小学习生存能力，是家长们必须面对的很严峻的问题。

孩子们从幼儿开始背三字经、弟子规、唐词三百首、古词文，学算术，学这学那，家长累得要死，孩子烦得要命。我在一个画面上看到很多开心玩乐的初中孩子，大多戴着一副副小眼镜。当时，感慨得很，如何会有如此多的孩子眼睛患近视呢？怎样近视的？

的确，上学在校学习语文，为的是传承中华民族五千年的灿烂文明，了解我们多民族的国家。学习数学、物理、化学是为了解自然，培养探索无尽未来的学者。学习地理、历史更是为了认识这个地球人类生存的家园和人类走到今天的文明沉淀。学习政治另当别论。

如果一个孩子通过学习，认真思考，真正地精通文理，那么将来首先可能是个综合能力非常强的自然科学家、社会科学家和研究者，其次可能是个教育学者或社会各界的某个精英。

但在英雄不问出处的时代，有几个社会精英，在校一直都是学习上的佼佼者，优秀的三好学生？他们的能力又有多少来自从小学习到大的学校呢？

由于几十年来，学校的教学模式和教学弊端，让太多优秀的孩子，变成了只会考试的考试机器，除了考出好的成绩，背会书上的所谓知识，其他的一样都不会。许许多多的孩子，因此毕业后在社会立锥都难，何来立足？

虽然在多年前就意识到了这个问题，并在冬儿小时候就和幼儿老师一起，带冬儿和同学卖报，到农村劳动，等等，但思路并不清晰，冬儿他们所做的也只是摆摆花架子，孩子没明白，家长也只是跟着感觉走而已罢了。

应试何时是尽头？人人痛恨应试教育，人人不得不跟着应试教育，人人不得不面对应试教育。一个孩子输不起啊！为了不输在起跑线上，家长、孩子一起玩命。可又有几个一开始跑得最快的人能跑到终点，并站在象牙塔尖傲视群雄呢？

最可恨的是因此产生的延伸产品层出不穷，花样翻新，各种各样的学习班、各种各样考试学习的书、参考书、培训书、辅导书，掏光了许许多多家长原本并不厚实的钱包。商业“文人”打着教育的幌子，在那儿推波助澜，摇旗呐喊。

内地很多城市，为了考进好一点的中学，小小的孩子还要在莫名其妙的奥数比赛中有很好的成绩，才能考虑。可怜的小脑袋啊！天天被逼，要装多少对他们而言，将来是有用的东西呀？

家长们有太多的话要说，因为无奈。孩子们有太多委屈要诉，因为可怜。老师有太多的牢骚要发，因为无辜。所以有了我太多的想法……到底为孩子的明天做什么？

后　记

生活中的感动

门前的结香花谢了，深深地吸了一口，空气里还弥漫着它的清香。樱桃树的花也早已没了踪影，取而代之的是一树新绿。

美好的事物总是那么短暂，如春天的花朵，绚烂地绽放着它的全部，人们还没有来得及去欣赏，就会悄悄地告别。

此刻，望着眼前的春色，我思绪万千，更是感慨万千。这皆因一次无意的邂逅，让我明白、让我感动、让我顿悟：任何生灵，只要曾经呈现，无论岁月长短，皆足已。因为生命的精髓早已注进冥冥的灵魂，……绽放的只是过眼云烟，永不磨灭的是那永恒的不朽……

新浪博客——“双子的面包房”是我顿悟的开始……记不清当时怎样打开那个网页。平常的“面包房”，开始并没有引起太多注意，只是随意地出入。慢慢的一篇篇与我共鸣的博文，吸引我不由自主地频频进出，更开始认真仔细地阅读，越读越关注面包房的主人双子座。我的确被深深吸引了、震撼了、感动了——她的独到教育方法、她的博学多才、她的坚韧不拔、她的善良宽厚、她的无私胸怀、她的呕心沥血、她对孩子的用心耐心……

“亲爱的朋友们：大家好！面包房非常欢迎您的到来。双子的博客全部内容都是和冬儿一起成长的点点滴滴，经验和教训。写博的初衷是为了后来的爸爸、妈妈们少走弯路。养育孩子是个慢活，不能急，面包会有的。”

这是双子博客首页上的一席话。

双子，一位普通的公务员。35 岁生下了女儿冬儿，一个有着胃下垂、肾结石、心脏病、弱视斜视的女儿，在睿智的双子的精心培养下，已成长为一个身体健康、善良宽容、阳光向上、爱好广泛、成绩优异并有着乒乓球、钢琴、声乐、游泳、围棋等特长的内心强大的初三女生。

更让人难以置信的是，双子是位乳腺癌患者，严重心衰伴有时速。化疗肝、肺、肾受损。为了把自己的教育经验教训分享给众多家长，让家长少走弯路，她每写一篇博文常常需要比常人多付出几倍，甚至几十倍的努力。在去年暑假写博时，双子的心脏就时时停跳，但面对那么多网友的留言和对下面每篇博文的期待，双子感到，如果不能写下去并突然断了写博，就对不起那些期盼的家长们。所以几乎天天废寝忘食地写，后来累得再次进了医院。她说：“当时也没多想，就是想多写点，在有限的生命时段能帮帮人。”读着如此质朴的语言，我泪如泉涌……

今年因为颈锥和腰背痛加剧，手肿得抬不起来（双子只有一只手能打字），一旦蹲下就起不来，晚上也无法洗漱。写博时，都是坐一会儿，跪一会儿，没有了时间观念，由于长时间的压迫，再加上吃药、打针都是不得不用的对人体有害的猛药，所以就全身痛。但是真正问到是哪里痛，却不知道哪里最痛，只知道保护到最后一点：心脏不要停跳……那是一种什么样的“痛”啊！我无从想象！再一次潸然泪下。

这是用生命在写博的双子，这是用大爱在无私奉献的双子！

记得当我在电话中听到她那充满激情的声音——“我活得很灿烂，也很开心”时，我真的不敢相信自己的耳朵，震撼之余充满了疑问——一个饱受病痛折磨的病人怎会是这般的阳光灿烂?!然而，答案就在双子的一篇篇博文之中……

从她的实用操作性很强的文章中灵活的学习技巧、质朴善良的情商熏陶、睿智巧妙的沟通方法、有心而无痕的家教引导中……一篇篇用心、用血、用病痛、用智慧谱写的文章，帮多少家长走出了迷茫！又让多少个对她诉说的家长悟出了家庭教育的真谛！在双子的博文里，没有华丽的辞藻，没有成功的炫耀，有的只是朴实无华的文字，一如那颗质朴的心！然而，就是这份质朴，却怎么也掩饰不了双子那高尚的情操。“质朴”，让我闻到了泥土的味道……

“当时也没多想，就是想多写点，在有限的生命时段能帮帮人。”——双子的这句话再次在我耳边响起，再次让我感动，让我震撼！

一气呵成此感此想，出门透透气。看着门前亲手种下的果树，正在生机盎然地蓬勃着，尽管花已凋零，残留的几片花瓣还在枝头晃动，但我深知，累累硕果的收获，不会遥远。

站在树下，双手合十，默默祈祷：好人一生平安！

网友木枫妈